古典文獻研究輯刊

三六編

潘美月・杜潔祥 主編

第 31 冊

《曝書亭集詩注》校證
（第四冊）

陳開林 著

國家圖書館出版品預行編目資料

《曝書亭集詩注》校證（第四冊）／陳開林 著 -- 初版 -- 新北
市：花木蘭文化事業有限公司，2023〔民112〕
目 10+210 面；19×26 公分
（古典文獻研究輯刊 三六編；第 31 冊）
ISBN 978-626-344-289-4（精裝）
1.CST：中國詩 2.CST：詩評
011.08   111022060

ISBN-978-626-344-289-4

古典文獻研究輯刊
三六編　第三一冊　　　　　　　ISBN：978-626-344-289-4

《曝書亭集詩注》校證（第四冊）

作　　者　陳開林
主　　編　潘美月、杜潔祥
總 編 輯　杜潔祥
副總編輯　楊嘉樂
編輯主任　許郁翎
編　　輯　張雅淋、潘玟靜　美術編輯　陳逸婷
出　　版　花木蘭文化事業有限公司
發 行 人　高小娟
聯絡地址　235 新北市中和區中安街七二號十三樓
　　　　　電話：02-2923-1455／傳真：02-2923-1452
網　　址　http://www.huamulan.tw 信箱 service@huamulans.com
印　　刷　普羅文化出版廣告事業
初　　版　2023 年 3 月
定　　價　三六編 52 冊（精裝）新台幣 140,000 元

《曝書亭集詩注》校證
（第四冊）

陳開林　著

目

次

曝書亭集詩注卷十五

嘉興　楊　謙　纂
新豐　沈振麟　參

玄〔註1〕默泊灘壬申

出都王山人翬畫山水送別

王郎五載一相逢，寫出雲巒別思重。髼髵攝山風月夜，見卷十《秋杪》。秋窗同聽六朝松。〔註2〕王士禎〔註3〕《遊攝山記》：「六朝松，客歲造戰船，行將就伐，笠公上書當事，獲免。」

白草屯

白草屯空似戰場，昏鴉點點入斜陽。舟依茅屋三間泊，風動棗花四月香。去國不禁頻徙倚，得歸寧復倦津梁。見卷七《臥佛寺》。叢祠何處喧村社，有底紛紛士女忙。

入汴過胡司臬介祉

吳船千里載冬醅，避暑長筵日日開。見卷一《送袁駿》。卻喜訟庭留牘少，時看官馬借書來。

瓜步留贈張同知《揚州府志》：「瓜步山在儀真縣西九十里，狀如瓜，在瓜步鎮。」
張名純修，字見陽，古燕人。

〔註1〕「玄」，底本、石印本作「元」。
〔註2〕國圖藏本眉批：皮日休《遊棲霞寺》詩：「松圍有六朝。」
〔註3〕「禎」，底本、石印本作「正」。

柴車一出白頭還，《後漢·韓康傳》：「桓帝乃備玄〔註4〕纁之禮，以安車聘之。使者奉詔造康，康不得已，乃許諾。辭安車，自乘柴車，冒晨先使者發。」〔註5〕過嬾偏宜應接閒。猶有故人能好事，隔江留看六朝山。王安石詩：「回首六朝山。」〔註6〕

寄陸侍御隴其字稼書，平湖人。康熙丙申舉人，庚戌進士。知嘉定縣事。舉宏博。丁父憂歸。補靈壽縣。徵入試四川道監察御史。辛未，憲臣劾不稱職，罷歸。尋奉旨起用學臣，公歿已踰年矣。著《三魚堂集》、《四書大全》、《松陽講義日抄》、《困勉錄》諸書。己未，郡守吳永芳詳請從祀兩廡，未行。雍正二年，從祀孔子廟庭。乾隆元年，謚清獻，追贈內閣學士兼禮部侍郎。〔註7〕

主恩先後逐臣還，羨爾幽棲泖一灣。《清獻年譜》：「六世祖春坡〔註8〕公始居泖口，築堂名三魚。」想得著書風幔底，桂花如霰落秋山。

洞霄宮題壁《臨安志》：「洞霄宮在餘杭縣西南十八里。漢武帝元封三年創宮壇於大滌洞前，為投龍祈福之所。唐高宗時，遷於前谷，為天柱觀。光化二年，錢王更建。國朝大中祥符五年，漕臣陳文惠公堯佐以三異奏，賜額為洞霄宮，仍賜田十五頃，復其賦。」〔註9〕先生《洞霄宮題壁》：「由餘杭縣郭坐筍輿，歷九鎖山，三十里而近。又十里，至大滌洞天。洞有紹興中游人題名。路轉皆礧石，輿丁言是歸雲洞也。要無徑可入，乃詣洞霄宮宿焉。是夜，有虎臥宮前松樹下，道士見之，問心悸否，答云：『此虎仙人郭文騎以買藥，不咥人。』曉聞搗藥，鳥啼灌木，起洗面，尋石齋黃公書院。午飯道士山房，觀鄧牧心所撰《大滌洞天志》。南渡以後，提舉宮觀諸大臣槩未之載。予以為闕典。道士固請予具書姓名。予老矣，假我數年，思稽舊史，以補鄧《志》之闕，遂應之曰諾。康熙癸酉九月。」〔註10〕按：是詩作於康熙壬申，《題壁》暨《提舉題名記》〔註11〕均作癸酉，何與？

〔註4〕「玄」，底本作「元」。
〔註5〕卷八十三《逸民列傳》。
〔註6〕《江亭晚眺》。
〔註7〕國圖藏本眉批：王材任《陸先生傳》：「以澤州陳公說嚴薦，授四川道監察御史。上疏論時政，直聲震天下。有與先生不合者，遂改調歸，屏居泖口，閉戶讀書，以講學為勤。」
　　　　己未是康熙十八年。二字惧。
　　　　《清獻年譜》：「康熙辛未八月奉旨改補，九月出都。」
〔註8〕國圖藏本眉批：考年譜，乃仰春，非春坡。
〔註9〕《咸淳臨安志》卷七十五《寺觀一》。
〔註10〕《曝書亭集》卷六十八。
〔註11〕《曝書亭集》卷六十五《杭州洞霄宮提舉題名記》：「康熙癸酉九月，予尋大滌洞

天柱峰高倚晚晴，《臨安志》：「大滌山洞天中峰之上有許遠遊昇天壇，丹灶瓦甓尚存。天柱山在洞西南隅，乃五十七福地，地主王伯元主之。」〔註12〕**琳宮消歇斷碑橫**。按：陸太史游撰《洞霄宮記》，曹侍郎叔遠撰《新鑄鍾記》，吳寶學泳撰《演教堂記》，洪文忠公諮夔撰《檀越施田記》。**砂牀竹下搜難得**，〔註13〕見卷十二《題王給事》。**臥聽山禽搗藥聲**。《臨安志》：「山多異禽。其最異者，僅有其一，晝隱夜鳴，莫得而見。其音清亮，徹旦不絕，殊類杵藥聲。」

江行三首

潮落江平宿富陽，《名勝志》：「富陽縣在杭州府西九十里。」船頭新月下微霜。曉看烏臼紅千樹，《群芳譜》：「烏臼，一名鴉臼樹，南方平澤甚多。」樹杪半山鴨腳黃。

絕壁苔紋鼠尾皴，見卷十二《程侍郎》。灘光晝靜白鎔銀。劉禹錫詩：「層波萬頃如鎔銀〔註14〕。」分明江上孤篷客，黃鶴山樵畫里人。《圖繪寶鑑》：「王蒙，字叔明，吳興人。趙文敏甥。畫山水師巨然。」先生《王蒙傳》：「隱居黃鶴山，自稱黃鶴山樵。」〔註15〕

環溪亭下水流東，《名勝志》：「環溪亭在嚴州府城內。」野碓飛輪到面風。見卷七《風雪運糧圖》。返景松岩紅未斂，《方輿勝覽》：「松岩在建德府城東。」隔江人語漆林中。見卷十一《送曹郡丞》。

冬日同鹿明府祐錢廣文瑞徵遊爛柯山二十韻鹿字蘭皋，隸州人。康熙壬戌

進士。官至河南巡撫。錢字鶴菴，海鹽人。癸卯舉人。仕西安教諭。《方輿勝覽》：「爛柯山，一名石室，又名石橋山，在西安，乃青霞第八洞天。晉樵者王質入此山，忽見橋下二童子對奕，以所持斧置坐而觀。童子指示之曰：『汝斧柯爛矣。』質歸，見鄉閭已及百歲云。」

天，閱鄧牧心所撰志。建炎以後，主是祠者前言往行均未之載，並爵里姓名亡之，堂中止設昭武李公、新安朱子二主。因語道紀司，遺獻不宜湮沒，許為補錄，書之壁。歲華荏苒，十四年，乃始具錄寄之。……康熙四十六年秋七月，前翰林院檢討充日講官知起居注入直南書房纂修明史一統志秀水朱彝尊記。」

〔註12〕《咸淳臨安志》卷二十四《山川三》。

〔註13〕國圖藏本眉批：《本草》：「辰砂生深山石崖。間，土人採之穴地，數十丈始見其苗，乃白石，謂之朱砂床。砂在石上。」

〔註14〕「銀」，劉禹錫《洞庭秋月行》作「金」。按：蘇軾《中秋月寄子由三首》其二：「鎔銀百頃湖，掛鏡千尋闕。」

〔註15〕《明詩綜》卷十四王蒙傳。

道書詮洞天，青霞居第八。流傳負薪翁，王粲詩：「竊慕負薪翁。」〔註16〕披榛入坱圠，中有兩青童。棋聲暗相戞，俄驚斧柯爛。逝節等奔鶴，此事知有無。特書在琳劄，我來太末墟。見卷六《孫少宰蟄室》。十月方納秸，《詩》：「十月納禾稼。」〔註17〕《書》：「三百里納秸服。」〔註18〕曉出通仙門，《名勝志》：「小南門曰清輝，今名通仙，以城東南俱有仙山，其路相通也。」緣溪碎石滑。拂林風騷騷，張衡《思玄〔註19〕賦》：「寒風淒其永至兮，拂雲岫之騷騷。」鳴碓水汎汎。明府政不煩，廣文俗能拔。於焉齊喚渡，次第枑車轄。飛梁忽在望，劉迥《石橋寺》詩：「石橋架絕壑，蒼翠橫鳥道。」〔註20〕相視笑且咟。《集韻》：「咟，相呼聲。」靈境茲最奇。劉迥《石橋寺》詩：「靈境偶一尋，洞天碧雲上。」〔註21〕造物亦太黠，《後漢‧劉盆子傳》：「兒大黠。」〔註22〕疑經百蟲焚。《水經注》：「九山南據崧嶽，北帶洛澨。有《百蟲將軍顯靈碑》。碑云：『將軍姓伊氏，諱益，字隤敳，帝高陽之第二子伯益者也。晉元康五年七月七日，順人吳義等建立堂廟。永平元年二月二十日，刻石立頌讚，示後賢矣。』」〔註23〕或受五丁摳，見卷三《送王援》。連蜷虹霓偃。揚雄《甘泉賦》：「蛟龍連蜷於東厓兮。」垢膩神鬼刮，傾崖穿一線。斷塔盤禿鬝，《西安縣志》：「山腰裂一隙，纔徑寸，長十丈餘，窺見山外天日，名一線天。山頂建塔其上，登之可望郡城，名最高頂。」丹楓露已彫。瑤草霜未殺，江淹詩：「瑤草正翕翕。」〔註24〕《春秋》：「隕霜不殺草。」〔註25〕剜苔讀遺碑。先生《唐衢州刺史嗣江王禕石橋寺詩跋》：「石橋寺在衢州府西安縣南三十里，道書第八青霞洞天也。康熙壬申冬，知縣事鹿君祐邀予往遊。從寺登山，尋仙人對奕所。前後洞豁，有碑峙其右，則唐嗣江王禕〔註26〕所題五言詩，以貞元三年五〔註27〕月上石。」〔註28〕汲井忿拭刷。昔賢鬭茶地，昧者莫之

〔註16〕《從軍詩》。

〔註17〕《豳風‧七月》。

〔註18〕《禹貢》。

〔註19〕「玄」，底本、石印本作「元」。

〔註20〕《爛柯山四首》其二《石橋》。

〔註21〕《爛柯山四首》其三《仙人棋》。

〔註22〕卷四十一。

〔註23〕卷十五。

〔註24〕《從冠軍建平王登廬山香爐峯詩》。

〔註25〕僖公三十三年。

〔註26〕「禕」，底本、石印本誤作「褘」。

〔註27〕「五」，《曝書亭集》作「正」。

〔註28〕《曝書亭集》卷四十九《跋唐衢州刺史嗣江王禕石橋寺詩》。

察。日斜洗行廚，杜甫詩：「竹裏行廚洗玉盤。」〔註29〕得食鳥嘎嘎。杜甫詩：「得食階除鳥雀馴。」〔註30〕《廣韻》：「嘎嘎，鳥聲。」徘徊雙松陰，惆悵別香剎。梅堯臣詩：「香剎四明深。」〔註31〕

按：是詩，寧波府同知遼東靳治荊曾為勒石，余嘗見其拓本。

鹿鳴山晚眺二首

《西安縣志》：「鹿鳴山在縣西三里，崗巒秀滌，修竹蒼松掩映禪剎，為郡人遊宴眺覽之所。望城中雉堞煙火，如列几案。有泉清冽，人爭汲取之。」

一簣山平遠，雙林逕暗通。不愁筋力倦，且喜笑言同。藉草荒岡上，疏泉碎石中。新晴尤可戀，移席愜王宮。見卷三《烏江》。《西安縣志》：「項王廟，又名靈惠廟，在城北四十里項山。城西鹿鳴山亦有專祠。」

近郭茲山好，禪扉鎮日扃。江光寒轉白，峰色遠逾青。亟種千松樹，宜添一草亭。他時放歸櫂，歌鳥試重聽。

玉山

《名勝志》：「唐證聖三年置，以懷玉山為名也。峰嶺合杳，溪谷相互，雖步通三衢而水絕干越。」

三衢山歷盡，《名勝志》：「三衢山在常山縣北三十五里。昔有洪水暴出，其支派分為三道，故名。而州名亦取於此。」橋影跨通波。十室居城少，千家負郭多。啟顏津市酒，隨意榜人歌。且免書驢券，見卷十二《送顧進士》。郵簽次第過。

廣信

《名勝志》：「唐乾元元年制，以信美所稱，因名信州。宋因之。元改信州路。明為府，名廣信，郡有信安之地，拓之而為廣信也。」

信州風物好，倦旅亦開顏。灘響層層石，劉得仁《聽夜泉》：「靜裏層層石，潺湲到鶴林。」林疏面面山。陸游詩：「江近時時吹白雨，樓高面面看青山。」〔註32〕狎鷗飛不去，見卷十四《秋水》。放犢飲初還。馬戴《過野叟居》：「呼兒採山藥，放犢飲溪泉。」夜火浮橋外，《爾雅》：「天子造舟。」《疏》：「言造舟比船於水，加板於上，即今之浮橋。」連船當戶欄。

〔註29〕《嚴公仲夏枉駕草堂兼攜酒饌》。
〔註30〕《南鄰》。
〔註31〕《雪竇達觀禪師見寄依韻答》。
〔註32〕《登樓》。

鉛山《西峰字說》:「唐撫、建二州之境,後益以弋陽、上饒五鄉,置為場冶,蓋其地產銅、鉛、青綠雲。南唐保大間升為縣。」

不遠江城路,舟師指點遲。杜甫《詠懷古蹟》:「舟人指點到今疑。」穴山巢鸛鵲,編竹坐鸕鷀。《爾雅》鷀鸕《注》:「即鸕鷀也。觜頭麴如鉤,食魚。」晚飯惟三板,杜甫詩:「晚飯越中行。」〔註33〕「三板」,見卷八《棹歌》。朝醒藉一瓻。見卷十三《送胡參議》。鵝湖酬和地,《宋史·陸九淵傳》:「初,九淵嘗與朱子會鵝湖,論辨所學,多不合。」〔註34〕《西峰字說》:「鵝湖在縣西南十五里。多產荷花,因名荷湖。後有雙鵝,育子數百,羽翮成乃去,故東晉時易名鵝湖。宋淳熙間,朱熹與呂祖謙、陸九齡、九淵兄弟相約講學於鵝湖,皆不遠數里至止,相與極論,不合,罷去。而繼以書札,往復辯論,動盈卷帙。理宗朝,敕建書院,賜名文宗,即海內所稱鵝湖書院也。」百世起人思。

弋陽《西峰字說》:「孫吳析餘汗置葛陽縣,以葛溪水為名。隋改今額,弋水在其陽也。水南有大面如鐫弋字,俗號右耳,溪名弋者本此。或又以水勢橫斜如弋字云。」

城小斜依壁,門開近面江。陂仍仙令跡,《鄱陽記》:「葛公得道弋陽縣北黃石山古壇。」歌換楚人腔。按:此句似指弋陽腔也。辣鬪山無樹,《名勝志》:「赭亭山在縣東五十里,山形方正如削,望之亭亭,其色赤,無林木。」崢嶸石滿瀧。多情甎塔影,十里逐篷窗。

貴溪《西峰字說》:「地界餘汗、弋陽之間,晉永嘉元年分置此縣。其曰貴溪者,以溮溪在治東南,出鬱金香,縮酒降神,製用惟貴之義。」

亭榭均干越,《《史記·貨殖傳》注》:「干越,越之別名,今餘干縣也。」〔註35〕《名勝志》:「干越亭,唐興元中李德裕為令時建,去縣東南三十步。」封圻析上饒。《書》:「申畫郊圻,慎固封守。」〔註36〕《名勝志》:「唐乾元元年析弋陽之地置上饒,析上饒之地置永豐,〔註37〕又以撫建之三鄉益弋陽,而割其西境及餘干〔註38〕之東北境置貴溪。」連山齊覆釜,《書》「九河既道」,《疏》:「覆釜,水中多渚,往往而

〔註33〕《陪鄭廣文遊何將軍山林十首》其二。
〔註34〕卷四百三十四《儒林列傳四》。
〔註35〕不詳。《三家注》無此語。
〔註36〕《畢命》。
〔註37〕石印本此處有「乃」字。
〔註38〕「干」,底本、石印本誤作「千」。

處，形如覆釜。」〔註39〕**獨石忽成橋。想見黃梅發，**韓元吉《貴溪尉舍記》：「舊有黃梅出於垣間。元符己卯歲，廖明略舉宋廣平之事，題曰能賦堂。」**何曾碧樹雕。降丘誰宅此，**《書》：「桑土既蠶，是降丘宅土。」〔註40〕《傳》：「地高曰丘。大水，民去下丘，居平土，就桑蠶。」《名勝志》：「仙崖在貴溪縣西七十里，峰巒削立，高出雲表。岩石嵌空，多為洞穴、房室、窗牖、床榻、倉廩、棺槨、雞犬、禽鳥之狀。晁太史以為洪荒時，人宅山上所作。詩云：『稽天巨浸洗南荒，上有千峰骨立僵。民未降丘應宅此，舉頭天壁有囷倉。』」〔註41〕**雞犬已寥寥。**

安仁《西峰字說》：「宋開寶中置安仁場，以安仙港為名。端拱元年陞縣，至今因之。」

　　畫角沖寒動，明星際曉行。水回沙市曲，山到郭門平。野碓啞啞轉，漁榔杳杳鳴。誰與分百里，洵美得嘉名。

瑞洪按：瑞洪鎮在餘干縣西鄱陽湖濱。

　　餘干江路永，《名勝志》：「餘干縣在饒州府南百二十里。」**回首失嶄嵓。市酒難為醉，嘗魚乍解饞。**自玉山至安仁，捕魚多用烏鬼，魚皆無味。至此始用罾。〔註42〕**湖寬舟愈小，峰遠日初銜。漸識宮亭近，**見卷二《望湖亭》。**分風及布帆。**《荊州記》：「宮亭湖廟神甚有靈驗，塗旅經過，無不祈禱，能使湖中分風而帆南北，又號分風湖。」「布帆」，見卷十三《萬柳堂》。

自贛州至南安灘行口號二首

　　鬱孤臺下水嘈嘈，見卷二《虔州懷古》。王延壽《魯靈光殿賦》：「耳嘈嘈以失聽。」**南去輕舟未易操。灘響逆流三百六，**見卷二《灘行口號》。**篙師那得萬張篙。**李白詩：「舟人撐折萬張篙。」〔註43〕

〔註39〕《禹貢》。
〔註40〕《禹貢》。
〔註41〕按：《方輿勝覽》卷十八《信州》：
　　　　仙岩，在貴溪南七十里，峰巒削立，高出雲表。岩石嵌空，多為洞穴、房室、窗牖、床榻、倉廩、棺槨、雞犬、禽鳥之狀。晁太史以為大水時，人宅山上所作。○或題詩云：「稽天巨浸洗南荒，上有千峰骨立僵。民未降丘應宅此，舉頭天壁有囷倉。」
〔註42〕此係自注。
〔註43〕按：引用有誤。李白《下涇縣陵陽溪至澀灘》：「漁子與舟人，撐折萬張篙。」

且掛風帆溯急流，船人勸客莫深愁。只應預想歸程樂，柔櫓嘔啞下吉州。《名勝志》：「隋廢安成郡，改廬陵郡為吉州，因吉陽水得名，宋置吉州軍。」

昭陽作噩癸西

夜泊珠江

潮湧牛欄外，城門名。〔註44〕舟停蜑戶旁。見卷十一《送少詹》。月高人不寐，隔浦是歌堂。《明詩綜》：「粵俗好歌，語多雙關，詞不必雅，然情必極至。先嫁一夕，戚懿與席者，名坐歌堂。」〔註45〕

光孝寺觀貫休畫羅漢〔註46〕 《益州名畫錄》：「釋貫休，字德隱，婺源金溪人。俗姓姜氏，天福年入蜀，王賜紫衣，號禪月大師。詩名高節，宇內咸知。善草書圖畫，時人比諸懷素。師閻立本，畫羅漢十六幀，龐眉大目者，朵頤隆鼻者，倚松石者，坐山水者，胡貌梵相，曲盡其態。或問之，云：『休自夢中所睹爾。』」〔註47〕

貫休手寫一十六羅漢，其二乃在南海訶子林。見卷二《過光孝寺》。昔遊真蹟未得見，念之三十五載縈人心。白頭重作嶺南客，故人期我虞翻宅。見《過光孝寺》。僧廊亂後花木猶瓏瑽，薤菜春生滿池碧。《南方草木狀》：「薤菜如落葵而小。南人編葦為筏，作小孔，浮水上。種子水中，如萍根浮水面。及長莖葉，出葦筏孔中，隨水上下。」《皇華紀聞》：「廣州僧寺池沼皆種甕菜，《南方草木狀》所謂薤，隨潮浮水，不近泥沙，碧綠如萍可愛。」循廊轉入精廬深，一幅居然掛東壁。古絹尚白石轉青，恰於石礫安疏櫺。一僧俛首力寫經，自準以下衹半形。芬陀利花貝多葉，《翻譯名義集》：「芬陀利花，此云白蓮花。」「貝多」，見卷九《讀嵩遊草》。梭欘筆管毛猩猩。見卷十一《送少詹》。不知金天之西，李白詩：「金天之西，白日所沒。」〔註48〕何處得石硯，毋乃昆吾玉

〔註44〕此係自注。《曝書亭集》在「牛欄」下。
〔註45〕見《靜志居詩話》卷二十四《廣東歌堂詞·道別三首》。四庫本《明詩綜》卷九十六《廣東歌堂詞·道別三首》無
〔註46〕按：康熙本《曝書亭集》原題下有「同陳恭尹賦」。
　　另，此詩前，康熙本《曝書亭集》有《同屈五〔大均〕過五羊觀》：「仙人騎五羊，墮地化為石。石今在琳觀，仙人去無跡。屈生嗜奇古，偶坐蔭松柏。摩挲汴京碑，不覺日西夕。〔觀有建中靖國碑。〕」四庫本《曝書亭集》未收。
〔註47〕（宋）黃休復《益州名畫錄》卷下。
〔註48〕《上雲樂》。

切新出硎。見卷六《孫少宰蟄室》。《莊子》：「刀刃若新發於硎。」〔註49〕**一僧卻**
立侍巾缾，《五燈會元》：「秀州長水子璿講師聞琅邪望〔註50〕重當世，願侍巾缾。」
靜如沙鷺翹涼汀。窗燈不剪信明滅，桫欏樹底風泠泠。《廣韻》：「桫欏木似
桄榔，出麵。」《格物要論》：「欏木出湖廣及南安，謂之倭羅。」**窗前千歲老猨拱，**
雙臂平拽兩肩聳。筍鞵桐帽木葉衣，想見霜濃寒到踵。精誠能令感金石，
《家語》：「至〔註51〕誠感之，通於金石，而況人乎！」**何況群生知怖恐。禪月師，**
流傳三絕畫書詩。《唐詩紀事》：「鄭虔自寫其詩並畫以獻，帝大署其尾，曰鄭虔三
絕。」趙閑閑《寄黃華詩》：「鄭虔三絕畫書詩。」〔註52〕**詩編巨應作「西」。岳集，**
《全唐詩話》：「休與齊己齊名，有《西嶽集》十卷，吳融為之序。」**書有姜體，**
《圖畫〔註53〕見聞志》：「休公有詩集行於世。兼善書，謂之姜體，以其俗姓姜也。」
〔註54〕**遠本周之史籀秦相斯，**見卷十三《贈許容》。《唐詩紀事》：「僧貫休工篆
隸。」**未若畫品更崛奇。即如此幅遠出意匠表，或疑入定真容髣髴親見**
之，《圖畫聞見志》：「禪月大師貫休道行文章外，尤工小筆。嘗睹所畫水墨羅漢，云
是休公入定，觀羅漢真容後寫之，故悉是梵相，形骨古怪。其真本在豫章西山雲堂院
供養。」〔註55〕**不然調鉛殺粉能爾為。**馮硯祥詩：「三百年來陳待詔，調鉛殺粉
繼前人。」王季友詩：「小弟丹青能爾為。」〔註56〕**訶林僧，神物藉汝能世守。**
不見宣和舊譜遺跡久云亡，《宣和畫譜》：「僧貫休羅漢像一十六。」**豫章西山**
雲堂院中亦何有。《一統志》：「江西，漢置豫章郡。」《江西通志》：「南昌府城西，
大江之外三十里，西山梅嶺有雲堂院，唐僧貫休居此。休嘗畫羅漢，已畢十五身，忽
從禪定起身，寫本身以足之，今第十六身是。」**我欲賺汝去，莫飲我缸面酒。**見
卷十三《題徐副相》。**我欲奪汝歸，玉鴉叉不在手。**李商隱詩：「展障玉鴉叉。」
〔註57〕**世間豈少珊瑚鐵網珍珠船，**按：朱存理有《鐵網珊瑚》，江硍玉有《珊瑚

〔註49〕《養生主》。
〔註50〕「望」，《五燈會元》卷第十二《南嶽下十世》作「道」。此沿江浩然《曝書亭
　　　　詩錄》之說。
〔註51〕「至」，《孔子家語・六本第十五》作「志」。此沿江浩然《曝書亭詩錄》之說。
〔註52〕按：趙秉文（號閑閑居士，晚號閑閑老人）《寄王學士》：「鄭虔三絕畫詩書。」
　　　　押魚韻。
〔註53〕「畫」，底本作「書」，據石印本改。
〔註54〕卷二。
〔註55〕卷二。
〔註56〕《觀於舍人壁畫山水》。
〔註57〕《病中聞河東公樂營置酒口占寄上》。

網》，胡侍有《珍珠船》。〔註58〕**自今貯之伏梁闍檻庶可全。**《法書要錄》：「王羲
之《蘭亭序》，僧智永弟子辯才嘗於寢房伏梁上鑿為闍檻以貯。」

嶺海將歸梁吉士載酒邀同吳韋王準陳元基梁無技季煌燕集五層樓席上分賦得會字

〔註59〕吳字山帶。王字蒲衣。梁字王顧。季字偉公。《西峰字說》：「北城有五層樓，高八丈。明初永嘉侯朱亮祖建，勢盡雲漢，俯觀滄海，雄麗甲於宇內。」

　　飛樓壓高城，人天納萬籟。《莊子》：「子游曰：『地籟則眾竅是已，人籟則比竹是已，敢問天籟。』子綦曰：『夫吹萬不同。』」**登臨信可娛，矧與群彥會。**蔡邕詩：「濟濟群彥，如雲如龍。」〔註60〕**吉士澹蕩人，偕行屏軒蓋。論交半簦笠，**《風土記》：「越俗性率樸。初與人交，有禮，封土壇，祭以雞犬。祝曰：『君乘車，我戴笠，他日相逢下車揖。君擔簦，我跨馬，他日相逢為君下。』」**雜坐緩巾帶。樽中酒如泉，**裴秀《大蠟》：「有肉如丘，有酒如泉。」**海大魚**〔註61〕**作鱠。**〔註62〕《禮》：「魚曰作之。」〔註63〕注：「作猶斮也，謂削其鱗。」《正字通》：「魚鱠，生切魚成片，洗淨血腥，沃以薑醋五味。」**款款話別悰，迢迢念歸斾。於焉感昔遊，茲樓在晻靄。凝思躡丹梯，興發不可奈。惟時建雄藩，**《舊唐書·顏綏傳》：「前後統臨三鎮，皆號雄藩。」〔註64〕《嶺南雜記》：「廣州府有新城、舊城。舊城向為逆藩尚可喜駐鎮，城中皆其子姪及漢軍藩下官員圈住。大小衙門俱在新城。自蕩平後，衙門仍入舊城。巡撫衙門為尚可喜府第，最為宏敞。將軍衙門為尚之孝府第，壯麗尤甚，內僭為九間殿，今為將軍府。將軍王永譽分為三脊，始敢居之。大堂前榮有拜單石，深一丈二尺，闊六丈。門前石獅乃耿逆在粵時，從肇慶取石為之，高大雄駿，東南希有。後移藩閩中，故之孝居之。藩逆盛時，其奢僭病民如此。今新城各衙門俱斥賣，僅存總督衙門為入省駐節之地。」**自比夜郎大。**《史記·西南夷傳》：「西南夷君長以什數，夜郎最

〔註58〕國圖藏本眉批：都穆亦有《鐵網珊瑚》。
〔註59〕按：康熙本《曝書亭集》所錄原題略有不同，「梁吉士」下有「佩蘭」，「邀同」下有「屈大均陳恭尹」。因關涉屈大均，以故四庫本《曝書亭集》未錄。
〔註60〕《答對元式詩》。
〔註61〕按：《戰國策》卷八《齊一·靖郭君將城薛》：「靖郭君將城薛，客多以諫。靖郭君謂謁者，毋為客通。齊人有請者曰：『臣請三言而已矣！益一言，臣請烹。』靖郭君因見之。客趨而進曰：『海大魚。』因反走。君曰：『客有於此。』客曰：『鄙臣不敢以死為戲。』君曰：『亡，更言之。』對曰：『君不聞大魚乎？網不能止，鉤不能牽。』」
〔註62〕國圖藏本浮簽：「海大魚作鱠」句下，初印本削去注。
〔註63〕《內則》。
〔註64〕卷一百四十六。

大。」〔註65〕**邸中鑿園池，巧匠恣雕繪**。《清異錄》:「汴都龍興寺惠乘寶一龍腦小兒雕製，巧妙彩繪可人。」**水亭擬舟梁，**《詩》:「造舟為梁。」〔註66〕《疏》:「造舟，比舟為梁也。比船於水，加板於上，即今之浮橋。」**山木徒樅檜**。韓駒詩:「屹如樅檜老不僵。」〔註67〕**長姣羅美人，**《史記・蘇秦傳》:「秦成，則高臺榭，美宮室，聽竽瑟之音，前有樓闕軒轅，後有長姣美人，國被秦患而不與其憂。」〔註68〕**管庫斂文貝**。《禮》:「所舉於晉國管庫之士七十有餘家。」〔註69〕《周禮・大府》:「萬民之貢，以充府庫。」《山海經》:「赤水之東、蒼梧之野多文貝。」**因之設厲禁，遊者必鉗鈦**。《梁書・武帝紀》:「斷弊之書，日纏於聽覽；鉗鈦之刑，歲積於牢犴。」〔註70〕**一閉金獸鐶，**見卷十一《送少詹》。**廿年委榛薈**。韓維詩:「出門步榛薈，微徑不可索。」〔註71〕**修蛇穴其中，妖鳥叫其外。雖免劫火焚，**元稹《大雲寺》:「燒畬劫火焚。」〔註72〕**終遭颶風害**。見卷二《阻風珠江》。**人事戒滿盈，天意惡侈忲**。陸游詩:「豈不念加糝，侈汰恐易萌。」〔註73〕**六師一以移，漢將齊下瀨**。見卷二《越王臺》。**劉王舊花塢，**見卷十一《送少詹》。**金粉盡淘汰**。王安石詩:「垢污得淘〔註74〕汰。」**今來縱遊觀，足以動深嘅。鵂羆復憑闌，遠目豁蒙**。**祝融方司南，**見卷十一《送少詹》。**尉陀臺占兌**。見卷二《越王臺》。范成大《丁未東宮壽詩》:「銅律風占兌。」**萬井鬱參差，百穀互陽昧**。《書》〔註75〕:「曰暘谷，寅賓出日。」又:「曰昧谷，寅餞納日。」**人影數沙蟲，**見卷二《香爐峽》。**林梢亞蓬艾**。《莊子》:「夫三子者，猶存乎蓬艾之間。」〔註76〕**我非雲中君，**見卷二《偕謝晉》。**何緣出塵壒**。趙抃詩:「清深遠城市，潔浄去塵壒。」〔註77〕**少陵有遺詩，將老斯遊最**。杜甫《萬丈潭》句。

〔註65〕卷一百一十六。

〔註66〕《大雅・大明》。

〔註67〕《夜與疏山清公對語因設果供戲成長句》。

〔註68〕卷六十九。

〔註69〕《禮記・檀弓下》。

〔註70〕卷二。按:《漢書》卷六十六《陳萬年傳》:「或私解脫鉗鈦，衣服不如法，輒加罪笞。」顏師古《注》:「鉗在頸，鈦在足，皆以鐵為之。」

〔註71〕《同曼叔遊高陽山》。

〔註72〕原題作《大雲寺二十韻》。

〔註73〕《晨興》。

〔註74〕「淘」，王安石《寄曾子固》作「洮」。

〔註75〕《堯典》。

〔註76〕《齊物論》。

〔註77〕《題周敦頤濂溪書堂》。

嶺外歸舟雜詩〔註78〕

　　黃木灣西廟鼓撾，見卷十《送杜少宰》。**春潮漾漾沒蒲芽。**韓愈詩：「雨多添柳耳，水長減蒲芽。」〔註79〕**翻嫌二月歸程早，一路攀枝未作花。**《廣輿記》：「攀枝花高四五丈，類山茶，殷紅如錦。一名木棉。」

　　蠻江豆蔻一叢叢，《宋史·地理志》：「慶遠府貢生豆蔻。」〔註80〕杜牧《贈別》詩：「豆蔻梢頭二月初。」**牡蠣牆圍半畝宮。**屠本畯《海味索隱》：「牡蠣出海島，麗石而生，其殼磈礧，相黏如房。」〔註81〕**貪看河頭採珠女**，見卷二《東宮書所見》。**輕帆不趁酒旗風。**杜牧詩：「水村山郭酒旗風。」〔註82〕

　　枕外潮雞報二更，見卷十一《題汪檢討》。**朧朧月底暗潮生。客心最喜舟師健，貪趁朝霞半日晴。**《范石湖集·曉發飛烏，晨霞滿天，少頃大雨。吳諺云：朝霞不出門，暮霞行千里。驗之信然》。〔註83〕

　　船頭釃酒佛山過，《嶺南雜記》：「佛山鎮離廣州四十里，天下商賈皆聚焉。」**七尺烏篷疾似梭。行到西南舊時驛，驚心榕樹已無多。**

　　三水城樓照落霞，「三水」，見卷二。**漁村處處見撈鰕。夜來欸乃聽新曲**，《漁隱叢話》：「元次山《欸乃曲》注：『欸音襖，乃音靄，棹船之聲。』《洪駒父詩話》謂『欸音靄，乃音襖』，遂反其音，是不看次山集而妄為之說耳。」**不是漁家是笛家。**

　　飛來寺腳束江濤，見卷三《峽山飛來寺》。**徑入雙林磴轉高。怪道褰簾蝴蝶至，軍持新插紫山桃。**《寄歸傳》：「梵雲軍持，此云瓶，常貯水，隨身淨手。」〔註84〕

　　檋郎鄉里面都黔，沈約《山陰柳家女》詩：「還家問鄉里，詎堪持作夫。」〔註85〕《南史·張彪傳》：「我不忍令鄉里落他處。」〔註86〕按：鄉里謂妻也。皮日

〔註78〕《曝書亭集》題作《嶺外歸舟雜詩十五首》。

〔註79〕《獨釣四首》其二。

〔註80〕卷九十。

〔註81〕見（明）屠本畯《閩中海錯疏》卷下。

〔註82〕《江南春絕句》。

〔註83〕《石湖詩集》卷十六。

〔註84〕《韻府羣玉》卷七、《御定淵鑑類函》卷三百八十五。

〔註85〕按：詩題原作《少年新婚為之詠詩》，「山陰柳家女」為首句。

〔註86〕卷六十四。按：已上兩則見《欽定古今圖書集成·明倫彙編·閨媛典卷二十二》。

休詩：「鶴共心情慢，烏同面色黔。」〔註87〕**撐盡筠篙禿指尖。**張祜〔註88〕詩：「髩髦還應露指尖。」〔註89〕**水飯乾魚烏欖豉，**《嶺南雜記》：「烏欖一名木威子，乃橄欖之大者。蒂有鼻〔註90〕味，大遜橄欖。土人取其肉醃為菹，名曰欖豉。」**生來不食廣州鹽。**

按：康熙三十九年八月，廣西巡撫彭諱鵬示：為東省官鹽壟斷，西省眾怨沸騰事，內開西省目下鹽價每斤錢二百文，民間計兩而買，每兩錢十二文，攪水和泥，只有七八錢。本都院按日買食，合兩三處，纔得一斤。本都院淡食何必言，然如小民疾苦何審？是則先生「生來不食廣州鹽」之語有自來也。〔註91〕

紫棟花香映水窗，舟從大廟出奔瀧。見卷二《大廟峽》。范成大《贛江亭》詩：「鼓旗西征上奔瀧。」〔註92〕**晚來欲雨猶未雨，峽裏鷓鴣啼一雙。**

新開花縣壓層巒，群盜停探赤白丸。見卷三《寇至》。**不是郙陽王給事，**又旦。〔註93〕**滇陽行旅至今難。**見卷二《滇陽峽》。

按：花山與峒人接壤，土寇結連出沒，劫商旅。王黃湄於康熙甲子歲以戶科給事中典廣東鄉試。比還朝，疏請建縣治，設官吏，廣州四縣交賴以安。

山坳一水忽分流，兩岸多停楚客舟。夜半東風齊笑語，月明打鼓上連州。《唐書·地理志》：「連州連山郡，本熙平郡，天寶元年更名。」〔註94〕

彈子磯高高插天，《廣東通志》：「輪石山，在英德縣城北一百二十里，一名彈子磯。高數千丈，壁立江潯。半壁有窩，廣數尺。俗謂李廣試彈處。」李賀《巫山高》：「碧叢叢，高插天。」**篷窗未許客安眠。尋常一色四更月，**杜甫詩：「四更山吐月，殘夜水明樓。」〔註95〕**獨有此山啼杜鵑。**

〔註87〕《奉和魯望秋日遣懷次韻》。
〔註88〕「祜」，底本、石印本誤作「祐」。
〔註89〕《妓席與杜牧之同詠》。
〔註90〕「鼻」，郝玉麟《廣東通志》卷五十二所引作「臭」。
〔註91〕國圖藏本眉批：數詩皆言粵東風景，與粵西無涉也。「生來不食廣州鹽」句，注引廣西巡撫示文，謂其語有自來，則似此一首指粵西而言，非是。且此詩作於康熙三十二年，而廣西巡撫示則在三十九年，豈先生作詩時豫知六七年後事耶？
〔註92〕原題作《寄題贛江亭》。
〔註93〕此係自注。
〔註94〕《新唐書》卷四十三上。
〔註95〕《月》。

曲江門外趁新墟，《唐書・地理志》：韶州治曲江縣。〔註96〕采石英州畫不如。《嶺南雜記》：「英德石大者可置園亭，小者可列几案，無不刻畫奇巧，玲瓏峻削，但不若靈璧石叩之鏗鏗作聲耳。入城，列肆多賣石者，然無一中玩。必求之收藏之家方可得米袖中物，然價亦不賤。語云『英石三妙皺透瘦』也。」買得六峯懷袖裏，攜歸好伴玉蟾蜍。見卷八《櫂歌》。

修仁渡接始興江，《元和郡縣志》：「始興縣有三楓亭、五渡水。齊范彥龍為始興守，至修仁麗〔註97〕水賦詩。」半掛魔幢半佛幢。記得三楓舊曾泊，更無風雨打船窗。

青篛竹尾鳳毛纖，銀箸灘頭石角尖。五里一瀧成十里，虛勞估客記郵簽。

雄州郭外萬人家，見卷三《雄州歌》。小店臨流大道斜。纔是野薔薇落後，白花開遍苦丁茶。《嶺南雜記》：「苦蕒茶，一名皋盧，非茶也。葉大如掌，一片入壺，其味極苦，少則反有甘味。噙嗽利咽喉之疾，功並山豆根。」

梁吉士以羅浮蝴蝶繭二枚贈行曲江道中一蝶先出篷底聯句成三十韻大蝴蝶，惟羅浮蝴蝶洞有之。嘗止花樹間，見人弗動。即動亦依依不遠。採者連枝持出，輒飛復故處，不他之。其生以繭，繭中一卵，小於雞子，重胎沁紫，包以烏柏木葉，絡以綵絲。山中人嘗以冬月往採，好事者購取藏之。明年二月，以繭置梧柳間，輒有一大蝴蝶，展翅徑尺，飛來就繭，不飲不食，抱伏纏綿。經七日，繭破子出，大可六七尺許。越數日，挾之飛去。其出繭絕不使人見，雖晝夜伺之，弗覺也。雌雄不離，千里外必相尋覓，至則繞籠翔舞，不得入，以翅觸籠，金翠委損。放之，兩兩相逐，翩然高舉，蓋羽族之至神者。精氣相通，無間遠邇，所謂仙靈之使令，非人間所得而羈也。〔註98〕

故人贈我行，方物當所選。彝尊。笥發詫駢羅，潘岳《閑居賦》：「絲竹駢羅。」中有蝴蝶繭。沈名蓀。字碏房，仁和舉人〔註99〕。兩兩折枝掛，一一槁葉卷。昆田。動搖槌懸風，《南史・王湝傳》：「帝每與對弈，從夕達旦，或復失寢，加以低睡。帝詩嘲之曰：『狀若喪家狗，又似槌懸風〔註100〕。』當時以為笑樂。」

〔註96〕《舊唐書》卷四十一。
〔註97〕「麗」，《元和郡縣志》卷三十五作「酌」。
〔註98〕按：此小注出屈大均《廣東新語》卷二十四《蟲語》。
〔註99〕石印本衍「一」。
〔註100〕「槌懸風」，《南史》卷二十五《到湝傳》作「懸風槌」。按：此處作《王湝傳》，誤。此沿江浩然《曝書亭詩錄》之說。

妥貼纘綴冕。彝尊。《說文》：「冕：邍延、垂瑬、纘紞。」《注》：「纘紞，黃色也。以黃綿綴冕，兩旁下繫玉瑱。」厥包同米囊，《群芳譜》：「罌粟，一名米囊花。」其文比竹篆。名葓。見卷六《風懷》。末如蟬翼輕，齊女鬢垂髾。昆田。《古今注》：「齊王後忿而死，變為蟬，登庭樹，嘒唳而鳴，王悔恨。故世名蟬曰齊女。」《說文》：「髾，女鬢垂貌。」詩朋爭愛惜，寊之黃篋籈。彝尊。《廣韻》：「籈，大篋。」薄寒巾密覆，遲日窗始展。名葓。隔籠頻摩抄，並棹迭窺覘。昆田。形隨秋燕蟄，候早春蛹頓。彝尊。《正韻》：「蠶化為蛹，蛹化為蛾。」我夢為莊周，栩栩興匪淺。名葓。《莊子》：「昔者莊周夢為蝴蝶，栩栩然蝴蝶也。自踰〔註101〕適志與！不知周也。」俄然一繭破，有若子初娩。昆田。《說文》：「生子二人俱出為娩。」《纂要》：「齊人謂生子曰娩。」停橈疾招呼，急走忘足跣。彝尊。煸爛五采錯，的皪九光炫。名葓。《真誥》：「九光霞裏宿仙壇。」層層金泥塗，韋氏子詩：「惆悵金泥簇蝶裙。」〔註102〕屑屑雲母碾。昆田。《荊南志》：「華容方台山出雲母，土人採之，先候雲所出之處，於其下掘取，往往有長五六尺，可為屏風。」〔註103〕絲絲春江濯，見卷八《丁娘子布》。幅幅朝霞翦。彝尊。李賀詩：「輕綃一幅〔註104〕染朝霞。」孔鸞一毛截，瑇瑁片甲輮。名葓。《嶺南雜記》：「玳瑁出南番海洋。狀如龜鱉，背負十二葉。取用必倒懸其身，用滾醋潑之，逐片應手而落。黃多黑少者價高，黑斑多者不為奇，廣人以製盃盤梳掠之類。」眉過粉蛾長，《韻會》：「蛾以黃蝶而小，其眉句曲如畫。」翅類仙鼠扁。昆田。見卷六《風懷》。綪繻變周官，《爾雅》：「一染謂之綪，三染謂之纁。」《周禮·天官·染人》：「夏纁玄。」繪繡備虞典。彝尊。見卷二十一《吳甥振武》。曾聞朱明洞，見卷十六《羅浮蝴蝶》。大者如輪轉。名葓。悠揚千花叢，薛逢詩：「王孫草上悠揚蝶。」〔註105〕下上百丈巘。昆田。或云麻姑裙，見卷四《贈沈華》。裂之在蒼蘚。彝尊。或云葛翁衣，《南海志》：「羅浮山蝴蝶洞四時出綵蝶，世傳葛仙遺衣所化。」貯之在丹甗。名葓。紛綸辭各異，無乃傳者舛。昆田。夢想四百峰，見卷十二《題過嶺集》。有約末由踐。彝尊。未逢採雀靈，見卷十《送杜少宰》。徒見〔註106〕啞虎善。名葓。見《題過嶺集》。名山應見笑，竦誚豈能免。昆田。靚茲鳳凰子，見卷一

〔註101〕「踰」，《齊物論》作「喻」。

〔註102〕《悼妓詩》。

〔註103〕《太平御覽》卷四十九《地部十四·西楚南越諸山·方台山》。

〔註104〕「幅」，《南園十三首》其十二「四」。此沿江浩然《曝書亭詩錄》之說。

〔註105〕《長安春日》。

〔註106〕「見」，《曝書亭集》作「說」。

《華山畿》。《古今注》:「蛺蝶大者名鳳子。」髡髵列仙遺。彝尊。入山夫何難,歸與面有靦。名蕉。《詩》:「有靦面目。」〔註107〕明當放汝還,華首恣游衍。昆田。《嶺南雜記》:「遊羅浮者大率先至華首寺。」《詩》:「及爾游衍。」〔註108〕

沈霖據石圖

差山高士隱織簾,《德清縣志》:「縣東南一里吳差山,俗呼乾元山。」《齊書·沈麟士傳》:「隱居余不吳差山,講經教授,從學者數十百人,各營屋宇,依止其側。時人語曰:『差山中有高士,開門教授居成市。』」又:「織簾讀書,手日不輟,號織簾先生。」〔註109〕千金一致醫方兼。見卷十《金蓮花》。餐花黑蛺蝶衣潤,《南史·沈麟士傳》:「製《黑蝶賦》以寄意。」《桂海虞衡志》:「黑蛺蝶大如扇,橘蠹所化。」〔註110〕丸藥碧梧桐子黏。《名醫別錄》:「凡散藥有云刀圭者,十分方寸匕〔註111〕之一,准〔註112〕如梧桐子大。」無絃之琴石上臥,蕭統《陶淵明傳》:「淵明不解音律,而蓄無絃琴一張。」有洌者水沙中潛。張生遠。〔註113〕傳寫陸生嘉淑。〔註114〕贊,題罷玉蟾蜍淚霑。

秦吉了聯句《唐會要》:「林邑國有結遼鳥,能言,勝於鸚鵡。黑色,兩眉獨黃。即秦吉了也。一云形似鸚鵡,而色白,頂微黃,頂毛有縫,如人分髮。耳聰,心慧,舌巧,人言無不通。」

珍禽產邕管,《太平廣記》:「秦吉了,容、管、廉、白州產此鳥,大約似鸚鵡,嘴腳皆紅,兩眼後夾腦有黃肉冠。善效人言語,音雄大分明於鸚鵡。以熟雞子和飯如棗飼之。」〔註115〕自呼秦吉了。邵長蘅。〔註116〕字子湘,武進人。翛翛羽儀

〔註107〕《小雅·何人斯》。

〔註108〕《大雅·板》。

〔註109〕按:此出《南史》卷七十六《隱逸列傳下·沈驎士》,曰:「居貧,織簾誦書,口手不息,鄉里號為織簾先生。……隱居餘干吳差山,講經教授,從學士數十百人,各營屋宇,依止其側。時為之語曰:『差山中有賢士,開門教授居成市。』」而《南齊書》卷五十四《高逸列傳·沈驎士》:「家貧,織簾誦書,口手不息。……隱居餘干吳差山,講經教授,從學者數十百人,各營屋宇,依止其側。」

〔註110〕《欽定日下舊聞考》卷一百五十一。

〔註111〕「匕」,底本誤作「上」。

〔註112〕「准」,底本及石印本誤作「堆」,據《名醫別錄》改。

〔註113〕此係自注。

〔註114〕此係自注。

〔註115〕卷四百六十三《禽鳥四》,注:「出《嶺表錄異》。」

〔註116〕《曝書亭集》作「武進邵長蘅子湘」。

澤,《易》:「鴻漸於陸,其羽可用為儀。」〔註117〕炯炯眸子了。彝尊。丹咮漫多
智,《桂海虞衡志》:「秦吉了如鸜鵒,紺黑色丹,咮黃,距目下連項有深黃文。」黃
距一何蹻。長蘅。尾輸山鷓長,形陋麼鳳小。宋犖。〔註118〕見卷六《香奩體》。
批肉花冠敧,垂耳蠟光皎。彝尊。好語鎮間關,元好問詩:「回頭〔註119〕不
見人,山鳥時間關。」餘音或繚繞。犖。雖殊鳩舌蠻,偶類雉鳴鷕。彝尊。
《詩》:「有鷕雉鳴。」〔註120〕宣和譜乃遺,爾雅釋未表。《爾雅》有《釋鳥》。
屢奮躍不停,獨立聲忽悄。犖。羈棲恣飲啄,簾幕信昏曉。寄身在籠中,
結思仍木杪。長蘅。稟質洵雲微,即物嘅詎少。所以韓退之,作賦感二
鳥。彝尊。韓愈《感二鳥賦序》:「貞元十一年五月戊辰,愈東歸。癸酉,自潼關出,
息於河之陰。時始去京師,有不遇時之歎。見行有籠白烏、白鸜鵒而西者。故為賦以
自悼。」

　　按:《青門賸稿》云:「珍禽產邕管,自呼秦吉了。邵。翛翛羽儀澤,炯炯眸子
瞭。朱。紺衿映日明,花翅點雪皅。邵。尾輸山鷓長,形陋麼鳳小。丹咮漫多智〔註
121〕,黃距一〔註122〕何蹻。宋。批肉冠樣奇,垂耳蠟光皎。朱。趹趹儗鴻鵠,嗅嗅鄙
伯趙。好語鎮間關,餘音或繚繞。宋。雖殊鳩舌蠻,偶類雉鳴鷕。朱。宣和譜乃遺,爾
雅釋未表。屢奮躍不停,獨立聲忽悄。宋。唳受野鶴欺,飼慮狡童嬲。〔註123〕甘與炎
陬辭,怕趁海舶杳。羈棲恣飲啄,簾幕信昏曉。寄身在籠中,結思仍木杪。邵。稟質
洵雲微,即物嘅詎少。所以韓退之,作賦感二鳥。朱。」

閼逢閹茂甲戌

曉行圖

　　樹杪星星墖火收,月殘衣上冷霜浮。郎當風鐸穿林去,《開天遺事》:
「岐王宮中,於竹林內懸碎玉片子。每夜聞玉片子相觸聲,即知有風,號為占風鐸。」

〔註117〕《漸》上九。
〔註118〕《曝書亭集》作「商丘宋犖牧仲」。
〔註119〕「回頭」,元好問《五松平》作「四顧」。
〔註120〕《邶風‧匏有苦葉》。
〔註121〕此詩又載宋犖《西陂類稿》卷二十二《聯句集》(《清代詩文集彙編》第135
　　　　冊,第268頁)。「智」,《西陂類稿》作「知」。
〔註122〕「一」,《西陂類稿》作「亦」。
〔註123〕《西陂類稿》「獨立聲忽悄」句下無注,此句下注「牧仲」,即宋犖。

莫是曉行人姓劉。宋劉一止賦《曉行詞》得名，人號為劉曉行。〔註124〕

白陽山人陳括折枝花按：陳淳，字道復，號白陽山人，吳郡人。善寫花卉。子括，字沱江，能世其業。題云「白陽山人陳括」，誤。

餅桃花仿吳公器，《宣和畫譜》：「武臣吳元瑜，字公器，京師人。善畫，師崔白，能變世俗之氣，所謂院體者。有《黃鶯餅桃圖》一、《柏梢餅桃圖》一。」〔註125〕風牡丹摹崔子西。《宣和畫譜》：「崔白，字子西，濠梁人。善花竹、羽毛、芰荷、鳧雁。有《湖石風牡丹圖》一。」〔註126〕雨點露團猶在眼，惜無好鳥盡情啼。韓愈《贈同遊》：「無心花裏鳥，更與盡情啼。」

崑山謁宋劉處士過墓《名勝志》：「劉龍洲祠祀宋詩人劉過。過字改之，廬陵人。客死崑山，葬焉。」《蘇州府志》：「劉過客死崑山，其後主簿趙希懋葬之馬鞍山東齋之西岡，復即東齋為祠。今廢。」

荒榛斷碣小山隈，詞客當年亦可悲。蘆葉汀洲繫船夜，劉過《唐多令》：「蘆葉滿汀洲，塞沙帶淺流。二十年，重過南樓。樓〔註127〕下繫船猶未穩，能幾日，又中秋。」〔註128〕巇肩風雨渡江時。劉過《沁園春》：「巇肩斗酒，風雨度時，〔註129〕豈不快哉！」橐中青兕千金散，《桯史》：「辛稼軒棄疾帥越，聞其名，遣介招之。〔註130〕因效辛體《沁園春》一詞，曰：『斗酒巇肩，醉渡浙江，豈不快哉。』辛得之大喜，竟邀之去，館燕彌月。垂別，賙之千緡，曰：『以是為求田資。』改之歸，竟蕩於酒，不問也。」《宋史》：「辛棄疾在耿京軍中。僧端義〔註131〕竊印以逃，辛追獲之。端義曰：『我識君相，乃青兕也，力能殺人，幸勿殺我。』辛斬其首，歸報京。」〔註132〕馬後焦桐一輛隨。《詞苑叢談》：劉改之淳熙甲午預秋薦，赴省試，到建昌。二更後，有美人執拍來，唱一曲侑酒云：『別酒未斟心已醉，忍聽陽關辭故里。揚鞭勒馬到皇都，三題盡，當際會。穩跳龍門三級水。天意令吾先送喜，不審

〔註124〕　此係自注。

〔註125〕　卷十九。

〔註126〕　卷十八。

〔註127〕　「樓」，劉詞作「柳」。

〔註128〕　國圖藏本眉批：南樓詞。

〔註129〕　「巇肩斗酒，風雨度時」，《沁園春》其七《寄辛承旨時承旨招不赴》作「斗酒巇肩，風雨渡江」。

〔註130〕　《桯史》卷二此處有「適以事不及行，作書歸輅者」。

〔註131〕　「端義」，《宋史》作「義端」。下同。

〔註132〕　卷四百一《辛棄疾傳》。

君侯知得未。蔡邕博識爨桐聲，君抱負，卻如是。酒滿金盃來勸你。』劉與之偕至臨安，果擢第。道士熊若水謂之曰：『隨車娘子非人也。今夕並枕，吾於門外做法，君當緊抱之，勿令竄逸。』劉如所戒，乃擁一琴耳。」〔註133〕辛苦東吳顧文學，湄。〔註134〕《感舊集》：「湄字伊人，江南太倉人。有《水鄉集》。」邀人歲歲此題詩。

積雨八首

自從甲子春來雨，見卷七《送喬舍人》。四月從無三日晴。薄暮東風吹轉急，泊舟小水看潮生。

水木陰陰夏尚寒，桑枝風戾幾曾乾。《禮》：「桑於公桑，風戾以食之。」〔註135〕《注》：「蠶畏濕惡水，不欲見露氣。風戾之使燥也。」戾，乾也。莫愁著屐沖泥遠，小舫撐過繡鴨灘。《梅里志》：「繡鴨灘在曝書亭之東。郭徵詩云：『軟沙窩暖綠莎低，接翅萍香水拍堤。貪把釣竿看鴨鴨，卻忘窗下聽談雞。』」

沒盡荷花紫草田，菱池新水芋陂連。《梅里志》：「芋陂、菱池在曝書亭東南。」畏寒不獨衰翁甚，年少冬衣未拆縣。

貓頭筍夾白版扉，麂眼籬綻黃薔薇。葉適詩：「為菊重編麂眼籬。」〔註136〕《本草經》：「薔薇不一，有大紅、粉紅、黃、白四色，花大如錢。」〔註137〕綠陰門巷午風起，吹遍楊花總不飛。

〔註133〕引自《南宋雜事詩》卷一「上人心折龍州友，湖海詩名姓氏芳。並枕朱絲絃已斷，老娼休唱賀新郎」注。
按：（清）徐釚《詞苑叢談》卷十二《外編》：
劉改之得一妾，愛甚。淳熙甲午預秋薦，赴省試。在道賦《天仙子》，每夜飲旅舍，輒使小童歌之。到建昌，遊麻姑山，屢歌，至於墮淚。二更後，有美人執拍板來，願唱一曲勸酒。即賡前韻云：「別酒未斟心已醉，忍聽陽關辭故里。揚鞭勒馬到皇都，三題盡，當際會。穩跳龍門三汲水。　天意令吾先送喜，不審君侯知得未。蔡邕博識爨桐聲，君抱負，卻如是。酒滿金杯來勸你。」劉喜，與之偕東，果擢第。調荊門教授，遇臨江道士熊若水，謂之曰：「竊疑隨車娘子非人也。」劉具以告。曰：「是矣。今夕與並枕時，吾於門外做法。教授抱之，勿令竄逸。」劉如所戒，乃擁一琴耳。頓悟昔日蔡邕之語，攜至麻姑，訪之，知是趙知軍所瘞壞琴也，焚之。
〔註134〕此係自注。
〔註135〕《禮記・祭義》。
〔註136〕按：非葉適詩，出方岳《山中》其三。
〔註137〕玄燁《御選唐詩》卷二十三《補編》之溫庭筠《題李處士幽居》「濃陰似帳紅薇晚」句注。

烏篷夜拄釣船坊，《梅里志》：「釣船坊在荷花池上。」曉起水添三尺強。欲覓園花查上舍，嗣璪。〔註138〕按：園花屬海寧，亦作袁化。但愁橫漲板橋妨。

荷葉新抽一丈莖，柴門趁漲到磯平。黃鸝粉蝶不相見，《樂府雅詞·九張機·輕絲》：「象床玉手出新奇。千花萬草光凝碧。裁縫衣著，春天歌舞，飛蝶語黃鸝。」唯聽鵜鳩逐婦聲。見卷十四《積雨》。

芍藥酴醾不到餅，園荒六枳戶常扃。見卷六《風懷》。吳蠶已是三眠候，見卷八《棹歌》。桑葉依然陌上青。《古今注》：「《陌上桑》出秦氏女子。」

棟花信後猶凝紫，見卷十二《紫藤花下》。梅子枝頭尚未黃。賀鑄《青玉案》：「一川煙草，滿城風絮，梅子黃時雨。」枉費祈晴丙丁帖，見卷十一《雨過劉學正》。殺風雨至轉顛狂。

池上編籬偶成二首

槐沜菱池水一窪，《梅里志》：「槐沜在曝書亭之西。郭徵《槐沜》詩：『雙株槐古蘚皮皴，朱老柴荊傍水滸。最是冷淘風日好，碧玲瓏葉細於鱗。』」好編六枳作籬笆。客來與乞平安竹，《酉陽雜俎》：「李衛公言北都惟童子寺有竹一窠，長數尺，相傳其寺綱維，每日報竹平安。」〔註139〕老去思栽頃刻花。《唐詩紀事》：「周寶移鎮浙西，殷七七至，醉吟曰：『琴彈碧玉調，爐養白硃砂。解〔註140〕造逡巡酒，能栽頃刻花。』」〔註141〕農丈人唯知避俗，《晉書·天文志》：「農丈人一星，在南

〔註138〕此係自注。
〔註139〕續集卷十《支植下》。
〔註140〕「解」，底本作「稱」，據石印本、《唐詩紀事》卷七十五《殷七七》改。
〔註141〕按：（唐）張君房《雲笈七籤》卷一百十四《殷文祥》：「殷七七，名文祥，又名道荃，常自稱七七。……周寶於長安識之。……及寶移鎮浙西，數年後，七七忽到，復賣藥。寶聞之驚喜，遽召之，師敬益甚。每醉，自歌曰：『解醞須臾酒，能開頃刻花。琴彈碧玉調，爐鍊白朱砂。』寶嘗試之，悉有驗。」又，（宋）劉斧《青瑣高議》前集卷之九《韓湘子》：
韓湘，字清夫，唐韓文公之侄也，幼養於文公門下。文公諸子皆力學，惟湘落魄不羈，見書則撏，對酒則醉，醉則高歌。公呼而教之曰：「汝豈不知吾生孤苦，無田園可歸。自從發志磨激，得官出入金鑾書殿，家粗豐足。今且觀書，是吾不忘初也。汝堂堂七尺之軀，未嘗讀一行書，久遠何以立身，不思之甚也！」湘笑曰：「湘之所學，非公所知。」公曰：「是有異聞乎？可陳之也。」湘曰：「亦微解作詩。」公曰：「汝作言志詩來。」湘執筆，略不構思而就，曰：「青山雲水窟，此地是吾家。後夜流瓊液，凌晨散絳霞。琴彈碧玉

斗西南，老農主稽也。」〔註142〕**村夫子更嬾移家。**見卷十三《移寓槐市斜街》。**試添隔岸香茅屋，眼見南垞勝北垞。**見卷十一《題王叔楚墨竹》。

按：明余寅有《農丈人集》，唐韓滉有《村夫子移家圖》。五六一聯蓋以書畫名作對也。〔註143〕

清時特地許閒身，張籍詩：「朝衣暫脫見閒身。」〔註144〕**底用湫隘傍市塵。著錄九經堪送老，**《玉海》：「唐貞〔註145〕觀中，谷那律淹貫群書，褚遂良稱為九經庫。九經之名防乎此。其後明經取士，以《禮記》、《春秋左傳》、《詩》、《周禮》、《儀禮》、《易》、《尚書》、《春秋·公》、《穀》為九經。國朝方以三傳合為一，又捨《儀禮》，而以《易》、《詩》、《書》、《周禮》、《禮記》、《春秋》、《論語》、《孝經》、《孟子》為九經。」**擁書萬卷不言貧。**《北史·李謐傳》：「丈夫擁書萬卷，何假南面百城。」〔註146〕**為農也解量晴雨，**《鶴林玉露》：「出步溪邊，邂逅園翁溪友，問桑麻，說秔稻，量晴較雨，探節數時。」〔註147〕**置酒渾忘是主賓。寄語岩棲譚給事，**瑄。〔註148〕**何妨近作耦耕人。**

題畫

第四橋頭楓葉丹，見卷八《櫂歌》。謝靈運詩：「曉霜楓葉丹。」〔註149〕**詩翁露頂不知寒。停車鎮日樹根坐，**杜牧詩：「停車坐愛楓林晚。」〔註150〕**閒看鷺鷥飛過灘。**

調，爐養白朱砂。寶鼎存金虎，丹田養白鴉。一壺藏世界，三尺斬妖邪。解造逡巡酒，能開頃刻花。有人能學我，同共看仙葩。」公見詩，詰之曰：「汝虛言也，安為用哉？」湘曰：「此皆塵外事，非虛言也。公必欲驗，指詩中一句，試為成之。」公曰：「子安能奪造化開花乎？」湘曰：「此事甚易。」公適開宴，湘預末坐，取土聚於盆，用籠覆之。巡酌間，湘曰：「花已開矣。」舉籠見岩花二朵，類世之牡丹，差大而艷美，葉幹翠軟，合座驚異。

〔註142〕卷十一。
〔註143〕國圖藏本眉批：村夫子句用韓滉圖名，農丈人句未必用余寅集名也。引《天文志》亦無涉。
〔註144〕《題韋郎中新亭》。
〔註145〕「貞」，底本、石印本作「正」。
〔註146〕《北史》卷三十三。按：早出《魏書》卷九十《李謐傳》。
〔註147〕卷四。
〔註148〕此係自注。
〔註149〕《晚出西射堂詩》。
〔註150〕《山行》。

為高上舍題其尊人太常層雲山水軸

太常三絕畫書詩，見前《光孝寺》。尺幅溪山付虎兒。《圖繪寶鑑》：「米友仁，小字虎兒。」斷楮零縑何處覓，秋窗惆悵卷還時。

李秀才琪枝墨竹字雲連，號奇峰，嘉興庠生。太僕君實孫，珂雪子。畫傳家學，尤工墨梅墨竹。

小閣爐香洗硯初，數竿墨竹最清疏。蕭子範詩：「寂寞對空窗，清疏臨夜竹。」〔註151〕前身定是梅花衲，楊萬里詩：「前身定是明月。」〔註152〕按：李龏著《梅花衲》。〔註153〕仍占春波橋外居。《靜志居詩話》：「太僕恬澹自持，居官日淺，優游田里，以法書名畫自娛。家近春波橋，為吳仲圭舊里。暇寫墨竹，兼擅雲山。」李肇亨《梅花道人四友圖跋》：「梅花道人嘗賣卜於春波裏，所謂笑俗陋室者，彷彿在我家左右也。」

送鄭公培入粵《梅里志》：「公培，字子元，號葭村。善篆刻。徐貞木弟子。有《圃田印譜》。子邁，字敘周，庠生。能詩，入曝書亭詩社。」

入閩閩有灘，李良年《閩灘曲序》：「閩水皆灘也。予舟所經，自浦城至水口僅六百里，為灘一百二十有一。又水口二百里，達省治則安流矣。」度嶺嶺有關。見卷二《度大庾嶺》。勸君捨仙霞，見卷七《雨度仙霞嶺》。勸君逾常山。李翱《南來錄》：「自杭至常山六百九十五里，逆流多驚灘。以竹索引船，乃可上也。」一帆餘干漾，三板茶磨盤。《方輿勝覽》：「茶磨石。《圖經》以石門之石為之，蒼碧縝密，鐫琢得所，以磨盤與輪同璞者為佳。」〔註154〕曲江水沄沄，見前《嶺外歸舟》。大廟峽攢攢。見卷二《大廟峽》。秋深高涼郡，《隋書·地里志》：「高涼郡，梁置高州。」〔註155〕郡守〔註156〕當之官。鄭梁，字禹梅，慈谿人。以郎中出守高州。英英玉堂彥，見卷三《送蔣翰林》。戟舍有餘閒。好賢若緇衣，《禮》：「好賢如《緇衣》。」〔註157〕為子具館餐。《詩》：「適子之館兮，還予授

〔註151〕《夏夜獨坐詩》。
〔註152〕不詳。
〔註153〕國圖藏本眉批：梅花衲即吳仲圭，不應更引李龏。
〔註154〕卷二十二。
〔註155〕卷三十一。
〔註156〕按：《曝書亭集》此處有自注：「鄭君梁。」
〔註157〕《禮記·緇衣》。

子之餐兮。」況有王大令，原。〔註 158〕字令詒。時宰茂名。王與鄭皆戊辰進士，而茂名為高州屬邑。《晉書‧王瑉傳》：「代王獻之為長，兼中書令。二人素齊名，世謂獻之為大令，瑉為小令。」〔註 159〕儒雅足盤桓。蕉椰實堪飽，見卷十一《送梁孝廉》。橄欖漿不酸。一丈孔雀尾，見卷十一《送少詹》。雙丫公孫蘭。按：粵之丫蘭，一莖上兩花，乃貴種也。青青箟簩竹，見《送人宰順德》。恒覆屋數間。此鄉洵可樂，何時方來還。暇過五羊城，越臺尤壯觀。番番三老友，為我報平安。

招陳秀才忱山遊之作

洗藥㞠基井，《桐鄉縣志》：「洗藥井在㞠山，即㞠仙煉丹所。」讀書顧況臺。見卷八《櫂歌》。溪行十里近，風便一帆開。野飯香新栗，先生《㞠山題壁》：「石皆赭土，人伐以繚垣。歲既久，山失其半，惟一僧舍獨存。拓北窗，灌木一林，葉未黃落，寺僧擷新栗以進，猶帶芒蝟，取其實嘗之，味若岩桂之始花。」〔註 160〕山園露早梅。相邀好兄弟，及此共深杯。

㫋蒙大淵獻乙亥

二月二十日

灣頭新柳碧遙遙，猶記停舟舊板橋。白居易《板橋詩》：「梁苑城西三十里，一渠春水柳千條。若為此路經重過，二十年前舊板橋。曾與美人橋上別，更無消息到今朝。」〔註 161〕一自花時葬西子，見卷八《棹謌》。年年風雨是今朝。

論畫和宋中丞十二首先生《宋中丞論畫詩跋》：「孫紹遠輯《聲畫集》，分題畫觀畫門，而無論畫之作。竊謂杜子美『鄭公粉繪，曹霸丹青』一絕，即論畫之倡矣。商丘中丞於簿書堆案之日，作《論畫絕句》，詩纔二十六首，而古今畫家雅俗工拙之殊、流派之別，盡括其要。中丞鑒賞妙天下，暗中摩挲縑楮，能別偽真。余嘗叩其故，中

〔註 158〕 此係自注。
〔註 159〕 卷六十五。
〔註 160〕 《曝書亭集》卷六十八。
〔註 161〕 按：白居易《板橋路》：「梁苑城西二十里，一渠春水柳千條。若為此路今重過，十五年前舊板橋。
曾共玉顏橋上別，不知消息到今朝。」劉禹錫《楊柳枝》：「春江一曲柳千條，二十年前舊板橋。曾與美人橋上別，恨無消息到今朝。」

丞笑而不言。今《論畫》詩出，未免以金針度人矣。」〔註162〕

阿儂舊住韭溪北，見卷八《櫂歌》。天籟閣中曾數過。見卷八《懷鄉》。記得千金執扇冊，項氏家藏千金帖有三：一為唐雙鉤《萬歲通天帖》，一為《淳化閣帖》初拓本，一為唐宋人畫，執扇居多。〔註163〕童時一日幾摩挲。

界畫樓臺膽未豵，《西溪叢話》：「劉夢得有『杯前膽不豵』，趙飈有『吞船酒膽豵』，禮部韻、唐韻並無。《集韻》在山字韻，音呼關切。」棘針花鳥亦難嫻。見卷八《櫂歌》。昔賢往往妙遊戲，不了樹枝沒骨山。《靜志居詩話》：「高青丘曰：『叔明為趙文敏外甥，而其畫法自立門戶，無一筆相似。蓋文敏書畫詩皆尚工緻，而叔明意在活脫，所寫溪山林木或有柯無葉，畫家謂之不了樹，惟詩亦然。』」

狡儈紛紛偽亂真，《宋史·米芾傳》：「芾畫山水人物，自名一家。尤工臨移，至亂真不可辨。」〔註164〕巧勻楮墨傳灰塵。誰知神物歸藏弄，千載依然色斬新。

談藝何人公道存，每因憎愛昧昭昏。不應唐沈同時在，《無聲詩史》：「唐寅，字伯虎，一字子畏，吳縣吳趨里人。晚好佛氏，自號六如。畫品高甚。自宋李營丘、李唐、范寬、馬遠、夏圭，以至勝國名家大癡、山樵之蹟，無不探討。沈周，字啟南，號石田。遊於丹青以自適。王元美稱先生畫為國朝第一。文徵仲亦稱『吾石田為神仙中人』云。」吳偉翻呼畫狀元。《無聲詩史》：「吳偉，字次翁，別號小仙，江夏人。孝廟登極，召見便殿，命畫，稱旨，授錦衣衛百戶，賜畫狀元印。」

隱君趙左僧珂雪，《無聲詩史》：「趙左，字文度，雲間人。畫法董北苑、黃子久、倪雲林。與董思白為翰墨友。流傳董蹟，頗有出文度手者。常瑩，字珂雪，華亭僧。寫山水有清思。」每替容臺應接忙。董文敏疲於應酬，每倩趙文度及雪公代筆，親為書款。〔註165〕「容臺」，見卷九。涇渭淄澠終有別，《詩》：「涇以渭濁。」〔註166〕《傳》：「涇渭相入而清濁異。」《列子》：「口將爽者，先辨淄澠。」〔註167〕漫因題字糵收藏。

〔註162〕宋犖《西陂類稿》卷十三《論畫絕句二十六首》後附王士禛、朱彝尊、邵長蘅跋。（《四庫提要著錄叢書》集部第130冊，第166頁。）
〔註163〕此係自注。《曝書亭集》原在詩末。
〔註164〕卷四百四十四。
〔註165〕此係自注。《曝書亭集》原在詩末。
〔註166〕《邶風·谷風》。
〔註167〕《仲尼第四》。

胥山樵叟畫亦殊，得錢多寡分精麤。少年身後休嗤點，杜甫詩：「今人
嗤點流傳賦，不覺前賢畏後生。」〔註168〕不見長江萬里圖。項叟聖謨，子京之孫，
自號胥山樵。曹侍郎溶領藩東粵，叟作《長江萬里圖》送行，深得古人筆法。〔註169〕

崔子忠。〔註170〕陳洪綬。〔註171〕人物最瓌奇，見卷十二《江山臥遊圖》。
左思《吳都賦》：「相與昧潛，險搜瓌奇。」仕女天然窈窕姿。《後漢·鄭隲傳》：
「躬天然之姿，體仁聖之德。」〔註172〕朱子詩：「青鸞凌風翔，飛仙窈窕姿。」〔註173〕
弟子描摹失師法，《靜志居詩話》：「章侯四齡就婦翁家，見新堊壁，登案畫漢前將
軍關侯像，八九尺。翁見下拜，遂以室奉侯。蓋繪事本天縱也。余每覩其真蹟，所畫
美女姚冶絕倫。今則贗本紛紜，多係其徒嚴水子、山子、司馬子雨輩所做，率皆蓬篨、
戚施矣。」盡調鉛粉畫東施。《寰宇記》：「越州諸暨縣有西施家、東施家。」黃庭
堅詩：「世有〔註174〕捧心學，取笑如東施。」

王五崇節。〔註175〕谿山擅平遠，黃子久《寫山水訣》：「山從下相連不斷，
謂之平遠。」《分甘餘話》：「王崇節，字筠侶，文貞之弟，文靖季父也。官把總。生
於閥閱，而任誕不羈，視富貴蔑如也。畫學青蚓，京師貴之。」〔註176〕周郎之恒。
〔註177〕窠石亦清真。見卷五《贈周參政》。兩君人物兼臻妙，未許南人笑北
人。王，宛平人。周，臨清人。〔註178〕

巨幅鸞鳳細草蟲，長留風露濕花叢。時人罕覯藕漁筆，先生《嚴君墓
誌》：「諱繩孫，字蓀友，自號藕蕩漁人。兼善繪事，山水、人物、花木、蟲魚靡不曲
肖，尤精畫鳳，翔舞竦峙，五光射目，觀者歡息，以為古畫手所無。」〔註179〕止說

〔註168〕《戲為六絕句》其一。
〔註169〕此係自注。
〔註170〕此係自注。
〔註171〕此係自注。
〔註172〕卷四十六。
〔註173〕《題畫》。
〔註174〕「世有」，《次前韻謝與迪惠所作竹五幅》作「今代」。
〔註175〕此係自注。
〔註176〕卷一。
〔註177〕此係自注。
〔註178〕此係自注。
〔註179〕《曝書亭集》卷七十六《承德郎日講官起居注右春坊右中允兼翰林院編修嚴
　　　　君墓誌銘》：「自號藕蕩漁人。……兼善繪事，山水、人物、花木、蟲魚靡不
　　　　曲肖，尤精畫鳳，翔舞竦峙，五光射目，觀者歡息，以為古畫手所無。……
　　　　諱繩孫，字蓀友。」

王郎武。〔註180〕惲老壽平。〔註181〕工。〔註182〕王，長洲人。惲，武進人。〔註183〕

〔註180〕 此係自注。

〔註181〕 此係自注。

〔註182〕 國圖藏本眉批：武字勤中，明太傅文恪公六世孫。所寫花鳥動植，信意渲染，皆有生趣。前太常王翁亦善畫，亟稱之曰：「近代寫生家多畫院氣，獨我勤中所作神韻生動，當在妙品中。」

開林按：眉批實出（清）汪琬《堯峯文鈔》卷三十五《忘庵王先生傳》，曰：王先生武，字勤中，明太傅文恪公六世孫也。以諸生入太學，少時風流倜儻，不屑意舉子業。自讀書賦詩外，若投壺、蹴鞠、彈棋、馬射、技擊之術，與夫藝花種樹、蓄魚籠禽之方，無不通究，而尤長於畫，素擅鑒賞。當王氏家門鼎盛，其先世所遺及平時購獲者，率多宋元明諸大家名跡，往往心摹手追，務得其遺法，故其所寫花鳥動植，信意渲染，皆有生趣。家本饒裕，而王先生雅不事生產，數為徭賦所困，又性好施予，親故間或有負之者，亦輒置不問。計一歲所入，輒緣手盡，以是其家遂落。甫壯，乃屏絕諸好，獨以高潔醞藉自持。所居為文恪公故第，其旁怡老園有亭榭花木水石之勝，恒與賓從及諸昆弟具蔬果酒食，觴詠其間。值其空無時，亦必清坐，相對談笑，移日不倦。家既益落，而所作畫益工。諸好事者評王先生畫，雖前輩陳山人道復、陸處士叔平不能過也。前太常王翁煙客亦善畫，尤亟稱之，曰：「近代寫生家多畫院氣，獨吾勤中所作神韻生動，當在妙品中。」於是其聲譽大噪，四方士大夫走書幣造請者日夕相屬，寸縑尺素，流傳遠近，莫不鄭重藏弆，甚有作贗筆以售者。京師貴人爭慕王先生名，出兼金訪求其畫，不能得。內閣宋文恪公即王先生姊婿也，方貴顯於朝，移書招王先生入京師，先生笑而不應。嘗語人曰：「古之善畫者，莫一非高人傑士，以文行著者也。有如文恪公諸客，沈徵君、唐解元、文待詔之屬，其人皆能為畫重，不則畫豈能重人乎？」蓋晚而自號忘庵。或徵其說，王先生告之曰：「魚相忘於江湖，人相忘於道術。今予之補剚息機於此也，世忘予乎？予忘世乎？兩相忘則去道也近矣。」其寓意超卓如此。年僅五十有九，卒於家。為人孝友愷悌，與人交不設城府，所遇無貴賤長少，率委曲相款洽。居平善病，晚歲病屢發，不復多作畫。故人有貧乏者輒強之使作，王先生欣然執筆曰：「願以佐吾子晨夕需。」族父年老有孫女不能嫁，王先生復力疾為作數幅，俾鬻以治奩具。客有以病諫者，王先王曰：「吾財不足而力有餘，敢自愛耶？」先是積藏諸名跡及他玩好甚夥，中歲斥以易薪粟，幾罄矣。疾既革，又命諸子盡出篋衍中所餘贈遺諸親故，無復存者。琬聞其訃，為之潸然出涕，曰：「此吾吳之老成典刑也。自今以往，吳中豈復有斯人比乎！」蓋一時鉅公勝流俱推重王先王畫，而琬獨愛慕其為人，以為王先生素行匪特長者也。蓋有古達人遺風焉，故願為之傳。

前史官汪琬曰：吾吳故多高隱之士。前明自淵孝先生杜瓊、石田翁沈周、顧祖辰子武、陸治叔平之流，莫不以善畫有聞，流風餘韻，迄今為吳人所稱說。越百數十年，而王先生始繼起。王先生文章詞翰雖視石田稍遜，顧其風尚標置，略與淵孝、子武、叔平相伯仲。惜乎享年不永，而世之稱王先生者又以畫掩其名德，予不勝為之太息云。

〔註183〕 此係自注。

《青門簏稿》：「吾鄉惲壽平正叔工沒骨寫生，不用墨筆鉤勒，而渲染生動，濃淡淺深間，妙極自然。」《香祖筆記》：「如近日姑蘇王武熙派也，昆陵惲壽平、金陵王槩筌派也，二派並行，不可相非，唯觀其神氣何如耳。」〔註184〕

先子韶年寫雲壑，當時心折董尚書。先母唐孺人，董文敏之甥也。文敏見先〔註185〕人畫，謂人曰：「不出十年，可以亂吾真矣。」〔註186〕按：唐氏譜，允恭字欽甫，娶董氏鄉進士董傳教之女。女二，次適增廣生朱茂曙。先生自注云：「唐孺人，董文敏之甥」，則傳教必文敏之父叔行也。惜不得董氏族譜一按之。**後來舍弟亦能畫，**舍弟彝鑒能詩畫，早卒。〔註187〕《能改齋漫錄》：「兄稱弟曰舍弟，亦有所本。魏文帝《與鍾繇書》曰：『是以令舍弟子建，因荀仲茂時從容喻鄙旨。』」〔註188〕**可惜都無片紙儲。**

白下錢唐畫作林，殘山剩水樹無陰。若令此輩流傳遠，不合良工苦用心。杜甫詩：「更覺良工心獨苦。」〔註189〕又：「頗學陰何苦用心。」〔註190〕

退翁孫侍郎承澤。〔註191〕**倦叟**曹侍郎溶。〔註192〕**嗟淪沒，吳客雌黃詎可憑。**《晉陽秋》：「王衍能言，於意有不安者，輒更易之，時號口中雌黃。」**妙鑒誰能別苗髮，一時難得兩中丞。**謂宋公暨閩撫卞公也。〔註193〕《居易錄》：「卞中丞永譽貽《書畫匯考》六十卷，其自撰也。凡詩文題跋悉載。自序云：『上溯魏晉，下迄元明，大之忠孝之跡、法戒之圖，小之文章詞翰、江山雲物，鼇甲乙，較亥豕，當務即休，退食復然，故所收視《雲煙過眼錄》、《鐵網珊瑚》諸書獨為詳博。』」〔註194〕

宋中丞犖《跋》：「余暇日創為《論畫絕句》如干首，理絕繩尺，意在獨解。陳後山所云『晚知詩畫真有得』也。竹垞先生見而好之，走筆屬和，不撍拾畫苑剩語，第吟賞生平所見，而神理已超超元箸，近代數十年名手，皆得附之以傳，抑何幸耶！先

〔註184〕卷十一。
〔註185〕石印本此下有「孺」字，《曝書亭集》原無。
〔註186〕此係自注。《曝書亭集》原在詩末。
〔註187〕此係自注。《曝書亭集》原在詩末。
〔註188〕卷二《舍弟之稱》。
〔註189〕《題李尊師松樹障子歌》。
〔註190〕《解悶十二首》其七。
〔註191〕此係自注。
〔註192〕此係自注。
〔註193〕此係自注。
〔註194〕卷三十一。

生平日論詩，頗不滿涪翁，今諸什大段學杜，而高老生硬之致，正得涪翁三昧，信大家無所不有。」

答徐舍人永寧**上舍永宣五十韻**永寧，康熙辛酉舉人，候補中行評博。武進人。永宣，字學人。康熙庚辰進士。有《雲溪草堂詩》。

罷官臥荒村，戶外可羅雀。秋風攪庭梧，意況劇蕭索。凌晨屋山頭，韓愈《寄盧仝》：「每騎屋山下窺闞。」爭噪兩乾鵲。《西京雜記》：「陸賈曰：『乾鵲噪而行人至。』」〔註195〕「《通雅》：『喜鵲曰乾鵲。』性惡濕，故謂之乾。王安石以乾鵲音虔，謂健鵲也。」〔註196〕須臾名刺來，有客款門闔。披衣出迎客，矯若雲中鶴。南州名父子，見卷一《放言》。《漢書·蕭育傳》：「育字次君。大將軍王鳳以育名父子，著材能，除為功曹。」〔註197〕文采何照灼。鮑照《舞鶴賦》：「對流光之照灼。」往偕副都公，先生《副都御史徐公神道碑》：「諱元拱〔註198〕，字輯五。荊山，其別字也。」〔註199〕同聽清禁鑰。范成大詩：「禁鑰通三鼓，歸鞭任五更。」〔註200〕《神道碑》：「公子永寧、永宣以碑文為請，彝尊曩與公同朝，知公德善行義，不敢以不文辭。」神羊冠獨戴，見卷九《兒觥歌》。虎僕毫載槖。見卷十六《仙遊茅筆》。正色立朝端，《公羊傳》：「孔父正色而立於朝，則人莫敢過而致難於其君者，孔父可謂義形於色矣。」〔註201〕吐論謇而諤。《文心雕龍》：「王臣匪躬，必吐謇諤。」〔註202〕但為鳳迴翔，不事鷸擊搏。《論衡》：「魏公子與客飲，有鷸擊鳩。」〔註203〕《唐書·李珏傳》：「清廟之器，豈擊搏才乎？」〔註204〕循陔請終養，《神道碑》：「尋念親老，陳情乞歸。歸而父先卒，居喪盡哀，毀且瘠。」忠孝兩無怍。俄焉梁木壞，《禮》：「梁木其壞乎！」〔註205〕吾黨失矩矱。韓愈《郾城夜會聯句》：「考古垂矩矱。」〔註206〕斂雲令嗣賢，翰墨麗金膗。江淹

〔註195〕卷三。
〔註196〕卷四十五《動物》。
〔註197〕卷七十八。
〔註198〕「拱」，《曝書亭集》作「珙」。
〔註199〕《通議大夫都察院左副都御史徐公神道碑》。
〔註200〕《上元紀吳中節物俳諧體三十二韻》。
〔註201〕桓公二年。
〔註202〕《奏啟》。
〔註203〕《書虛篇》。
〔註204〕《新唐書》卷一百八十二。
〔註205〕《禮記·檀弓下》。
〔註206〕原題作《晚秋郾城夜會聯句》。

詩:「辭義麗金臈。」〔註207〕**茲焉接丰采，心路快一瀹。索文表墓道，於義無可郤。昔人重碑版**，《圖畫見聞志》:「柳公權志耽書學，不能治生；為勳戚家碑版，問遺歲時鉅萬。」〔註208〕**論文不論爵。後來世俗愚，但取官顯爍。縱然頭銜長**，見卷十三《紫藤花下》。**往往詞冗弱。鉅公即能之，亦復多偽託。誰歟辨真贗**，《宣和畫譜》:「唐太宗自虞世南亡後，褚遂良侍書。凡人間所上羲之帖，惟遂良究其真贗，故所學尤勝。」〔註209〕**止解速鐫鑿。**蘇軾《茶磨》詩:「巴蜀石工強鐫鑿。」〔註210〕**遂令賢達人**，《左傳》:「聖人有明德者，若不當世，其後必有達人。」〔註211〕**罕載金石畧。**〔註212〕《宋史·藝文志》:「趙明誠《金石錄》三十卷。」〔註213〕**稽古墓銘工，昌黎最凌遾。柳李揚餘波，屹立鼎鎗腳。**《唐書·薛大鼎傳》:「大鼎為浩州刺史，累徙滄州。無棣渠久塞，大鼎濬治，屬之海，商賈流行。是時鄭德本在瀛州，賈敦頤為冀州，皆有治名，故河北稱鎗腳刺史。」〔註214〕**穆修衍流派**，《宋史·穆修傳》:「字伯長，鄆州人。自五代文敝，國初，柳開始為古文。其後，楊億、劉筠尚聲偶之辭，天下學者靡然從之。修於是時獨以古文稱，蘇舜欽兄弟多從之遊。」〔註215〕**十子表東洛。文公成公後，軌範漸刊落。**姑蘇王止仲作墓銘，舉例於唐取三家：韓、柳暨李習之；於汴宋取十家：歐陽永叔、尹師魯、曾子固、蘇子瞻、王介甫、陳無已、黃魯直、晁无咎、陳了翁；於南渡取二家：朱仲晦、呂伯恭也。〔註216〕按：汴宋遺張文潛。**黃鐘屏弗考**，屈原《卜居》:「黃鐘毀棄，瓦缶〔註217〕雷鳴。」**細響賞牛鐸。**《晉書·荀勗傳》:「勗掌樂事，修律呂。嘗於路聞趙賈人牛鐸，識其聲。及〔註218〕樂，韻未調，乃曰：『得趙之牛鐸則諧矣。』遂下郡國，悉送牛鐸，果得諧者。」〔註219〕**凡**〔註220〕**聾互標榜，羊豹**

〔註207〕《雜體詩三十首》其五《陳思王曹植贈友》。
〔註208〕卷五《柳公權》。
〔註209〕卷一。
〔註210〕原題作《次韻黃夷仲茶磨》。
〔註211〕昭公七年。
〔註212〕國圖藏本眉批：鄭樵《通志略》其一曰《金石略》。
〔註213〕卷二百二。
〔註214〕《御定佩文韻府》卷九十九之五。按：原出《新唐書》卷一百九十七《循吏列傳》。《舊唐書》卷一百八十五上《良吏列傳上》略異。
〔註215〕卷四百四十二《文苑列傳四》。
〔註216〕此係自注。
〔註217〕「缶」，《卜居》作「釜」。
〔註218〕《晉書》此處有「掌」。
〔註219〕卷三十九。
〔註220〕「凡」，四庫本《曝書亭集》作「幾」。

聯一韡。舉世逐聲聞，孰肯叩寂寞。陸機《文賦》：「叩寂寞而求音。」君家好兄弟，蓄意勤且恪。皮日休詩：「胡為儒家流，沒齒勤且恪。」〔註221〕別來再致書，邀我踐宿諾。各賦詩一章，體制極雄博。歐陽修《記舊本韓文後》：「言深厚而雄博。」纏緜思無盡，繹繹絲在篗。張養浩詩：「婦勤絲滿篗。」〔註222〕參差瓊樹枝，爛漫棠棣萼。《詩》：「棠棣之華，鄂不韡韡。」〔註223〕神鷹乍脫韝，《南史·張充傳》：「充方獵，左臂鷹，右牽狗。遇父緒船至，便放鷹脫韝。」〔註224〕韓愈詩：「今君得所附，勢若脫韝鷹。」〔註225〕天馬初卸絡。《史記·大宛傳》：「大宛多善馬，馬汗血，其先天馬子也。」〔註226〕書蹤逼褚薛，《國史補》：「後輩言筆劄者，歐、虞、褚、薛。或有異論，至張長史無間言矣。」〔註227〕杜甫《寄劉峽州》：「學並盧王敏，書偕褚薛能。」〔註228〕句法壓盧駱。《唐書·王勃傳》：「勃與楊炯、盧照鄰、駱賓王皆以文章齊名，天下稱王楊盧駱四傑。」〔註229〕王安石《酬楊樂道》：「近代聲名出盧駱。」珍物貽頻仍，一一刮眼膜。見卷六《觀吳季子劍》。香秔包綠蒲，柳子厚詩：「綠荷包飯趁虛人。」〔註230〕岕片裹青篛。《言鯖》：「茶之精者，浙江以龍井為第一，江南以岕片為第一。佳者極難，得者亦少。」駝毧軟勝縠，《宋史·地理志》：「熙州貢毛毧段、麝香。」〔註231〕翠織暖逾貉。〔註232〕《輟耕錄》：「胡紫山《贈歌兒曲》云：『錦織江邊翠竹，絨穿海上明珠。』」〔註233〕異錦掉鯨魚，楊載詩：「襆被冬深裁異錦。」〔註234〕「掉鯨」，見卷十《賜

〔註221〕《初夏遊楞伽精舍》。
〔註222〕《我愛雲莊好四首》之四。
〔註223〕《小雅·常棣》。
〔註224〕《御定佩文韻府》卷二十六之八。按：原出《梁書》卷二十一《張充傳》、《南史》卷三十一《張充傳》。
〔註225〕《送侯參謀赴河中幕》。
〔註226〕卷一百二十三。
〔註227〕卷上。
〔註228〕原題作《寄劉峽州伯華使君四十韻》。
〔註229〕《新唐書》卷二百一《文藝列傳上》。按：《舊唐書》卷一百九十上《文苑列傳上》：「炯與王勃、盧照鄰、駱賓王以文詞齊名，海內稱為王楊盧駱，亦號為四傑。」
〔註230〕《柳州峒氓》。
〔註231〕卷八十七。
〔註232〕國圖藏本眉批：杜甫《太子張舍人遺織成褥段》詩：「客從西北來，遺我翠織成。」
〔註233〕《御定駢字類編》卷一百七十三、《御定佩文韻府》卷一百二之七。按：《輟耕錄》未見此語。陶宗儀《說郛》卷七十八上《青樓集·珠廉秀》：「胡紫山宣慰嘗以《沉醉東風》曲贈云：『錦織江邊翠竹，絨穿海上明珠。』」
〔註234〕《次韻羅雲叔紅梅》。

紵》。**明燈綴珠箔**。《漢武故事》:「武帝起神室,以白珠織為箔,玳瑁壓之。」**愧乏英瓊瑤,何以報金錯**。張衡《四愁詩》:「美人贈我金錯刀,何以報之英瓊瑤。」**緬惟副都公,九京不可作**。《禮》:「趙文子與叔譽觀乎九原,文子曰:『死者如可作也,吾誰與歸?』」〔註235〕**吾衰筆力短**,陸游詩:「老饞自覺筆力短。」〔註236〕**兼苦文思涸**。《唐書‧李翰傳》:「為文精密而思遲,常從令皇甫曾求音樂,思涸則奏音樂,神逸而後乃屬文。」〔註237〕**盛美豈勝書,經月稾乃削。雖非黃絹辭**,見卷二《南安客舍》。**陳言務埽掠**,韓愈《答李翊書》:「惟陳言之務去。」曾鞏《落葉》詩:「野步滿船誰掃掠。」**以之勒豐碑**。《禮》:「公室視豐碑,三家視桓楹。」〔註238〕《注》:「豐碑,斫大木為之。」**觀者或摹拓,採摭入琬琰**。唐明皇《孝經序》:「寫之琬琰,庶有補於將來。」**異日上史閣**,《摭異記》:「明皇好觀書,尤注意於起居注。天寶十載,成三百卷,率以五十幅黃麻為一編。書成,寧王請納於史閣,上寶惜是史,命別起大閣貯之。」〔註239〕**庶幾身後名。藉以慰冥漠,春山採茶候**。《名勝志》:「茶山路在廣化門外十里之內,大墩小墩連綿簇擁,有山之形。唐代湖、常二守會陽羨造茶修貢,由此往返,故名。」《試茶錄》:「民間常以驚蟄為侯,以春陰為採茶得時。」**風煙想一壑**,杜牧詩:「一壑風煙陽羨里,解龜休去路非賒。」〔註240〕**當浮太湖船。直抵洮滆泊**,《三吳郡國志》:「以胥湖、蠡湖、洮湖、滆湖四湖合太湖為五。」《神道碑》:「卜幽宅於滆湖之濆。」**一登君子堂,歡言共絃酌**。鮑照詩:「琴酒駛絃酌。」〔註241〕

喬孝廉崇烈**居父喪每泣則庭烏盡下禹鴻臚為畫飼烏圖率題三首**字無功,寶應人。康熙丙戌進士。翰林庶吉士。

烏烏啞啞東西樹,見卷十二《止孤山》。**子得食兮哺其父。於思於思淚如注**。見卷十一《雨過劉學正》。**惜烏尚有反哺時**,〔註242〕《禽經》:「慈烏反哺。」**塊獨煢煢守丘墓**。王韶《孝子傳》:「李陶,交趾人。母終,陶居喪墓側,躬自治墓,不受鄰人助。群烏銜塊助成墳。」

〔註235〕《禮記‧檀弓》。
〔註236〕《戲詠鄉里食物示鄰曲》。
〔註237〕《新唐書》卷二百三《文藝列傳下》。
〔註238〕《禮記‧檀弓下》。
〔註239〕《御定佩文韻府》卷九十九之三。
〔註240〕《正初奉酬歙州刺史邢群》。
〔註241〕《夜聽妓詩二首》其一。
〔註242〕國圖藏本眉批:《春秋運斗樞》:「烏為陽,陽氣仁,故反哺。」

烏烏啞啞樹東西，迴翔下上不得棲。饑來肯啄庭中泥。《北齊‧蕭放傳》：「字希逸。居喪，廬室前有二慈烏來集，各據一樹為巢。自午以前，馴庭飲啄。午後，更不下樹。每臨時，舒翅悲鳴，全似哀泣。」〔註243〕日食孝子一溢米，堊廬共爾長悲啼。《〈儀禮‧喪服〉傳》：「居倚廬，寢苫枕塊，哭晝夜無時。歠粥朝一溢米，夕一溢米。」《注》：「二十兩曰溢。為米一升二十四分升之一。舍外，寢於中門之外。屋下壘墼為之，不塗墍，所謂堊室也。」《疏》：「居倚廬者，孝子所居在門外東壁，倚木為廬。」

烏烏啞啞尾畢逋，《後漢‧五行志》：「桓帝時，童謠：『城上烏，尾畢逋。』」〔註244〕誰其傳寫禹鴻臚。張徐王趙世所無。天哀孝子降黃玉，《搜神記》：「《孝經》成白虹，自上而下，化為黃玉。」留此作配雌雄圖。《隋書‧經籍志》：「《孝經雌雄圖》三卷。」〔註245〕《五代會要》：「周顯德六年八月，高麗遣使進《孝經雌雄圖》三卷。」

雨舟聯句

山行未淹旬，日歸歲已晏。徐釚。〔註246〕晨發崦東西，《鄧尉聖恩寺志》：「光福里有虎山，相傳吳王養虎於此。下有崦，中界石樑，名虎山橋。因東西二崦，又名上下二崦。崦間皆山，圍合映帶，最為奇勝。」疾風吹四面。彝尊。《樂府‧丁都護歌》：「願作石尤風，四面斷行旅。」俄頃雲溟濛，急雨雜飛霰。釚。《詩》：「如彼雨雪，先集維霰。」〔註247〕寒木聲怒號，杜甫詩：「八月秋高風怒號。」〔註248〕沖波勢撇旋。彝尊。舟師劃柔櫓，逬力與水戰。彝尊。有如士先登，《左傳》：「潁考叔取鄭伯之旗蝥弧以先登。」〔註249〕賈勇色不變。彝尊。見卷九《酬閻若璩》。重湖乍超越，小舫乃利便。彝尊。回看澗山橋，亭亭樹蔥蒨。彝尊。張九齡詩：「樹晚猶蔥蒨。」〔註250〕沿流泝木瀆，《吳地記》：「木瀆鎮在縣西南二十七里。」峰頂豁僧院。彝尊。鈴傳越來溪，《姑蘇志》：「越來溪

〔註243〕卷三十三。
〔註244〕卷二十三。
〔註245〕卷三十二。
〔註246〕《曝書亭集》作「吳江徐釚電發」。
〔註247〕《小雅‧頍弁》。
〔註248〕《茅屋為秋風所破歌》。
〔註249〕隱公十一年。
〔註250〕《南還以詩代書贈京師舊僚》。

與石湖通，北至橫塘，上有越城，雉堞宛然。溪上有越城橋。」**屢響吳別殿**。彝尊。見卷六《風懷》。**陳跡且莫悲，執友情所眷**。彝尊。**將尋二棄堂**，葉寶應爕營別業橫塘。二棄，其齋名也。〔註251〕**庶幾共游衍**。彝尊。**詎期冬潦收**，宋玉《九辨》：「寂寥兮收潦而水清。」**水淺石盡見**。彝尊。**舟膠不能前，我躁子煩悁**。彝尊。**聯吟倚篷窗，翦燭炙冰硯**。彝尊。見卷六《雪窗》。范成大詩：「冰硯冷於鐵。」〔註252〕**安得胥口潮**，《吳郡志》：「胥口在木瀆西十里，出太湖之口也，上有胥山。」〔註253〕《通志》：「胥口乃太湖之委，其水達於郡城之胥門。出香山、胥山之間，兩山對峙，中一水曰胥口。」**盤椒及家宴**。彝尊。

曝書亭集詩注卷十五　　　　　　　　　　　　　　　　　　男　蟠　挍

〔註251〕 此係自注。

〔註252〕《賞雪騎鯨軒子文夜歸酒渴侍兒薦茗飲蜜漿明日以詫同遊戲為書事邀宗偉同作》。

〔註253〕 卷十八。

曝書亭集詩注卷十六

嘉興　楊謙　篹

石門　方薰　參

柔兆困敦丙子

耳疾示王周二上舍

　　我齒未七十，恒苦兩耳充。《詩》：「褎如充耳。」〔註1〕患此已三年，入秋輒內訌。《詩》：「蟊賊內訌。」〔註2〕始焉輪濕濕，王建詩：「萬事風吹過耳輪。」〔註3〕《詩》：「其耳濕濕。」〔註4〕既乃氣熻熻。《爾雅》：「熻熻，炎炎，薰也。」牀下駭鬬牛，〔註5〕《世說》：「殷仲堪父病虛悸，聞牀下蟻動，謂是牛鬬。」〔註6〕門前失吠狵。《本草》：「狵似猿而大，毛黃赤色。」有如兩豆塞，《鶡冠子》：「一葉蔽目，不見泰山。兩豆塞耳，不聞雷霆。」〔註7〕難使五藥攻。《周禮》：「以五藥療之。」《疏》：「五藥：草、木、蟲、石、穀也。」因之日靜坐，物理究初終。是非始聽聞，褒貶將安窮。屬垣第自苦，《詩》：「耳屬于垣。」〔註8〕察察爾何功。《老子》：「其政察察，其民缺缺。」讒柄變白黑，杜甫詩：

─────────

〔註1〕《邶風・旄丘》。
〔註2〕《大雅・召旻》。
〔註3〕《晚秋病中》。
〔註4〕《小雅・無羊》。
〔註5〕國圖藏本眉批：聞蟻動如牛斗與充耳者正相反，似不應並用。
　　　　按：范石湖《耳鳴》詩：「牛蟻誰知床下鬬。」
〔註6〕《紕漏第三十四》。
〔註7〕《天則第四》。
〔註8〕《小雅・小弁》。

「結口〔註9〕防讒柄。」「變白黑」，見卷十《憎蠅》。**治道淆污隆**，《禮》：「道隆則從而隆，道污則從而污。」〔註10〕**君子天地閉**，《易》：「天地閉，賢人隱。」〔註11〕**小人地天通。**《書》：「乃命重黎絕地天通。」《注》：「絕地天之通也。」〔註12〕**世事付一聵**，《國語》：「聾聵不可使聽。」〔註13〕**葆我以太沖。**《莊子》：「此之謂葆光。」〔註14〕《淮南子》：「聰明雖用，必反諸神，謂之太沖。」〔註15〕**免惛喪匕雷**，《易》：「震驚百里，不喪匕鬯。」〔註16〕《華陽國志》：「先主與曹公語，會雷大震，先主方食，失匕箸，曰：『一震之威乃至此。』」**免驚攧鷓風。**洪覺範詩：「忽作千林攧鷓風。」〔註17〕**人勞我則逸，美疚丁我躬。**見卷六《風懷》。《詩》：「寧丁我躬。」〔註18〕**相法十七家**，《通志》：「《十七家集相書》一卷。」**不容麥者豐。**《吳氏相法》：「耳門不容麥，壽百歲。」《相書》：「耳門小，富而怯。」**況若封丸泥**，見卷三《大閱圖》。**寧非富家翁。**《〈史記·留侯世家〉注》：「公欲有天下耶？將欲為富家翁耶？」〔註19〕**比鄰有二子，相憐病適同。**見卷一《寄家孝廉》。**襃如顧我笑**，《詩》：「顧我則笑。」〔註20〕**子論詎發蒙。**《易》：「發蒙。」〔註21〕**耳者心之候**，《春秋元命苞》：「耳者，心之候。」**其穴名聽宮，其神字幽田**，《黃庭內景經》：「耳神空閒字幽田。」**其用在司空。子今勤著書，不異五經笥。**《隋唐嘉話》：「任彥昇號五經笥。」**有時議紛綸**，見卷九《酬閣若璩》。**講席相磨礱。說詩匡丞相**，見卷十一《題紅豆書莊圖》。**解經戴侍中。**《後漢·戴憑傳》：「憑為侍中，正旦朝賀，百僚畢會，帝令群臣能說經者更相難詰。義有不通，輒奪其席，以益通者。憑遂重坐五十餘席，故京師為之語曰：『解經不窮戴侍中。』」〔註22〕**無人**

〔註9〕「口」，《秋日荊南述懷三十韻》作「舌」。此沿江浩然《曝書亭詩錄》之說。
〔註10〕《禮記·檀弓上》。
〔註11〕《坤·文言》。
〔註12〕《呂刑》。
〔註13〕《晉語四》。
〔註14〕《齊物論》。
〔註15〕《詮言訓》。按：《莊子·應帝王》：「吾鄉示之以太沖莫勝，是殆見吾衡氣機也。」
〔註16〕《震》卦辭。
〔註17〕按：非洪覺範詩，出（宋）釋德洪《大風夕懷道夫敦素》。
〔註18〕《大雅·雲漢》。
〔註19〕《史記集解》。
〔註20〕《邶風·終風》。
〔註21〕《蒙》初六。
〔註22〕卷一百九上《儒林列傳上》。

為畫字，杜甫《水宿遣興》：「耳聾須畫字，發短不勝鎞。」〔註23〕子將焉折衷。主人作而歎，何術返我聰。客云古方法，社酒能治聾。見卷十《贈沈上舍》。來朝海燕歸，陌上賽社公。見卷十《社日》。伐鼓聲淵淵，《詩》：「伐鼓淵淵。」〔註24〕割肉飽蓬蓬。《漢書·陳平傳》：「里中社，平為宰，分肉甚均。」〔註25〕高誘《淮南子敘》：「淮南民歌：『一尺繒，好童童。一升粟，飽蓬蓬。兄弟二人不能相容。』」吾儕試往祈，泥飲等喝〔註26〕虹。杜甫有《遭田父泥飲》詩。《夢溪筆談》：「虹嘗下澗飲，兩頭皆垂澗中。」〔註27〕《述異記》：「晉時晉陵薛願家有虹飲其釜中水，須臾而竭。願因以酒祝而益之，虹復飲盡，吐金滿釜而去。」〔註28〕按節舞麗娟，《洞冥記》：「武帝所幸宮人名麗娟，年十四，玉膚柔軟，吹氣勝蘭。不欲衣纓，拂之恐體痕也。帝常以衣帶縛麗娟之袂，閉於重幕之中，恐隨風而去。麗娟以琥珀為佩，置衣裾裏，不使人知。乃言骨節自鳴，相為神怪。」〔註29〕安歌走明童。見卷十一《送少詹》。三人共顧曲，《吳志·周瑜傳》：「瑜少精意於音樂，雖三爵之後，其有闕誤，必知之，知之必顧，時人謠曰：『曲有誤，周郎顧。』」〔註30〕其樂也融融。《左傳》。〔註31〕

初夏重經龍洲道人墓三十二韻見卷十五

亭亭馬鞍山，《吳郡志》：「崑山一名馬鞍山。」〔註32〕產石光瑩瑩。其東勢崢嶸，竹柏翠相映。劉生昔棲遲，於焉日吟詠。生耽巖壑幽，死愛水木淨。要知賢達心，義不陷俗穽。一棺抱山阿，勝夾兩婢媵。《禮》：「陳

〔註23〕原題作《水宿遣興奉呈群公》。
〔註24〕《小雅·采芑》。
〔註25〕《漢書》卷四十。按：早見《史記》卷五十六《陳丞相世家》。
〔註26〕「喝」，四庫本《曝書亭集》作「渴」。
〔註27〕王士禎《瞿山畫松歌寄梅淵公》「倒飲萬丈疑雄虹」，惠棟注：「沈括《筆談》：『虹嘗下澗飲，兩頭皆垂澗中。』」（《漁洋精華錄集注》卷九，第1397頁）
按：《欽定古今圖書集成·曆象彙編·乾象典卷七十六》、《御定佩文韻府》卷一之四錄此語，稱「《筆談》」。
檢《夢溪筆談》卷第二十一《異事》：「世傳虹能入溪澗飲水，信然。熙寧中，予使契丹，至其極北黑水境永安山下卓帳。是時新雨霽，見虹下帳前澗中，予與同職扣澗觀之，虹兩頭皆垂澗中。」此沿江浩然《曝書亭詩錄》之說。
〔註28〕卷上。
〔註29〕卷四。
〔註30〕《三國志》卷五十四。
〔註31〕隱公元年。
〔註32〕卷三十五。

乾昔寢疾,屬其子曰:『如我死,使我二婢子夾我。』乾昔死,其子曰:『殉葬,非禮也。』」〔註33〕**傾崖屏荊榛,老樹絕鴉鶡。既鮮蔍豎侵,亦免菜畦蝗。**陸游《杜門詩》:「燒灰除菜蝗。」自注:「讀如『橫』字,去聲。」**乃知斯丘樂,**《禮》:「公叔文子陞於瑕丘,蘧伯玉從。文子曰:『樂哉斯丘也,死則我欲葬焉。』」〔註34〕**匪藉青烏訂。**《黃帝傳》:「有青烏子能相地理,帝問之以製經。」《唐書·藝文志》:「王璨新撰《青烏子》三卷。」〔註35〕**我思南渡後,思陵失其政。謀夫多去國,魏公執兵柄。**《宋史·張浚傳》:「孝宗即位,除浚少傅、江淮東西〔註36〕宣撫使,進封魏國公。」**幕府盛賓寮,子弟談性命。**《宋史·張栻傳》:「栻,字敬夫。穎悟夙成。長師胡宏,退而若有得焉。宏謂之曰:『聖門有人矣。』栻益自奮勵,以古聖賢自期。」〔註37〕**棄師累十萬,三敗無一勝。**《續資治通鑑》:「紹興四年,張浚使都統制劉錫帥五路之兵,與金婁室大戰於富平,敗績。七年八月,以張浚為淮西宣撫使,召淮西副統制酈瓊赴行在。瓊以眾叛,降劉豫。隆興元年,以張浚為樞密使,都督軍馬,開府建康。夏四月,張浚使李顯忠、邵宏淵分道伐金。李顯忠、邵宏淵之師潰於符離。」**肆將功罪淆,第許心術正。**《何氏備史》:「張魏公素輕銳,喜功,好合虛譽。符離軍潰,國家數十年所積資械蕩棄無餘。方其甘寢晏然,稱是心學。然當萬眾崩解時,一人心法遽能收拾否?」〔註38〕**猛將反先誅,豈惟一檜橫。**《續

〔註33〕《禮記·檀弓下》。

〔註34〕《禮記·檀弓上》。

〔註35〕《新唐書》卷五十九。

〔註36〕《宋史》卷三百六十一此處有「路」字。

〔註37〕卷四百二十九《道學列傳三》。

〔註38〕《南宋雜事詩》卷一「符離一敗盡南奔,道士空傳相法明。聞說相公多睡語,休將心學誤蒼生」注。

按:(宋)周密《齊東野語》卷二、(清)潘永因《宋稗類鈔》卷十六所載與此不同。《齊東野語》曰:

《何氏備史》云:「張魏公素輕銳,好名。士之稍有虛名者無不牢籠。揮金如土,視官爵如等閒。士之好功名富貴者無不趨其門。且其子南軒以道學倡名,父子為當時宗主,在朝顯官皆其門人,悉自詭為君子。稍有指其非者,則目之為小人。紹興元年,合關陝五路兵三十餘萬,一旦盡覆,朝廷無一人敢言其罪。直至四年,辛炳始言之,亦不過落職福州居住而已。淮西酈瓊之叛,是時公論沸騰,言路不得已,遂疏其罪,既而並逐言者於外。及符離之敗,國家平日所積兵財掃地無餘,反以殺傷相等為辭,行賞轉官無虛日。隆興初年,大政事莫如符離之事,而實錄、時政記並無一字及之,公論安在哉?使魏公未死,和議必不成,其禍將有不可勝言者矣。」

《宋稗類鈔》曰:

《何氏備史》云:「張魏公素輕銳,喜功,好合虛譽,專以金帛官爵相牢籠,

資治通鑑》：「紹興元年八月，張浚殺前威武大將軍曲端。濬既敗於富平，乃思端言，召之還，稍復其官。徙閬州，將復用之。吳玠憾端，因言端再起，必不利於公。王庶又從而間之。玠復書『曲端謀反』四字於手以示濬，庶又言端嘗作詩題柱曰：『不向關中興事業，卻來江上泛漁舟』，謂其指斥乘輿。濬乃送端於恭州獄。有武臣康隨者，嘗以事忤端，端鞭其背，隨深憾之。及濬以隨提點夔路刑獄，端聞之，曰：『吾其死矣。』隨至，命獄吏繫維端，以紙糊其口，熻之以火。端乾渴求飲，與之酒，九竅流血而死。陝西士大夫莫不痛惜。」陶允嘉《符離懷古》：「張都護殺曲端，關中將士皆心寒。秦丞相殺岳飛，萬里長城一旦隳。婁室歡顏兀尢喜，小朝廷復何恃。長腳太師吾何尤，魏公九原知悔否。」〔註39〕**哀哉小朝廷，自此和議定。**《續資治通鑑》：「詔群臣議和金得失。胡銓抗疏曰：『臣有赴東海而死，寧肯處小朝廷求活耶？』」**金繒括脂膏，臣妾費辭令。**《續資治通鑑》：「紹興十一年，和議成，以何鑄簽書樞密院事，奉表稱臣於金。誓表略曰：『臣構言：今來畫疆，以淮水中流為界。既蒙恩造，許備藩方。世世子孫，謹守臣節。每年皇帝生辰並正旦，遣使稱賀不絕。歲貢銀絹二十五萬兩匹。自壬戌年為首，每春季差人般送至泗州交納。有渝此盟，明神是殛。』」**忍忘君父讎，**《禮》：「父之仇，弗與共戴天。」〔註40〕**寧計蒼生病。過也大布衣，慨慷本天性。好遊或渡江，**見卷十五。**嗜酒數中聖。**見卷十二《畢子》。**議論辛陳間，**楊維楨《龍洲劉公墓表》：「宋以詩俠名湖海間。陳亮、陸游、辛棄疾，世稱人豪，皆折氣岸與之交。丞相周必大欲客之門下，不就。」**恥與余子並。歌詩存十卷，**《宋百家詩存》：「《龍洲道人集》十卷。」**卷卷氣雄勁。**《宋史·汪綱傳》：「為文尤長於論事，援據古今，辨博雄勁。」〔註41〕**靜夜思中原，往往血淚迸。**吳師道《目疾》詩：「針刺爭雜施，流血和淚迸。」〔註42〕**厥後詣闕書，**《齊東野語》：「草茅爭相伏闕。劉過改之一書，至有『生靈塗炭，社稷丘墟』之語。且有詩云：『從教血染長安市，一枕清風臥釣磯。』」〔註43〕《墓表》：「公常抗疏光宗，請過宮，屢與時相

無所靳惜。士之貪利嗜進者爭趨之。厥嗣南軒復以道學倡，父子為當時宗主。在朝通要，並出其門，悉自詭為君子，舉世無敢訾貶者。淮西酈瓊之叛，公論沸騰，言路不得已，遂疏其罪，既而並逐言者於外。及符離軍潰，國家數十年所積資械蕩棄無餘，方且甘寢宴然，稱是心學。然當萬眾崩解時，一人心法遽能收拾否？大抵一時黨佞成風，掩惡掩美，亦何可盡言也。」

〔註39〕《明詩綜》卷六十七。

〔註40〕《禮記·曲禮上》。

〔註41〕卷四百〇八。

〔註42〕原題作《目疾謝柳道傳張子長惠藥》。

〔註43〕卷三。

陳恢複方略，謂中原〔註44〕可一戰而取之。」何減諍臣諍。庶幾國士風，合古之儒行。我來百世下，適墓必生敬。《禮》：「適墓不登壟。」〔註45〕又：「墟墓之間，未施哀於民而民哀；社稷宗廟之中，未施敬於民而民敬。」〔註46〕三年兩經過，涼燠感時興。番番玉山叟，顧湄。〔註47〕文史廣援證。思復東齋祠，暇日便眺聽。奠以椒桂漿，《楚辭》：「奠桂酒兮椒漿。」〔註48〕闊此覷鼪徑。《莊子》：「夫逃虛空者，藜藋柱乎鼪鼬之徑，踉位其空，聞人足音，跫然而喜矣。」〔註49〕誰與能好事，率錢表名姓。遺文並雕鎪，足以播遙夐。東齋祠見卷十五。

曝書亭偶然作九首

拓得園基一百弓，閒來樹底逐雞蟲。杜甫《縛雞行》：「雞蟲得失無了時。」掃除蝗菜下鸎粟，亟命畦丁修水筒。杜甫詩：「畦丁負籠至。」〔註50〕朱子詩：「東山接水筒。」〔註51〕

垞南宜得翠筠看，上番移來近百竿。杜甫詩：「會須上番看成竹。」〔註52〕昨夜疾風吹拔木，老夫差喜竹平安。見卷十五《池上編籬》。

蜻蜓翅丹蝴蝶黃，白露滿園秋草長。靜聽桑斧斫叢棘，忽露一株岩桂香。《本草》：「岩桂乃蘭桂之類〔註53〕。」唐高宗詩：「砌蘭虧半影，岩桂發全香。」〔註54〕《梅里志》：「曝書亭有青桂岩。」

蒲萄煎濃注酒餅，見卷十三《送胡參議》。酒闌荷葉香滿汀。新涼枕簟不妨設，時有北風吹我亭。

槿花本與佛桑同，見卷十一《乘風破浪圖》。也向籬邊吐白紅。試待來年根盡活，編成著色短屏風。

〔註44〕石印本此下有「之地」。
〔註45〕《禮記·曲禮上》。
〔註46〕《禮記·檀弓下》。
〔註47〕此係自注。
〔註48〕《九歌·東皇太一》。
〔註49〕《徐无鬼》。
〔註50〕《園官送茶》。
〔註51〕《雲谷合記事目效俳體戲作三詩寄季通》其二。
〔註52〕《三絕句》其三《春筍》。
〔註53〕石印本此下有「也」字。
〔註54〕《九月九日》。

　　雨裏芭蕉風外楊，水中菡萏岸筶簹。衰翁愛植易生物，不願七年栽
豫章。《述異記》：「豫章之為木也，生七年而後可知也。」《蠐衣別記》：「豫章，木
名，然非一木也。豫，今枕木。章，今樟木。二木生至七年，乃可分別。」

　　移橙種橘計蹉跎，一個茅亭草蔓多。輸與城隅譚給事，花時處處有
行窩。《宋史·邵雍傳》：「好事者別作屋，如雍所居，以候其至，名曰『行窩』。」
〔註55〕陳與義詩：「春遊是處有行窩。」〔註56〕

　　縮版誅茅事偶然，《詩》：「縮版以載。」〔註57〕修門見說此亭偏。陸游《出
都》詩：「重入修門甫歲餘，又攜琴劍返江湖。」〔註58〕須知庾信園雖小，庾信有
《小園賦》。詩賦江關獨易傳。杜甫詩：「暮年詩賦動江關。」〔註59〕

　　平泉花木遠爭移，金谷繁華盛詠詩。見卷一《無題》。淪落棲遲杜陵叟，
何人尚寄草堂貲。見卷七《題福州》。

斑魚三十韻《嘉興縣志》：「斑魚狀似河豚。」

　　吾衰薄滋味，蘇軾詩：「由來薄滋味。」〔註60〕意不在梁肉。第苦藜莧羹，
《韓非子》：「糲粱之飯，藜藿之羹。」〔註61〕韓愈詩：「腸肚皆藜莧。」〔註62〕精力
易消縮。蘇軾詩：「氣節消縮今無幾。」〔註63〕以茲盤中饌，往往供水族。持
螯疑蟛蜞，《世說》：「蔡司徒渡江，見蟛蜞，大喜曰：『蟹有八足，加以二螯。』令
烹之。既食，吐下委頓，方知非蟹。後向謝仁祖說此事，謝曰：『卿讀《爾雅》不熟，

〔註55〕卷四百二十七《道學列傳一》。按：《邵氏聞見錄》卷二十：「每出，人皆倒屣
　　　　迎致，雖兒童奴隸皆知尊奉。每到一家，子弟家人爭具酒饌，問其所欲，不復
　　　　呼姓，但名曰：『吾家先生至也。』雖閨門骨肉間事，有未決者，亦求教。康
　　　　節先公以至誠為之開論，莫不悅服。十餘家如康節先公所居安樂窩起屋，以待
　　　　其來，謂之『行窩』。故康節先公沒，鄉人挽詩有云：『春風秋月嬉遊處，冷落
　　　　行窩十二家。』洛陽風俗之美如此。」
〔註56〕按：非陳與義詩，出劉克莊《四和二首》其二。
〔註57〕《大雅·綿》。
〔註58〕按：參本書卷十二《喬侍讀萊一峰草堂看花歌同陸嘉淑周篔姜宸英錢金甫孫
　　　　致彌查慎行湯右曾陳曾蓂賦》「修門池館綴金碧」。
〔註59〕《詠懷古蹟五首》其一。
〔註60〕《寄周安孺茶》。
〔註61〕《五蠹第四十九》。
〔註62〕《崔十六少府攝伊陽以詩及書見投因酬三十韻》。
〔註63〕《戲子由》。

幾為勸學死。』」〔註64〕握鱣近蝤蝂。《顏氏家訓》:「《後漢書》云:『鸛雀衘三鱣魚。』多假借為『鱣鮪』之『鱣』。按:魏武《四時食制》:『鱣魚大如五斗匲,長一丈。』郭璞注《爾雅》:『鱣長二三丈。』安有鸛雀能勝一者?況三頭乎!鱓魚長者不過三尺,大者不過三指。《續漢書》及《搜神記》亦說此事,皆作『鱓』字。孫卿云『魚鱉鰌鱣』,及《韓非》、《說苑》皆曰『鱣似蛇』,並作『鱣』字。假『鱣』字為『鱓』字,其來久矣。」〔註65〕《爾雅》:「蝤,蝂蝣。」可怪黿脂垂,《淮南子》:「黿脂得火,可以然鐵。」〔註66〕生憎鱟尾蟲。《三才藻異》:「鱟魚尾乘風,豎腹下十二足。雌常負雄而躍。血碧,酒醉味美。」所欲庶其魚,又無取乾鱐。《周禮》:「夏行腒鱐。」《注》:「鱐謂乾魚。」河豚昔最嗜,恒用井華漉。塵遠烹於庭,血去抉其目。見卷九《河豚歌》。刈楚然豆萁,《詩》:「言刈其楚。」〔註67〕曹植詩:「煮豆然豆萁。」〔註68〕務候湯火熟。瓊乳挦西施,見《河豚歌》。但恨不盈匊。《詩》:「不盈一匊。」〔註69〕誰能罷饞扠,韓愈詩:「饞扠飽活欒。」〔註70〕對此食指搐。見《河豚歌》。《漢書·賈誼傳》:「一二指搐,身慮亡聊。」〔註71〕自從十年來,不敢恣口腹。酖毒安可懷,《左傳》:「宴安酖毒,不可懷也。」〔註72〕災生慮薄祿。庾亮《讓中書令表》:「小人祿薄,福過災生。」斑魚乃具體,秋深出涸狀。木華《海賦》:「涸狀萬里。」小大雖云殊,一氣同化育。其形亦彭亨,《韓昌黎集·石鼎聯句》:「豕腹漲彭亨。」其性齊忿慉。此時釣魚師,杜荀鶴詩:「五湖閒作釣魚師。」〔註73〕香餌素所畜。杜甫詩:「魚饑費香餌。」〔註74〕籊籊三竹竿,《詩》:「籊籊竹竿。」〔註75〕庾信《小園賦》:「三竿兩竿之竹。」編蓴坐跧伏。王延壽《魯靈光殿賦》:「狡兔跧伏梲側。」垂綸韌且弱,《說文》:「韌,柔而固也。」沉鉤曲而復。有時十數輩,戢戢歸罦罬。杜甫詩:「小

〔註64〕《紕漏第三十四》。
〔註65〕《書證第十七》。
〔註66〕《太平御覽》卷第九百三十二《黿》,稱「《淮南萬畢術》曰」。
〔註67〕《周南·漢廣》。
〔註68〕《七步詩》。
〔註69〕《小雅·采綠》。
〔註70〕《城南聯句》。
〔註71〕卷四十八。
〔註72〕閔公元年。
〔註73〕《出關投孫侍御》。
〔註74〕《送顧八分文學適洪吉州》。
〔註75〕《衛風·竹竿》。

魚脱網〔註76〕不可記，半死半生猶戢戢。」《西京賦》：「設罜麗。」**安砧剖瓜刀，**盧延讓詩：「饞犬舐魚砧。」〔註77〕「瓜刀」，見卷八《櫂歌》。**汲水浮梜木。**《後漢·楊由傳》：「風吹削梜。」《晉書·王濬傳》：「造船木梜蔽江而下。」〔註78〕**於焉救中廚，**《樂府》：「左顧救中廚。」〔註79〕**慎勿覆我餗。**《易》：「鼎折足，覆公餗。」〔註80〕**排泥剔其羽，起肝淘以麴。法使甘不噮，**《呂氏春秋》：「甘而不噮。」〔註81〕**瑩白類新沐。和之以蟹胥，**見《櫂歌》。**其汁轉濃鬱。**韓愈《進學解》：「沉浸醲鬱。」**既異齒鏌鋣，**陸機《豪士賦序》：「文子懷忠敬而齒劍。」注：「枚叔上書諫吳王曰：『腐肉之齒，利劍也。』齒，觸也。」梅堯臣《河豚》詩：「烹調〔註82〕苟失所，入喉為鏌鋣。」**兼免愁慘黷。**范成大詩：「彭亨強名魚，殺氣孕慘黷。」〔註83〕**因思膳夫經，珍未窮水陸。**《周禮·天官》：「膳夫珍用八物。」**設鱠姜侯曾，**杜甫詩：「姜侯設鱠當嚴冬。」〔註84〕**思鱸張翰獨。**見卷三《食鮰魚》。**俊味恥自饕，有客至不速。**《易》：「有不速之客三人來。」〔註85〕**亟須問前村，侑以酒一斛。**杜甫詩：「報之以微寒，共給酒一斛。」〔註86〕

題汪上舍讀書圖

　　朝看牧豕助邊儲，《漢書·公孫弘〔註87〕傳》：「弘，菑川薛人也。家貧，牧豕海上。」《卜式傳》：「式上書，願輸家財半助邊。乃召拜式為中郎，賜爵左庶長。」〔註88〕**暮見為郎擁傳車。**見卷六《九日》。**勸爾須拋兔園冊，**見卷九《寄酬張五》。**世間風漢乃耽書。**見卷十三《送何孝廉》。

〔註76〕「網」，《又觀打魚》作「漏」。

〔註77〕殘句。見《北夢瑣言》卷七《盧詩三遇》。

〔註78〕卷四十二。

〔註79〕《隴西行》。

〔註80〕《鼎》九四。

〔註81〕《士容論·審時》：「舂之易，而食之不噮而香。」

〔註82〕「烹調」，梅堯臣《范饒州坐中客語食河豚魚》作「庖煎」。此沿江浩然《曝書亭詩錄》之說。

〔註83〕《河豚歎》。

〔註84〕《閿鄉姜七少府設膾戲贈長歌》。

〔註85〕《需》上六。

〔註86〕《課伐木》。

〔註87〕「弘」，底本、石印本作「宏」。下同。

〔註88〕以上見《漢書》卷五十八《公孫弘卜式兒寬傳》。其中，公孫弘之內容早見《史記》卷一百一十二《平津侯主父列傳》。

山陰客舍題高布衣蕘鄉釣師圖二首

蛤蜊菰葉橫塘曲，溫庭筠詩：「蛤蜊菰葉夢橫塘。」〔註89〕細雨斜風西塞山。張志和《漁父歌》：「西塞山前白鷺飛，桃花流水鱖魚肥。青箬笠，綠簑衣，斜風細雨不須歸。」爭似蕘鄉好秋色，輕舟容與水雲間。

愛餐花港雞頭芡，《方言》：「南楚謂之雞頭，北燕謂之莜，青徐淮泗之間謂之芡。」更採湘湖雉尾蓴。見卷三《贈蔡五十一》。踏浪緣流無不可，只休驚起浣紗人。

顧明府培元載酒邀觀三江閘顧，通州人。《山陰縣志》：「三江閘去縣東北三十八里。三江城西門外凡二十八洞。築堤百餘丈，上有張侯祠，祠後有湯侯祠。」

一舍三江閘，輕舟度幾灣。蕭疏何限樹，平遠不多山。小管聲聲急，深杯戶戶豗。見卷十五《論畫》。賢侯有高興，未許夕陽還。

壽孟叟

最愛鑑湖好，見卷二。秋山百里青。君家秋山下，繞屋泉泠泠。黃菊樹百本，翠濤開幾餅。《龍城錄》：「魏左相能治酒，其名醹醁、翠濤，常以大金罍〔註90〕貯之，十年不壞。唐太宗賜魏徵〔註91〕詩：『醹醁勝蘭生，翠濤過玉薤。』」〔註92〕玉顏長可駐，不借蕊珠經。《黃庭內景經》：「太上大道玉宸君，閒居蕊珠作七言。」劉永之詩：「露濕蕊珠經。」〔註93〕

贈牧上人

我客柘湖曲，見卷二《南安客舍》。上人來叩關。欲浮清淮浦，直渡黃河灣。霽雪亂墻寺，夕陽平坡〔註94〕山。五茸春草綠，見卷一《渡黃浦》。一舸望南還。

〔註89〕《秘書省有賀監知章草題詩筆力遒健風尚高遠拂塵尋玩因有此作》。
〔註90〕石印本此下有「封」字。
〔註91〕「徵」，底本、石印本作「證」。
〔註92〕卷下《魏徵善治酒》。
〔註93〕不詳。按：（唐）鮑溶《寄峨嵋山楊煉師》：「道士夜誦蕊珠經，白鶴下繞香煙聽。」
〔註94〕「坡」，《曝書亭集》同，石印本作「陂」。

強圉赤奮若丁丑

萬年藤杖歌贈尤檢討侗先生《翰林院侍講尤先生墓誌》：「姓尤氏，諱侗，字同人，更字展成，別字悔庵，晚自號西堂老人。西堂者，先生讀書之所也。先世家無錫，遠祖裒以政事文學著南渡初，詩家所稱尤、蕭、范、陸是已。其後轉徙長洲之斜塘。先生少日，博聞強記，補學官弟子。貢於廷，謁選，除永平府推官。康熙十七年春，天子仿古制科取士。或薦先生於朝，召試體仁閣下，上親擢五十人，悉除翰林，纂修《明史》。先生最長，以齒序四十九人皆坐其下，留史局。三年，子珍以進士出身改庶吉士，先生乃告歸家居。予嘗以天台萬年藤杖奉先生，並作歌以贈。先生喜劇，然猶未窘於步，不藉扶持也。」〔註95〕

我有天台萬年藤，《天台山志》：「萬年藤出華頂，可為杖。」**持贈吳下遂初翁**。《晉書·孫綽傳》：「少與高陽許詢俱有高尚之志。居於會稽，遊放山水，乃作《遂初賦》。」〔註96〕按：宋尤裒自號遂初。**想當李明柏碩跡未到**，《雲笈七籤》：「司馬悔山在天台山北，係第十六福地，李明仙人所治之處。」〔註97〕《搜神後記》：「會稽剡縣民袁根、柏碩二人獵，經深山重嶺，向絕崖。崖正赤壁立，名曰赤城。有山穴如門，豁然而過。既入，內甚平敞，草木皆香。有一小屋，二女子住其中，年皆十五六，容色甚美，著青衣。一名瑩珠，一名□〔註98〕。見二人至，忻然云：『早望汝來。』遂為室家。」**此藤久已生山中，偶然拾自金庭宮**。葉良佩《遊天台山記》：「直南為桐柏岡，又五里抵桐柏宮，道書稱為金庭洞天。」**攜歸曉夜但拂拭，重之不異長生桐**。《禮斗威儀》：「君乘火而王，其政平，梧桐長生。」**翁昔史館文最雄，南狐東馬卓有前賢風**。見卷十一曹先生輓詩》。**即如詩篇也壓蕭范陸**，先生《梁溪遺稿序》：「宋南渡後，以詩齊名者四家，楊廷秀詩所稱尤、蕭、范、陸是已。千岩詩曾刊於永州，歲久散失，而尤公《梁溪集》五十卷，公之孫藻鋟木新安，焚於兵火，故范、陸詩盛行，而尤公之作流傳者寡，蕭特僅見其數首而已。蕭，西江人，諱德藻，字東夫，別字千岩。」〔註99〕**長城笑把偏師攻**。見卷十一《送田少參》。**歐陽黃九柳秦七**，劉克莊詩：「歐九平生許可難。」〔註100〕《志林》：「山谷《和

〔註95〕《曝書亭集》卷七十六《翰林院侍講尤先生墓誌銘》。

〔註96〕卷五十六。

〔註97〕《欽定古今圖書集成·方輿彙編·職方典卷一○○二》、《方輿彙編·山川典卷一百二十五》。按：《雲笈七籤》卷二十七《七十二福地》：「第六十司馬悔山，在台州天台山北，是李明仙人所治處。」

〔註98〕「□」，《搜神後記》卷一作「潔玉」。

〔註99〕《曝書亭集》卷三十六。

〔註100〕不詳。按：劉克莊《梅花一首》：「平生恨歐九，極口說姚黃。」

茶》詩云：『曲几團蒲聽煮湯，煎成車聲繞羊腸。』東坡云：『黃九恁地，怎得不窮？』」《後山詩話》：「今代詞手，惟秦七、黃九爾，唐諸人不逮也。」新詞往往傳歌童。《悔菴年譜》：「順治十五年，王胥庭學生侍講筵次，上語及『老僧四壁皆畫《西廂》，卻在臨去秋波悟禪』公案，學士以予文對。上立索覽，學士以鈔〔註101〕本進。上親加批點，稱才子者再。因問予出身履歷，歎息久之。無何，有以予《讀〈離騷〉樂府》獻者，上讀而善之，令教坊內人播之管絃，為宮中雅樂，聞者豔之。」翁今歸來雙耳聰，歷頭六十更二十，顏貌卻如四十同。徐凝詩：「顏貌只如三二十。」王昌齡詩：「至今八十如四十。」〔註102〕況有才子籍早通，見卷二《贈別王山人》。兼珍之膳潔且豐。見卷三《還家》。人生快意亦已足，豈必入海求方蓬。見卷四《觀海行》。西堂日暖花滿櫳，楊梅漸紫櫻桃紅。翁來期我花下酌，清晨扶枝尌門東。《江南通志》：「蘇州府城門，東曰尌、曰婁。」繭紙戢戢抽詩筒，《紙譜》：「吳人以繭為紙。」看翁遊覽興未窮。水循練瀆山穹窿，《一統志》：「練瀆在蘇州府城西南八十五里。」《吳縣志》：「穹窿山於吳山為最高。」長松樹底芝草叢，四方上下與翁逐，韓愈《醉留東野》：「四方上下逐東野，雖有離別無由逢。」杖兮杖兮藉汝功。杜甫《桃竹杖引》：「杖兮杖兮，爾之生也甚正直。」〔註103〕

寄蘭溪葛廣文名天鵬，字雲乘，秀水貢生。官蘭溪訓導，遷麗水教諭。

飛芻挽粟各喧闐，《漢書·主父偃傳》：「飛芻挽粟。」《注》：「運載芻槁，令其疾至，故曰飛挽〔註104〕也。」散吏何如葛稚川。《晉書·葛洪傳》：「字稚川，丹陽句容人也。」〔註105〕百斛金華新酒熟，醉尋桐柏觀中眠。《方輿紀要》：「天台縣西北二十五里，天台之支山也，上有桐柏觀。」王立程《天台山記》：「桐柏觀居華頂，實為葛洪、司馬子微遺跡，而雲壇寂寞，惟山翠沾衣，悵惘殊極。」

趙贊善以新詩題扇見懷賦答〔註106〕字伸符，號秋谷，益都人。康熙己未進士。官左春坊左贊善。

儲端鎖院各收身，同是承明放逐臣。遠憶音塵千里月，來尋蝦菜五湖春。閒教花底安棋局，笑比紅兒狎酒人。《郡齋讀書志》：「唐羅虬詞藻富贍，

〔註101〕「鈔」，石印本無。
〔註102〕《河上老人歌》。
〔註103〕原題作《桃竹杖引贈章留後》。
〔註104〕「挽」，《漢書》卷六十四上作「輓」。
〔註105〕卷七十二。
〔註106〕四庫本《曝書亭集》未錄。

與其族人隱、鄴齊名，時號三羅。從郇州李孝恭，籍中有杜紅兒者善歌，常為副戎屬意。副戎聘鄰道，虯請紅兒歌，贈綵。孝恭不令受之〔註107〕，虯怒，拂衣而起。詰旦，手刃之。既而追其冤，作絕句詩百篇，借古人以比其豔，盛行於時。」縱說卜居猶未定，幾曾憔悴等靈均。

原作〔註108〕　　趙執信

江村水樹澹秋煙，不見幽人思悄然。往接簪裾三殿側，近聯蹤跡五湖前。老為鶩胭漁翁長，閒上鴟夷估客船。各有彈文留日下，他時誰作舊聞傳。竹垞在長安著《日下舊聞》。〔註109〕

雨過馮檢討葑水園四首

蘭成小園在，束晳近遊頻。夾巷千花續，編籬六枳勻。葉低斜曳杖，石礙曲勾身。正值黃梅雨，蹣跚著屐人。

又見衡門改，新看小閣添。海榴橫濕戶，司空曙詩：「江寺海榴多。」〔註110〕楚雀近窺簾。曲直分沙溜，參差露墻尖。重過轉瀟灑，村郭意能兼。

高柳微風末，新荷驟雨中。見卷十《上巳》。竹扉經歲別，茶月一尊同。盡得齊民術，賈思勰著《齊民要術》。何殊避俗翁。杜甫詩：「陶潛避俗翁。」〔註111〕菱田知可拓，小舫後時通。

我亦歸田久，開門近水灣。縱移花百本，並少屋三間。《世說》：「蔡司徒在洛，見陸機兄弟住參佐廨中，三間瓦屋，士龍住東頭，士衡住西頭。」〔註112〕對此增惆悵，何緣數往還。煩君暇相過，看積一房山。

仙遊茅筆歌酬徐檢討釚《名勝志》：「仙遊縣在興化府城西八十里。」

君不用鐵梳梳秋兔毫，韋仲將《筆墨方》：「筆法以鐵梳梳兔毫及青羊毛，去其穢毛。」〔註113〕《西京雜記》：「天子筆管，以錯寶為跗，毛皆以秋兔之毫。」王

〔註107〕「之」，石印本無。
〔註108〕四庫本《曝書亭集》未錄。
〔註109〕石印本無此注。
〔註110〕《贈李端》。
〔註111〕《遣興五首》其三。
〔註112〕《賞譽》。
〔註113〕《齊民要術》卷九《筆墨第九十一·筆法》。

羲之《筆經》：「兔毫須用仲秋月收之。孟秋去夏近，毫焦而嫩。季秋去冬近，毫脆而禿。惟八月寒暑，調乃中用。」**亦不用束青羊毛。**《格古論要》：「廣東番禺諸郡多以青羊毛為筆，或用雞鴨毛，或以雉尾毛，五色可愛〔註114〕。又有豐狐毛、虎僕毛、鼠鬚毛、麝毛、狸毛、羊鬚胎髮，然皆未若兔毫為佳。」**別搜凡材逞妙技，鼠鬚虎僕非爾曹。**《博物志》：「有獸緣木，文似豹，名虎僕。毛可取以為筆。」**吾聞仙遊郭外山最高，仙人九鯉雲中邀。**見卷一《送林佳璣》。**紫鱗三百二十四，**《許彥周詩話》：「段成式與溫庭筠《雲藍紙詩》云：『三十六鱗充使時，數番猶得表相思。』蓋龍八十一鱗，鯉三十六鱗也。至宋景文詩云：『君軒結戀蕭蕭馬，尺素愁憑六六魚。』又使六六三十六也。」**白蝦蟆吠黃雞號。**《名勝志》：「將軍潃在棋盤下數里。隋時有號潛翁者，遊此，見一叟攜籃採葉，心異之，因拜乞長生藥。叟與以數葉，俄失所在。翁後遂煉形於石壁山，養白蝦蟆，自隨久，亦化去。」又：「雷轟潃在湖之東傍，有巨石，可坐可觸。昔九仙飲黃雞於此，因名黃雞灘。」**有時懸尾忽題科斗字，**《爾雅疏》：「科斗，一名活東，頭圓大而尾細。古文似〔註115〕之，故孔安國云皆科斗文字是也。」**是豈不律人間操。**〔註116〕《爾雅》：「不律謂之筆。」**茅田深深野火燒未盡，**白居易《春草》詩：「野火燒不盡，春風吹又生。」**樵夫蕘豎赤腳騰磽埆。**《後漢·儒林傳》：「牧兒蕘豎至於薪刈其下。」〔註117〕黃公度詩：「山程數驛更磽埆。」〔註118〕**拔茅連茹縛作將指節，**《易》：「拔茅連茹。」〔註119〕指掌圖：一曰巨指，二曰食指，三曰將指，四曰無名指，五曰小指。**六寸之體兼頭尻。**《法書考》：「虞世南云：筆長不過六寸。」蘇軾詩：「頭尻軒昂腹脅低。」〔註120〕**桃枝竹罷火熨帖，**《爾雅注》：「桃枝竹節短者不兼寸，長者或踰尺。豫章徧有之。」杜甫：「美人細意熨帖平。」〔註121〕**鹿角菜免膏煎熬。**《宋史·地理志》：「福州貢荔枝、鹿角菜。」〔註122〕《本草綱目》：「鹿角菜生東南海中石厓間，久浸則化如膠狀。」〔註123〕杜甫詩：「置膏烈火上，哀哀自煎熬。」〔註124〕**誰與智者矧此物，**

〔註114〕「五色可愛」，石印本作「五色相間甚可愛」。
〔註115〕「似」，底本、石印本作「以」，據《爾雅疏》改。
〔註116〕國圖藏本眉批：《說文》：「楚謂之聿，吳謂之不律，燕謂之弗。」
〔註117〕卷一百九上。
〔註118〕《題白沙鋪》。
〔註119〕《泰》：「初九：拔茅茹，以其彙，征吉。」
〔註120〕《秧馬歌》。
〔註121〕《白絲行》。
〔註122〕卷八十九。
〔註123〕卷二十八。
〔註124〕《述古三首》其二。

《考工記》:「智者剙物,巧者述之守之,世謂之工。」**將毋九何一範授以刻髓之蘆刀**。《名勝志》:「九鯉湖在仙遊縣東北六十里。漢景帝時,豫章何翁其姬張氏生九男四女,九男目俱盲,獨長者一眼,為諸弟前行。翁與淮南王安遊,九子勸父俱隱,不聽,遂相與入閩。初居福州於山,已而遊莆,至西州,謁胡道人,飲以所居井泉,九人之眼盡開。乃西行六十里,結楓為亭,而居其中。後東踰嶺入湖,因結廬以居。於是九人煉丹於湖上。丹成,以食鯉,九人各乘其一上升。後人建祠,祀之湖上,中坐翁嫗,前列九仙,其側有范侯。相傳翁有四婿:曰張,曰楊,曰范,曰信。或云范乃邑人,為尚書。九仙始至時,范知非常人,日左右之。」庾信《步虛詞》:「成丹須竹節,刻髓用蘆刀。」〔註125〕**垂虹亭長嗜奇癖**,《吳郡圖經》:「慶曆八年,縣尉王庭堅建橋,有亭曰垂虹。」《吳郡志》:「垂虹亭在吳江東門外。」按:徐號垂虹亭長。**一牀載得還吳艭**。「一牀」,見卷九《題顧夫人畫蘭》。「吳艭」,見卷八《棹歌》。**分我一管已足豪。當其運腕大稱意,筆頭公喜長堅牢**。《北史‧古弼傳》:「弼頭尖,帝常名之曰筆頭,時人呼為筆公。」〔註126〕**人生知己隨所遭,良工對之但駭遻,足使李展汗走屠希逃**。黃山谷論筆:「宣城諸葛高三副,筆鋒雖盡而心故圓,此為有輪扁斲輪之妙。李展雞距書蠅頭萬字而不頓,如庖丁發硎之刃。其餘雖得名於數州,有工軏有拙也。」《渭南文集》:「紹興之間有筆工名屠希者,嘗從駕,四方皆貴希筆,一筒至千錢。晁以道作詩稱譽之。」〔註127〕

醞舫即事二首

破窗風雨濕書籤,王蒙《自題破窗風雨卷》:「紙窗風破雨泠泠,十載山中對短檠。」睡起明星忽在簷。最喜蛛絲捎竹尾,《太玄〔註128〕經》:「蜘蛛有絲,非人所用。」牽牛花翠曉來添。

秋老梧桐葉葉黃,李白詩:「人煙寒橘柚,秋色老梧桐。」〔註129〕夜來風雨太顛狂。分明了鳥窗深閉,一片何緣墮筆牀。

〔註125〕《道士步虛詞十首》其十。

〔註126〕《北史》卷二十五。按:早見《魏書》卷二十八《古弼傳》。

〔註127〕《南宋襍事詩》卷三「侍讀清才進美譽,一筒散卓拜中書。叢奎自愛屠希手,入貢澄心紙不如」注。

按:《渭南文集》卷二十五《書屠覺筆》:「建炎、紹興之間,有筆工屠希者,暴得名。是時大駕在宋都,在廣陵,又南渡幸會稽、錢塘,希嘗從駕,自天子公卿朝士四方士大夫皆貴希筆,一筒至千錢,下此不可得。晁侍讀以道作詩稱譽之。」

〔註128〕「玄」,底本、石印本作「元」。

〔註129〕《秋登宣城謝朓北樓》。

九月八日滄浪亭懷古二十四韻蘇舜欽《滄浪亭記》：「一日過郡學，東顧草樹鬱然，崇阜廣水，不類乎城中。並水得微徑於雜花修竹之間。東趨數百步，有棄地，縱廣函〔註130〕五六十尋，三向皆水也。檳之南，其地益闊，旁無民居，左右皆林木相虧蔽。訪諸舊老，云錢氏有國，近戚孫承祐之池館也。坳隆勝勢，遺意尚存。予愛而徘徊，遂以錢四萬得之，構亭北碕，號滄浪焉。」《蘇州府志》：「滄浪亭在郡學之南，積水彌數十畝，旁有小山，高下曲折，與水相縈帶。《石林詩話》以為錢氏時廣陵王元璙池館。或云其近戚中吳軍節度使孫承祐所作。既積土為山，因以瀦水。慶曆間，蘇舜欽得之，傍水作亭，曰滄浪。歐陽文忠公詩云：『清風明月本無價，可惜只賣四萬錢。』滄浪之名始著。」

　　滄浪有遺亭，勝蹟今始到。疎籬六枳椇，見卷六《風懷》。小徑一僧導。古牆聳寺樓，暗水接官漕。怪石長差肩，平林或妨帽。庾信《小園賦》：「簷直倚而妨帽，戶平行而礙眉。」因而詣北碕，歷歷見房奧。蔡邕《胡太傅碑》：「睹皋陶之閫閾，探孔子之房奧。」石枰雖無存，毛玥《滄浪亭》詩：「濯纓人去水空寒，事屬明時欲問難。日暮客歸園館閉，鷺鷥飛上石棊盤。」自注：「子美故物，惟石枰存。」〔註131〕草菴猶可造。沈周《草菴紀遊詩引》：「余有役於城，來寓草菴，為始遊也。菴名大雲，前有吉草菴者，居之遂譌為結草菴。」中丞我老友，山水敦夙好。陶潛詩：「詩書敦夙好。」〔註132〕於焉翦榛芀，《玉篇》：「舊草不芟，新草復生曰芀。」復此濬潭隩。《說文》：「隩，水隈崖也。」宋犖《重修滄浪亭記》：「余來撫吳且四年，蘄與吏民相恬以無事，而吏民亦安。余之簡拙，事以寖少，故處劇而不煩。暇日披圖乘，得宋蘇子美滄浪亭遺址於郡學東偏，距使院僅一里。而近間過之，則野水縈洄，巨石頹僕，小山蓁翳於荒煙蔓草間，人跡罕至。予於是亟謀修復，構亭於山之巔，得文衡山隸書滄浪亭三字。揭諸楣，復舊觀也。」暇日攜賓寮，曾不擁牌纛。王建詩：「金書牌纛彩〔註133〕雲中。」春留露輞駐，見卷十《送杜少宰》。暑便接羅倒。庾信《對酒歌》：「山簡接羅倒。」畬田課耕稼，浦禽恣啄菢。韓愈詩：「鶴翎不天生，變化在啄菢。」〔註134〕遊觀民胥悅，豈弟神所勞。韓愈《薦士》句。湖州謫司馬，歐陽修《湖州長史蘇君墓誌》：「居數年，復得湖州長史。」

〔註130〕「函」，《滄浪亭記》作「合」。

〔註131〕此係自注。「毛玥」前，《曝書亭集》有「宋」字。
　　　　另，國圖藏本眉批：「石枰」下注乃原注也。似此則攘為楊注矣。落一「宋」字。

〔註132〕《辛丑歲七月赴假還江陵夜行塗口》。

〔註133〕「彩」，底本、石印本作「采」，據王建《朝天詞十首寄上魏博田侍中》其三改。

〔註134〕《薦士》。

賦才本雄驚。韓愈詩：「受材實雄驚。」〔註135〕詩逼梅歐陽，謂梅聖俞、歐陽修也。文亦師訓誥。《薦士》：「雅而〔註136〕理訓誥。」賢相所館甥，《宋史·蘇舜欽傳》：「舜欽娶宰相杜衍女。」〔註137〕孔壬生嫉媚。《書》：「何畏乎巧言令色孔壬！」〔註138〕舉事偶不慎，眾口逞狂譟。王令《答束〔註139〕徽之詩》：「愛之不可入，牴觸發狂譟。」〔註140〕故紙錢區區，《蘇舜欽傳》：「會進奏院祠神，舜欽與右班殿直劉巽輒用鬻故紙公錢召妓樂，會賓客。拱辰廉得之，諷其屬魚周詢等劾奏，因欲搖動衍。事下開封府劾治，於是舜欽與巽俱坐自盜除名，同時會者皆知名士，因緣得罪，逐去十餘人。拱辰等喜曰：『吾一舉網盡矣。』」〔註141〕乃誣名士盜。茲事近千年，識者尚憤懊。哲人貴自勝，林泉遂遲蹈。南陽招不去，止用尺書報。《蘇舜欽傳》：「舜欽既放廢，寓吳中。其友人韓維責以世居京師而去離都下，隔絕親交。舜欽報書云云。」雜花修竹間，風月任嘲傲。韓愈詩：「指注競嘲傲。」〔註142〕斯人洵可懷，曠世我心悼。《詩》：「中心是悼。」〔註143〕朅來謁祠屋，《重修滄浪亭記》：「從廊門出，有堂翼然，祀子美木主其中而榜其門曰蘇公祠。」思以渚蘋芼。落景溪橋還，《重修滄浪亭記》：「跨溪橫略彴，以通遊屐。」商颼遠吹澇。木華《海賦》：「噏波則洪漣蹜蹜，吹澇則百川倒流。」

九日宋中丞招集滄浪亭觀韓滉五牛圖復成二十四韻

《歷代名畫記》：「韓滉，字太沖。官至左僕射、同平章事，封晉國公。工隸書章草，雜畫頗得形似，牛羊最佳。」〔註144〕《珊瑚網》：「汪砢玉《韓晉公五牛圖跋》：「牛圖黃麻紙上，徽廟金書標題。辛未歲，予得是卷。項孔彰來，見之，即取案頭宣德紙影去，自此臨本不少。其趙松雪三跋、孔克表一跋，竹懶翁刻入〔註145〕《硯齋三筆》。」

中丞埽亭館，邀我百花洲。《姑蘇志》：「百花洲在西城下胥、盤二門之間。」遂度宛轉橋，見卷六《香奩體》。罷繞屈曲流。武三思詩：「岩嶠縈紆上，澄潭屈

<hr>

〔註135〕《薦士》。
〔註136〕「而」，《薦士》作「麗」。
〔註137〕卷四百四十二《文苑列傳四》。
〔註138〕《皋陶謨》。
〔註139〕「束」，底本誤作「東」。
〔註140〕原題作《答束徽之索詩》。
〔註141〕《宋史》卷四百四十二《文苑列傳四》。
〔註142〕《薦士》。
〔註143〕《檜風·羔裘》。
〔註144〕卷十。
〔註145〕「入」，底本無，據石印本補。

曲流。」〔註146〕緣溪尋石磴，九日升崇丘。韓愈《南山》詩：「嘗升崇丘望。」層層樓堞敞，面面禾黍稠。編籬釘圓菊，密坐軒窗幽。同調二三子，清言答綢繆。樂飲貴適意，豈必量觥籌。邦人許看客，風帽盈牆頭。李白詩：「金花折風帽。」〔註147〕移時官馬至，畫卷載其尤。示客五牛圖，真氣豁我眸。晉公諸燮理，《書》：「燮理陰陽。」〔註148〕體物固能憂。郭椒丁櫟輩，《新論》：「夫畜生，賤也，然有尤善者，皆見記識。故馬稱驊、騮、驥、騄；牛譽郭椒、丁櫟。」飲降各自由。《詩》：「或降于阿，或飲于池。」〔註149〕宣和購遺跡，已詫不可求。《宣和畫譜》：「昔人以謂牛馬目前近習狀最難似，況落筆絕人，然世罕得之。」〔註150〕何期白石爛，《琴操》：「寧戚飯牛車下，叩角而商歌，曰：『南山矸，白石爛，生不遭堯與舜禪。短布單衣裁至骭，長夜漫漫何時旦。』齊桓公聞之，舉以為相。」此圖翻得留。鷗波趙王孫，見卷十三《題水村圖》。重之若琳球。張纘《懷音賦》：「結煩言於將贈，情有重於琳球。」再三跋卷尾，小字工銀鉤。見卷三《萬歲通天帖歌》。畫已經千春，尚足藏千秋。吾聞五羖言，養民如養牛。《說苑》：「秦穆公使賈人載鹽，百里奚以五羖羊之皮，將車之秦，秦穆公觀鹽，見其牛肥，問：『何以致也？』對曰：『臣飲食以時，使之不以暴；有險，先後之以身。是以肥也。』穆公知其君子也，以為卿。」〔註151〕善牧臥其背，穩駕百斛舟。蘇軾《書晁說之考牧圖後》：「川平牛背穩，如駕百斛舟。」驅使但排促，安用施靮鞧。《〈蜀志·諸葛亮傳〉注》：「亮集載作木牛流馬法，曰細者為牛鞅，攝者為牛鞦軸。」〔註152〕昧者費三篿，黃庭堅《題竹石牧牛》：「阿童三尺篿，御此老觳觫。」剔豎恒不休。《世說》：「山公以器重朝望，年踰七十，猶知管時任。貴勝年少，若和、裴、王之徒，並共宗詠。有署閣柱云：『閣東有大牛，和嶠鞅，裴楷鞦，王濟剔豎不得休。』」〔註153〕吾公務廉靜，化理臻六州。里仁知斯宅，不處古所羞。逝將歌碩鼠，樂郊可遨遊。《詩·碩鼠》：「逝將去女，適彼樂郊。」

〔註146〕《花洲》。

〔註147〕《高句麗》。

〔註148〕《周官》。

〔註149〕《小雅·無羊》。

〔註150〕卷六。

〔註151〕卷二《臣術》。

〔註152〕《御定佩文韻府》卷二十六之九。

〔註153〕《政事》。

得張舍人霔皖口書卻寄

六年不見張右史，蘇軾《謝中書舍人表》：「右史記言，已塵高選；西垣視草，復玷近班。」**忽誦秦游一卷詩。韓孟元劉無定格，尤蕭范陸有餘師。**方回詩：「尤蕭范陸楊，復振乾淳聲。」〔註 154〕**歸逢灤鯽堆盤日，**《燕山叢談》：「灤河鯽魚大五六觔，味為諸魚之最。」**到及江花夾岸時。試計合併何地好，須憑來雁慰相思。**

寄賈黃州鉝

近聞南紀賈黃州，到日題詩滿竹樓。王禹偁《黄岡竹樓記》：「宜詠詩，詩韻清絕。」**晝永清香凝列戟，**韋應物《郡齋雨中與諸文士燕集》：「兵衛森畫戟，宴寢凝清香。」**月明赤壁愛停舟。**蘇軾《前赤壁賦》：「壬戌之秋，七月既望，蘇子與客泛舟遊於赤壁之下。」**棘針花鳥真無敵，**見卷八《棹歌》。**水墨雲山不易求。別後相思意何限，可能尺幅寄輕郵。**

題禹鴻臚虢國夫人下馬圖

《唐書》：「太真姊三人皆有才貌，並封國夫人：大姊韓國，三姨虢國，八姨秦國。」《通鑑》：「適崔者為韓，適裴者為虢，適柳者為秦。」

貌出風姿勝太真，《唐書・楊妃傳》：「命工貌妃於別殿。」〔註 155〕**無勞粉翠費千緡。**《楊妃外傳》：「虢國夫人不施朱粉，自有美豔，常素面朝天。」**如何南內淋鈴雨，**見卷六《風懷》。《唐書・地理志》：「南內，玄〔註 156〕宗為太上皇嘗居之。」**不憶當街下馬人。**杜甫《麗人行》：「後來鞍馬何逡巡，當軒下馬入錦茵。」

又題

當風帶緩舞衣寬，見卷四《贈沈華》。**無復宮門驟曉鞍。一事差贏杜陵叟，畫圖恣得近前看。**杜甫《麗人行》：「炙手可熱勢絕倫，慎莫近前丞相嗔。」

乍浦

《乍浦志》：「乍浦，故海鹽東偏。自錢氏王吳越，置鎮遏使，宋季設水軍統制，名稍稍著。然考諸紀載，未得其詳也。元通海道，番舶駢集。明興，湯信國經略防倭，築城遣戍。宣德間，析邑，遂屬平湖。我朝受命，海氛斂息。康熙甲子，臺灣既入版圖，大弛洋禁。嗣是五方輻輳，千騎雲屯。積今七十餘年，極熾而豐，儼然東南一雄鎮焉。」

〔註 154〕《秋晚雜書三十首》其十七。

〔註 155〕《新唐書》卷七十六《后妃列傳上》。

〔註 156〕「玄」，底本、石印本作「元」。

乍浦逼瀛壖，陳熙昌《東湖雜詩》：「乍浦瀛壖曲。」孤城小於甖。《海鹽縣圖經》：「信國親歷乍浦，度地築城。初，張氏據江浙，築城崇德，甚雄壯。信國議欲墮之，移築乍浦城，城垛一千七百有一，窩鋪二十七。」居民八九家，僅足逭饑凍。陸游詩：「亦足逭饑凍。」〔註157〕邇來弛海禁，伐木運堂棟。排空駕橧巢，《禮》：「夏則居橧巢。」〔註158〕近水壓茭葑。元稹詩：「柳條黃大帶，茭葑綠文茵。」〔註159〕陶旅音放。器本窯，《史記·武帝紀》：「舜陶河濱，河濱器皆不苦窳。」〔註160〕見卷十三。橘柚包匪貢。見卷一《謁大禹陵》。偶然資貿賈《乍浦志》作「戀」。遷，是豈足民用。因而估舶多，僻地乃喧闐。蘇軾詩：「聽飽即喧闐。」〔註161〕增竈遂成郭，《後漢·虞翻傳》：「令吏民各作兩竈，日增倍之。」〔註162〕《左傳》：「邾人、鄭人伐宋，入其郛。」〔註163〕《注》：「城外大郭也。」《風俗通》：「郭或曰郛。」葺牆巧冪空。左思《魏都賦》：「葺牆冪空。」囝隨郎罷載，《青箱雜記》：「閩人呼子曰囝，呼父曰郎罷。」顧況《哀囝篇》：「囝生閩中，乃絕其陽。為臧為獲，金玉滿堂。」〔註164〕行歌雜囉嗊。《全唐詩話》：「囉嗊曲作於唐妓劉采春，一名望夫歌。元稹贈劉詩：『更有惱人腸斷處，選詞能唱望夫歌。』即此曲也。」我行湯山椒，程楷《平湖縣志》：「湯山高七十丈，週五里。」比丘治蔬供。陸游詩：「齋缽受蔬供。」〔註165〕為言弘〔註166〕正間，謂弘〔註167〕

〔註157〕《謁漢昭烈惠陵及諸葛公祠宇》。

〔註158〕《禮記·禮運》。

〔註159〕《酬樂天早春閒遊西湖頗多野趣恨不得與微之同賞因思在越官重事殷鏡湖之遊或恐未暇因成十八韻見寄樂天前篇到時適會予亦宴鏡湖南亭因述目前所睹以成酬答末章亦示暇誠則勢使之然亦欲粗為恬養之贈耳》。

〔註160〕卷一。

〔註161〕《次韻李公擇梅花》。

〔註162〕按：非虞翻傳，實出《後漢書》卷八十八《虞詡傳》。
另，《後漢紀》卷十六《孝安皇帝紀第十六》：「（虞詡）敕吏士人作兩灶，日增之。」

〔註163〕隱公五年。

〔註164〕唐·顧況《上古之什補亡訓傳十三章》其十一《囝》：
囝，哀閩也。
囝生閩方，閩吏得之。乃絕其陽，為臧為獲。致金滿屋，為髡為鉗。如視草木，天道無知。我罹其毒，神道無知。彼受其福，郎罷別囝。吾悔生汝，及汝既生。人勸不舉，不從人言。果獲是苦，囝別郎罷。心催血下，隔地絕天。及至黃泉，不得在郎罷前。

〔註165〕《數日寒頓減頗有春意感懷賦短歌》。

〔註166〕「弘」，底本、石印本作「宏」。

〔註167〕「弘」，底本、石印本作「宏」。

治、正德也。**紺塔翔鐵鳳**。張衡《西京賦》：「鳳騫翥〔註168〕於甍標，咸遡風而欲翔。」《注》：「作鐵鳳凰，令張兩翼，舉頭敷尾，以函屋上，當棟中央，下有轉樞，常向風，如將飛者。」〔註169〕杜甫《大雲寺贊公房》：「玉繩回斷絕，鐵鳳森翱翔。」〔註170〕**苦海迷津人**，《楞嚴經》：「引諸沉冥，出於苦海。」李商隱詩：「苦海迷途去未因，東方過此幾微塵。」〔註171〕**遠望得無恐**。願乞長者文，勝蹟復營綜。我口默不言，我心有餘痛。**昔者嘉靖中，狡倭肆狂縱**。《海鹽縣圖經》：「徐海，徽人。初為僧，後亡命入海中，投王直，為賊葉麻海書記。陳東，薩摩洲王弟書記也。嘉靖三十四年，海與東各糾諸島倭入寇，海屯柘林，東屯川沙。明年正月，葉亦率群倭來屯老鸛嘴，四出攻掠。」〔註172〕**實瞻寶相輪**，《建康實錄》：「許詢捨永興、山陰二宅為寺。既成，啟奏孝武，詔曰：『山陰舊為祇洹寺，永興居為崇化寺，造四層塔，猶欠相輪。一朝風雨，相輪自備。』」**一針亂帆送**。梅堯臣詩：「乘潮曉帆送。」〔註173〕**幾曾弓仗放**，《水經注》：「恒水下流有一國，王小夫人生肉胎，大夫人妬之，盛以木函，擲恒水中。下流有國王遊觀，見水上木函，開看見千小兒，取養之。遂長大，甚勇健，欲伐父王。本國王大憂愁。小夫人言勿愁，但於域西作高樓，賊來時，上我置樓上，則我能郤之。王如是言。賊到，小夫人於樓上語賊云：『汝是我子，何故反作逆事？』賊曰：『汝是何人，云是我母？』小夫人曰：『汝等若不信者，盡張口仰向小夫人。』小夫人即兩手將乳，乳作五百道，俱墜千子口中。賊知是母，即放弓仗。」〔註174〕**但操兵刃弄**。《漢書·龔遂傳》：「故使赤子盜弄陛下之兵於潢池中耳。」〔註175〕**雜**〔註176〕**亂凡幾年，室家始同夢**。《詩》：「甘與子同夢。」〔註177〕**坐起謝上人，吾文未足重。於時權舟還，特為令長諷**。謂知縣事王君瑋也。〔註178〕**此事不果行**，李為光《九山續志》：「乍浦諸山頂平少峰。康熙戊戌，僧戒律擬建墖湯山之巔，啟土築基，有珠細

〔註168〕「翥」，底本、石印本誤作「煮」。
〔註169〕《六臣注文選》卷四，係薛綜注。
〔註170〕《大雲寺贊公房四首》其三。
〔註171〕《送臻師二首》其二。
〔註172〕（明）胡震亨《海鹽縣圖經》第七卷《戍海篇第三》。（浙江古籍出版社2009年版，第219頁。）
〔註173〕《高士王君歸建業》。
〔註174〕卷一。
〔註175〕卷八十九《循吏傳》。
〔註176〕「雜」，《曝書亭集》作「離」。
〔註177〕《齊風·雞鳴》。
〔註178〕此係自注。

而碎，頗多，因名普珠壋。會守備柴京澤阻之，不果立，壋基尋亦毀坼。」吾機偶先洞。

《靜志居詩話》：「乍浦孤城如彈丸，倭寇入犯之衝，經國者不置重兵於其地，綢繆牖戶之謂何？陳公熙昌作宰，在太平之日，先有隱憂矣。予嘗過其地，登湯山，山舊有壋，寺僧持疏募重建，予極語縣令已之〔註179〕。蓋洋船望見壋，易〔註180〕指點入口之路，不可不深慮也。」宋景關曰：「篇中紺壋云云，蓋寺僧詭詞。考之前朝，實未嘗建有壋也。」〔註181〕

題吳上舍菜根香圖

齊東老圃吾不如，走馬卻返長山居。《西峰字說》：「長山縣在濟南府東北二百里。長山者，縣西南有長白山，即於陵仲子隱處。唐張說詩『我行弔遺俗，感歎石泉空』，題為《過陳仲子長白山居》云。」誓辭肥肉大酒社，杜甫詩：「肥肉大酒徒相要。」〔註182〕手握鶴頭鴉觜鉏。劉弇詩：「束書歸伴鶴頭鉏。」〔註183〕陸游詩：「採藥常攜鴉觜鋤。」〔註184〕園官日日送菜把，杜甫有《園官送菜》詩。野客時時誇菊菹。倪瓚詩：「一勺寒泉薦菊菹。」〔註185〕閒來插架散籤帙，惟有秦餘種樹書。《史記・秦始皇紀》：「天下敢有藏詩、書、百家語者，悉詣守、尉雜燒之。所不去者，醫藥、卜筮、種樹之書。」〔註186〕

贈繆篆顧生

秦碑換棗木，傳刻或失真。杜甫《李潮八分小篆歌》：「嶧山之碑野火焚，棗木傳刻肥失真。」《學古編》：「李斯《嶧山碑》，直長者為真本，橫刊者皆摹本。有徐氏門人鄭文寶依真本式長刊者，法度全備，可近於真，但攸字立人相近，一直筆作兩股。近李處巽於建康新刻甚謬。」詎若漢摹印，見卷十三《贈許容》。小大皆可珍。鑄金用撥蠟，見《贈許容》。琢玉同運斤。《莊子》：「郢人堊漫其鼻端若蠅翼，使

〔註179〕「之」，底本無，據石印本補。

〔註180〕「易」，石印本無。

〔註181〕國圖藏本眉批：前朝既未建塔，則詩中謂島倭入寇、望塔而至者，皆莫須有矣。應再攷。

〔註182〕《嚴氏溪放歌行》。

〔註183〕《次韻酬》。

〔註184〕《南堂雜興八首》其二。

〔註185〕不詳。

〔註186〕卷六。

匠石斲之。運斤成風，盡堊而鼻不傷。匠石曰：『臣能斲之，而臣質死久矣。』」**其文雖參差，離合各有倫。後人昧遺制，惟取字畫勻。鍾鼎雜款識，**見《贈許容》。**古法漸以湮。顧生習繆篆，**見《贈許容》。**頗見精力勤。博採諸家體，覽者多所欣。**陶潛詩：「即事多所欣。」〔註187〕**一藝期至工，必也醇乎醇。**韓愈《讀荀子》：「孟氏，醇乎醇者也。荀與楊，大醇而小疵。」**請君薄流俗，專一師古人。**

題崔慤畫鳩《宣和畫譜》：「崔慤，字子中，崔白弟也。工畫花鳥。有《群鳩圖》二。」

我愛臨蒙崔子中，輕綃畫出鷽鳩工。《莊子》：「蜩與學鳩笑之曰：『我決起而飛，槍榆枋。』」〔註188〕**枝頭淡染春晴色，不著山花一點紅。**

漕船

國家歲轉漕，《史記·蕭相國世家》：「漢王與諸侯擊楚，何守關中，計戶口轉漕給軍。」〔註189〕**每船六百石。官艎計所儲，為斛千二百。其初由海運，**《元史·食貨志》：「海運。自世祖用伯顏之言，歲漕東南粟，由海道以給京師，始自至元二十年，至於天曆、至順，由四萬石以上增而為三百萬以上。及汝、潁倡亂，貢賦不供，於是海運之舟不至京師。」〔註190〕**險越虎蛟脊。**《漢書·禮樂志》：「虎脊兩化若鬼。」〔註191〕韓駒詩：「安得汝南周，斷取白蛟脊。」〔註192〕**波濤恒簸蕩，日月互跳擲。**韓愈《秋懷詩》：「日月如跳丸。」〔註193〕**所以造舟時，不復算尋尺。入明改從河，**《明史稿》：「元時外行海運，內開會通河。明成祖轉漕京師，水陸兼輓，亦參海運。逮會通河開，海陸並罷，南極江口，北盡大通橋，運道遂至〔註194〕三千餘里。」**水次盡置驛。**《唐書·劉晏傳》：「第五琦始榷鹽，佐軍興。晏代之，法益密。諸道巡院皆募駃足，置驛相望。」〔註195〕《六典》：「天下凡三十里一驛。」《明史稿》：「是時淮上，淮上、徐州、濟寧、臨清、德州皆建倉轉輸，濱河置

〔註187〕《癸卯歲始春懷古田舍》。
〔註188〕《逍遙遊》。
〔註189〕卷五十三。
〔註190〕卷九十七。
〔註191〕卷二十二。
〔註192〕《入鳴水洞循源至山上》。
〔註193〕《秋懷詩十一首》其九。
〔註194〕「遂至」，底本無，據石印本補。
〔註195〕《御定佩文韻府》卷一百之七。按：原出《新唐書》卷一百四十九。

舍五百六十八所。捨置淺夫，水澀舟膠，俾之導行。」**不見真州估**，見卷十三《送
吏部》。**浮江販豆麥。縮之僅得半，滿載未為窄。安用萬斛寬**，《晉書·後
趙載記》：「石季龍徙洛陽鐘虡、九龍、翁仲、銅駝、飛廉於鄴，乃造萬斛舟以渡之。」
〔註196〕洪邁《容齋四筆》：「南人不信北方有千人之帳，北方不信南人有萬斛之舟，
蓋土俗然也。」〔註197〕**邪許百夫役。**見卷十一《重九》。**過牐逆上魚**，殷遙《友
人山亭》詩：「遊魚逆水上。」**迎風退飛鷁。**錢起《沭陽古渡作》：「退鷁隨潮風。」
〔註198〕**臘開徂暑到，久而蠱鼠咋。惟以便挽丁**，《隋書·食貨志》：「開皇三
年，朝廷以京師倉廩尚虛，議為水旱之備。於是詔於蒲、陝、虢、熊、伊、洛等水次
十三州置募運米丁。」〔註199〕**夫婦得泛宅。**《唐書·張志和傳》：「顏真卿為湖州刺
史，志和來謁。真卿以舟敝漏，請更之。志和曰：『願為浮家泛宅，往來苕、霅間。』」
〔註200〕**南去挾枲絲**，《書》：「岱畎絲枲。」〔註201〕**北來收果核。誰為迂緩圖，
因循匪朝夕。吾聞琴瑟敝**，董仲舒《賢良策》：「譬之琴瑟不調，甚者解而更張之
〔註202〕，乃可鼓也。」**絃者必更易。**《宋書·樂志》：「琴瑟殊未調，改絃當更張。」
〔註203〕**國計在鼎司**，《宋史·張方平傳》：「方平畫上十四策。富弼讀其奏，漏盡十
刻，帝稱善。富弼曰：『此國計大本，非常奏也。』悉如其說行之。」〔註204〕《後漢·
楊秉傳》：「三公鼎司，無所不統。」〔註205〕**何時建良策。**《唐書·薛登傳》：「時選
舉濫甚，登上疏曰：『願陛下降明制，頒峻科，斷無當之遊言，收實用之良策。』」

御風圖為魏坤題扇

　　渡海天王太崛奇，《宣和畫譜》：李昇有《渡海天王像》一。崔白有《渡海天
王圖》二。**出關老子苦驅馳。**〔註206〕**未如拔地乘風好，萬里雲山恣所之。**
《宣和畫譜》：王商有《老子度關圖》一。

〔註196〕卷一百六。
〔註197〕卷九《南舟北帳》。
〔註198〕國圖藏本眉批：「退飛鷁」，何以不引經而引唐人之詩耶？
〔註199〕卷二十四。
〔註200〕《新唐書》卷一百九十六《隱逸列傳》。
〔註201〕《書·禹貢》。
〔註202〕「之」，石印本無。
〔註203〕卷二十二。
〔註204〕卷三百十八。
〔註205〕《後漢》卷五十四《楊秉傳》作「三公之職無所不統。」
〔註206〕國圖藏本眉批：《宣和畫譜》：王商有《老子度關圖》一。
　　　　開林按：與注重複。

題蔡徵君方炳著書圖字九霞，號息關，長洲人。忠襄公懋德子。

先生忠孝門，早歲力埋照。顏延之《五君詠》：「沉醉似埋照。」〔註207〕逃名名愈隨，蘇拯《漁人》詩：「逃名名卻傳。」祇緣筆舌妙。《吳錄》：「沈友，字子正，吳郡人。年十一，博學多通。注《孫子兵法》，時人謂其筆之妙、舌之妙、刀之妙，三者皆迥絕於人。」〔註208〕中年巾柴車，陶潛詩：「日暮巾柴車。」〔註209〕起應鶴書召。孔稚珪《北山移文》：「及其鳴騶入谷，鶴書赴隴。」人多留囂塵，君乃返蓬藋。庾信賦：「入欹斜之小徑，掩蓬藋之荒扉。」〔註210〕立意在千秋，肯貽北隴笑。見卷十一《曹先生輓詩》。淵源訂伊雒，《宋史‧朱子傳》：「所著有《河南程氏遺書》、《伊洛淵源錄》。」〔註211〕圖書衍周邵。《宋史》〔註212〕：「周敦頤，字茂叔。知南康軍。所著有《通書》、《太極圖說》。邵雍，字堯夫。范陽人，徙居河南。著《皇極經世》諸書。」其言明且清，《禮》。〔註213〕削繁領其要。見卷四《石門懷古》。今已七十餘，行不藉藜篠。請觀息關圖，鉤膝但坐嘯。《後漢‧黨錮傳》：「弘〔註214〕農成瑨但坐嘯。」〔註215〕淙淙石罅泉，丸丸松頂嶠。山宜題六聘，見卷七《劉侍郎》。洞可亞三詔。《焦山志》：「三詔洞在山西南半麓，相傳即焦處士隱居，以其三詔不起，故名。」著書早晚成，先以語同調。

題李秀才琪枝畫梅

平生冷笑林君復，《宋史》：「林逋，字君復，錢塘人。性恬淡好古，弗趨榮利。臨終為詩，有『茂陵他日求遺稿，猶喜曾無封禪書』之句。仁宗賜諡和靖先生。」〔註216〕活剝江為兩句詩。《居易錄》：「東坡云：『西湖處士骨應槁，只有此詩君壓倒。』」按：林詩『疏影』、『暗香』一聯，乃南唐江為詩，止易『竹』字為『疏』字、『桂』字為『暗』字耳。雖勝原句，畢竟不免偷江東之誚。如坡言，逋生平竟無一詩

〔註207〕《五君詠五首》其一《阮步兵》。
〔註208〕《御定佩文韻府》卷七十七之二。
〔註209〕按：非陶潛詩，出江淹《雜體詩三十首》其二十二《陶徵君潛田居》。
〔註210〕《哀江南賦》。
〔註211〕《御定佩文韻府》卷九十一之二。按：原出卷四百二十九《道學列傳三》。
〔註212〕卷四百二十七《道學列傳一》。
〔註213〕《禮記‧緇衣》。
〔註214〕「弘」，底本、石印本作「宏」。
〔註215〕卷九十七。
〔註216〕卷四百五十七《隱逸列傳上》。

矣。」〔註217〕**畫到影疎香暗處，始知一字可稱師。**《五代補史》：「鄭谷在袁州，齊己攜詩詣之。有《早梅》詩云：『前村深雪裏，昨夜數枝開。』谷曰：『數枝，非早也。未若一枝。』遂改『數枝開』為『一枝開』。齊不覺下拜。自是士林以谷為『一字師』云。」《靜志居詩話》：「『竹影橫斜水清淺，桂花浮動月黃昏』，」非江為〔註218〕詩乎？林君復易『疎』、『暗』二字，竟成千古名句。所云一字之師，與生吞活剝者有別也。」

贈王叟巘二首 字補雲，松江人。

近來山水尚元人，《珊瑚網》：「王弇州《觚不觚錄》：『畫家當重宋，而三十年來，忽重元人。乃至倪元鎮，以逮明沈周，價驟增十倍。』」〔註219〕**南渡諸公法漸淪。惟有王郎嗜奇古，將無馬遠是前身。**《圖繪寶鑒》：「馬遠，興祖孫，字欽山。畫山水、人物、花鳥，種種臻妙，院中人獨步也。光宗朝，畫院待詔。」

張庚曰：「竹垞嘗贈王　詩云：『將無馬遠是前身』，蓋譏之也。畫家以馬遠為北宗，其流日就狐禪，衣缽塵土者。」〔註220〕

畫家平遠最難工，三板輕船片席風。不數當年宋員外，瀟湘煙雨滿圖中。《夢溪筆談》：「度支員外郎宋迪工畫，尤善為平遠山水。其得意者，有平沙落雁、遠浦帆歸、山市晴嵐、江天暮雪、洞庭秋月、瀟湘夜雨、煙寺晚鐘、漁村落照，謂之八景。」〔註221〕

張處士釣風圖

漁師蟹舍近西泠，露葦風楊岸岸青。我亦年來撐釣艇，秋花卻少研頭餅。

青浦道中

不識三高士，《明史稿》：「楊維楨徙松江時，與華亭陸居仁及僑居錢維善相倡和。兩人既歿，與維楨同葬於山，人目為三高士墓。」**松門第幾峰。潮回黃歇浦，**

〔註217〕卷十七。

〔註218〕石印本此下有「之」字。

〔註219〕卷三十五《東海徐珵》。

〔註220〕國圖藏本眉批：補雲畫品稍卑而此詩以馬遠比之，意在推重，非含譏刺也。張浦山強作解事，其說不足引。

〔註221〕卷十七。

草滿陸機茸。見卷一《渡黃浦》。**細雨春歸雁，深山日暮鐘。**二語與卷二《登觀山頂》詩同。**坐看城郭近，猶是水雲濃。**

五雜組九首〔註222〕《樂府遺聲》：「雜體曲。」《古五雜組》：「五雜組，岡頭草。往復還，車馬道。不獲已，人將老。」

五雜組，刺繡文。《史記·貨殖傳》：「農不如工，工不如商，刺繡文不如倚市門。」〔註223〕**往復還，金車輪。不得已，見貴人。**

五雜組，染布帛。《周禮·天官·染人》：「掌染絲帛。」**往復還，度阡陌。**《風俗通》：「越阡度陌，互為主客。」**不得已，逢熱客。**

五雜組，神鬼面。往復還，翻飛燕。不得已，交情變。

五雜組，霜林葉。往復還，圍棊劫。不得已，零丁帖。《天祿識餘》：「《齊諧記》云：『有失兒女零丁。』謝承《後漢書》：『戴良有失父零丁。』零丁，今之尋人招子也。」〔註224〕

五雜組，鳳尾羅。見卷十《五月丙子》。**往復還，機中梭。不得已，勞者歌。**

五雜組，裳衣袴。往復還，錢刀布。《管子》：「以珠玉為上幣，以黃金為中幣，以刀布為下幣。」**不得已，付質庫。**

五雜組，車中果。《晉書·潘岳傳》：「少時，嘗挾彈出洛陽道，婦人遇之者皆連手縈繞，投之以果，遂滿車而歸。」〔註225〕**往復還，江上舸。**《方言》：「南楚荊湘，凡船之大者謂之舸。」**不得已，杭城火。**

五雜組，徐州土。《書》〔註226〕：「海岱及淮惟徐州。」又：「貢土五色。」**往復還，真州估。不得已，宿淮浦。**

〔註222〕國圖藏本眉批：集中擬古樂府諸篇皆少年時作，至丙申以後不復經見。此卷末忽附《五雜組》九首，當係刊集時，及門復以刪去之稿妄攙入耳。

〔註223〕卷一百二十九。

〔註224〕《天祿識餘》為清人高士奇著。此說早見楊慎《丹鉛餘錄》卷六《零丁》、《譚苑醍醐》卷七《零丁》。另，方以智《通雅》卷五：「尋人招帖一曰零丁。升菴引《齊諧》曰『有失兒女零丁』，謝承《後漢書》『戴良有失火零丁』，猶今之尋人招子也。蓋古以紙書之縣於一竿，其狀零丁然。」

〔註225〕卷五十五。

〔註226〕《禹貢》。

　　五雜組，裝潢手。《唐六典》：「崇文館有裝潢匠五人。」《楊升庵外集》：「《唐六典》有『裝潢匠』，注：『潢，光上聲，謂裝成而以蠟潢紙也。』今制牋法猶有潢漿之說，人多不解作平音讀，又改為裝池。其謬甚矣。」〔註227〕**往復還，媒妁口。**

不得已，飲甘酒。

曝書亭集詩注卷十六　　　　　　　　　　　　　　　　　　男　蟠　挍

〔註227〕《丹鉛餘錄》卷十四。

曝書亭集詩注卷十七

嘉興　楊　　謙　纂
秀水　沈叔埏　參

著雍攝提格戊寅

偕查孝廉入閩初發江干

清江自西來，海水逆流合。我帆掛東風，遙指富春塔。

自漁浦見卷四《永嘉述懷》。掛席至富陽二首

舳艫唱櫓雨初消，查慎行。梅堯臣詩：「舳艫唱櫓燕尾平。」〔註1〕突起東風送客船。百里晴山低似屋，彝尊。一江新水健於潮。舟人謂江暴漲時，海潮不得上。〔註2〕得攜老伴無拘束，慎行。縱是貧遊未寂寥。況有月波春甕在，彝尊。見卷八《櫂歌》。隔船不乏酒人招。慎行。

江山小船急浪沖，彝尊。疾若鷙鳥凌霜冬。慎行。灣環忽轉赤亭岸，彝尊。《名勝志》：「胡鼻山在富陽縣東五里，又四里有赤松子山，一名華蓋，一名赤亭。謝靈運有《赤亭山》詩。」俄頃不見南高峰。慎行。見卷四。鰣魚出網白尾尾，彝尊。烏柏夾路青茸茸。慎行。井西道人畫不得，彝尊。見卷九。暖翠浮嵐如此濃。慎行。見卷十三。

〔註1〕《送汝陰宰孫寺丞》。
〔註2〕此係自注。

桐廬雨泊《敬業堂集》限腹字。

桐江生薄寒，急雨晚淋漉。韓琦詩：「度日階庭忞淋漉。」〔註3〕炊煙起山家，化作雲覆屋。居人寂無喧，一氣沉嶺腹。唐太宗詩：「低飛昏嶺腹。」〔註4〕白鷺忽飛翻，讓我沙際宿。

七里瀨《寰宇記》：「七里瀨即富春渚也。」

七里瀨急鳴哀湍，嚴陵於此留釣壇。兩崖怪石青攅攅。李賀詩：「青梢長攅攅。」雨來欲上不得上，竹篙撐過鸕鷀灘。

瀧中吟《避暑錄話》：「嚴陵七里瀨在洞下二十餘里，兩山聳起壁立，連亙七里，土人謂之瀧，訛為籠，言若籠中，因謂初至為入瀧，既盡為出瀧。瀧本音閭江反，奔湍貌。以為若籠，謬也。」〔註5〕查慎行《瀧中吟》注：「俗作龍，亦作籠。葉夢得《避暑錄話》辨其譌，云當作瀧，今從之。」

瀧中行，不知遠。雨初消，雲乍卷。藥苗長，蒲葉短。一夫牽船九折阪。左思《蜀都賦》：「出彭門之闕，馳九折之阪。」纜逾急，舟逾緩。前峰合，後峰開。一曲轉，一曲回。密樹重重暗，飛泉處處來。人家三五居瀧里，半是樵夫半漁子。郭璞《江賦》：「於是蘆人漁子，擯落江山。」又白魚，捕烏鬼。《夔州圖經》：「峽中人以鸕鷀捕魚，謂之烏鬼。」釣車釣輪滿沙觜，黃白花開照瀧水。未必他鄉能有此瀧中吟，子歌不足我嗣音。《詩》：「縱我不往，子寧不嗣音。」〔註6〕

晚次汝步乘月抵蘭溪城下《名勝志》：「孫吳置三河戍於金華之西部。唐咸亨五年始即其地而置蘭溪縣，取蘭溪水以為名。」

松科萬樹落花天，擘岸江風晚颼然。直到蘭溪看明月，浮橋不鎖待吟船。鄭谷詩：「吟船兀夜波。」〔註7〕

雨發東峰亭和查孝廉《名勝志》：「蘭溪縣城東有亭，跨東山之勝，曰東峰亭。」

岩岩東峰亭，其下百尺潭。我來凡五泊，未果遊精藍。《傳燈錄》：「普

〔註3〕《廣陵大雪》。
〔註4〕《詠雨》。
〔註5〕卷上。
〔註6〕《鄭風·子衿》。
〔註7〕《送京參翁先輩歸閩中》。

岸禪師宴寂林下，為四眾所知，創建精藍。」茲晨復前路，解纜亭西南。溪雲散成雨，水木紛參覃。平生嬾馳騖，進拙退所甘。謝靈運詩：「進德智所拙，退耕力不任。」〔註8〕惟有利涉心，翻較估客貪。一帆飽風力，並坐篷底譚。夫君有高唱，令我歡息三。

水碓見卷七《風雪運糧圖》。**四十韻**

百灘趨漸江，《水經》：「漸江出三天子都，北過餘杭，東入於海。」《集韻》：「浙，或作漸。《水經》漸江即浙江也。」昏旦鳴不息。彝尊。大波恣奔放，小波回汩漰。查慎行。居人擅水利，審曲引使直。彝尊。《考工記》：「或審曲面埶。」其長走蛟蛇，其廣納溝減。慎行。《史記·夏紀》：「卑宮室，致費於溝減。」《注》：「方里為井，井間有溝。十里為成，成間有減。」〔註9〕遏防激之怒，《易林》：「壅遏隄防，水不得行。」〔註10〕徑隘流轉急。彝尊。夫豈水性然，適來遭勢逼。慎行。《山川考》：「湘江夾岸，有山岸狹勢逼湧而為濤。」於焉扼其吭，見卷九《平蜀詩》。壘石添檄杙。彝尊。《爾雅》：「橛謂之杙。」貢師泰《仙霞嶺》詩：「或銳若戈矛，或卓若檄杙。」〔註11〕搆茅架小屋，度地隨偃仄。慎行。斵木為巨輪，當沖立樞極。彝尊。梁元帝《言志賦》：「差立極而補天。」劉歆《遂初賦》：「擁太常之樞極。」旁安三十輻，《考工記》：「輪輻三十以象日月也。」輻輳輠斤墨。慎行。白居易詩：「匠人執斤墨，採度將有期。」〔註12〕龜文《敬業堂集》作「絲」。交兩兆，《周禮》：「太卜掌三兆之法，一曰玉兆，二曰瓦兆，三曰原兆。」鱉甲支九肋。彝尊。《格物論》：「鱉，介蟲，九肋者勝。」括張等虞機，見卷一《華山畿》。璿運就圜則。慎行。《書》：「在璇璣玉衡，以齊七政。」〔註13〕《楚辭》：「圜則九重，孰營度之。」江心鏡欲躍，《國史補》：「揚州舊貢江心鏡，五月五日，揚子江中流所鑄也。」〔註14〕海底月半蝕。彝尊。見卷九《明月〔註15〕蘆雁圖》。《釋名》：「日月虧曰蝕〔註16〕，稍小侵虧，如蟲食草木

〔註8〕《登池上樓詩》。
〔註9〕卷二。《集解》引「包氏曰」。
〔註10〕《比》之《大畜》。
〔註11〕原題作《過仙霞嶺》。
〔註12〕《寓意詩五首》其一。
〔註13〕《舜典》。
〔註14〕卷下。
〔註15〕「明月」，石印本無。
〔註16〕「日月虧曰蝕」，石印本作「日月有虧則曰蝕」。

之葉也。」滅頂洶人騰，《易》：「過涉滅頂，凶。」〔註17〕《列子》：「習於水而勇於洶。」〔註18〕升陑壯士踣。慎行。《書序》：「伊尹相湯伐桀，升自陑。」尻高首或下，見卷十六《仙遊茅筆》。後湧前乃匿。彝尊。團團牛旋磨，蘇軾詩：「團團如磨牛。」〔註19〕匝匝鴉翻翼。慎行。棗軸貫中央，《史記·田敬仲世家》：「狶膏棘軸，所以為滑也。」〔註20〕有如蓍在扐。彝尊。《漢書·律曆志》：「蓍以為數以象兩，兩之又以象三，三之又以象四，四之又歸奇象閏十九。及所據一加之，因以再扐兩之，為月法之實。」〔註21〕《易》：「歸奇於扐以象閏。」〔註22〕循環觸牙動，揚者必先抑。慎行。石臼質本頑，甘為杵所賊。彝尊。《易》：「斷木為杵，掘地為臼。」〔註23〕昂然馬騰槽，見卷十三《寓居》。俛若鶴啄食。慎行。砑砰應關楔，韓愈詩：「瓺〔註24〕墅輾砑砰。」次第符漏刻。彝尊。《舊唐書·官品志》：「漏刻之法，孔壺為漏，浮箭為刻。其箭四十有八，晝夜共百刻。」〔註25〕搗紙十萬箋，見卷十一《送周參軍》。取禾三百億。慎行。《詩》：「胡取禾三百億兮？」〔註26〕穭秕除未盡，藤竹需孔急〔註27〕。彝尊。一為機事牽，焉得休汝力。慎行。見卷三《還家即事》。先王昔製器，《易》：「以製器者尚其象。」〔註28〕取象配卦德。彝尊。《易》：「卦之德，方以知。」〔註29〕舟楫涉大川，《易》：「刳木為舟，剡木為楫，舟楫之利，以濟不通，致遠以利天下，蓋取諸渙。」〔註30〕又：「利涉大川。」〔註31〕耒耜徂畎域。慎行。《易》：「斷木為耜，揉木為耒，耒耨之利，以教天下，蓋取諸《益》。」〔註32〕《詩》：「徂隰徂

〔註17〕《大過》上六。

〔註18〕《說符》。

〔註19〕《送芝上人遊廬山》。

〔註20〕卷四十六。

〔註21〕卷二十一上。

〔註22〕《繫辭上傳》。

〔註23〕《繫辭下傳》。

〔註24〕「瓺」，《城南聯句》作「瓽」。此沿江浩然《曝書亭詩錄》之說。

〔註25〕卷四十三《職官志二》。

〔註26〕《魏風·伐檀》。

〔註27〕「急」，四庫本《曝書亭集》作「棘」。

〔註28〕《繫辭傳上》。

〔註29〕《繫辭傳上》。

〔註30〕《繫辭傳下》。

〔註31〕《需》、《同人》、《蠱》、《大畜》、《益》、《渙》、《中孚》七卦卦辭、《頤》上九、《未濟》六三。

〔註32〕《繫辭傳下》。

畛。」〔註33〕《莊子》:「泛泛乎若四方之無窮,其無所畛域。」〔註34〕**養生務佃漁**,《易》:「以佃以漁。」〔註35〕**分壤別動植**。彝尊。**鄰歌答春相**,《禮》:「鄰有喪,舂不相;里有殯,不巷歌。」〔註36〕**作苦爰稼穡**。慎行。《漢書‧楊惲傳》:「田家作苦。」〔註37〕《書》:「土爰稼穡。」〔註38〕**俾習四體勤,羣黎無懈忒**。彝尊。**後世技巧繁,淫奇難忖測**。慎行。《書》:「作奇技淫巧以悅婦人。」〔註39〕鮑照詩:「東歸難忖測〔註40〕。」**桔槔轆轤作**,見卷二《羚羊峽》。又〔註41〕卷三《古意》。**便利成典式**。彝尊。**紛紛鑿渾沌**,《莊子》:「南海之帝曰儵,與中央之帝渾沌善。謀報其德,曰:『人皆有七竅,以視所〔註42〕食息,此獨無有,試鑿之。』日鑿一竅,七日而渾沌死。」**一一逞胸臆**。慎行。《古今樂錄》:「莊周《引聲歌》曰:『天地之道,匠在胸臆。』」**能令蠢者靈,通者忽以塞**。彝尊。**即此水碓論,用意略可識**。慎行。**居然役造化,安坐無怍色**。彝尊。**乃知天生民,若苗之有螣**。慎行。《詩》:「去其螟螣。」〔註43〕**夜來山雨驟,趠漲漫澤國**。彝尊。郭璞《江賦》:「趠漲截洞。」**沙崩岸漂沉,有械施不得**。慎行。**物成久則毀,茲理復何惑**。彝尊。**逸豫安可貪,民勞宜率職**。慎行。

按:「急」字韻重。《敬業堂集》改「孔急」為「棘」。江浩然《箋注》刪去「物成久則毀」二句。

篁步 去衢州二十里地產柑橘。〔註44〕

江臯有篁步,地似果園坊。杜甫詩:「石筍街中卻歸去,果園坊里為求來。」〔註45〕漸遠魚鰕市,真成橘柚鄉。株株當暑綠,顆顆入秋黃。輸與村夫子,經冬自在嘗。

〔註33〕《周頌‧載芟》。
〔註34〕《秋水》。
〔註35〕《繫辭傳下》。
〔註36〕《曲禮上》。
〔註37〕卷六十六。
〔註38〕《洪範》。
〔註39〕《泰誓》。
〔註40〕「測」,《望水詩》作「惻」。此沿江浩然《曝書亭詩錄》之說。
〔註41〕「又」,底本無,據石印本補。
〔註42〕「所」,《應帝王》作「聽」。此沿江浩然《曝書亭詩錄》之說。
〔註43〕《小雅‧大田》。
〔註44〕此係自注。
〔註45〕《詣徐卿覓果栽》。

常山山行見卷十五。

常山玉山相去百里許，李翱《南來錄》：「自常山至玉山八十里陸道，謂之玉山嶺。」山行十人九商賈。肩輿步擔走不休，《晉書》：「王獻之嘗經顧辟彊園。先不相識，乘平肩輿徑入。」〔註46〕《後漢書》：「趙孝父音〔註47〕為田禾將軍，任孝為郎。每告歸，常白衣步擔。」四月溫風汗如雨。《戰國策》：「蘇秦說齊宣王曰：『臨淄之塗，人肩相摩，舉袂成幕，揮汗成雨。』」勸客何不安坐湖口船，船容萬斛穩晝眠。杜甫詩：「權門〔註48〕頻朝謁，何如穩晝眠。」答云此間苦亦樂，且免關吏橫索錢。

入舟

水窮甫登山，山盡復入舟。漸老惜筋力，得安且同偷。查慎行。朱子詩：「年豐何幸且偷安。」〔註49〕舠子船名。〔註50〕五尺狹，三槳劃兩頭。來朝放溜去，勝坐青竹兜。彝尊。成廷珪詩：「潔以蘭為佩，輕看〔註51〕竹作兜。」

沙谿鋪記所見按：沙谿離玉山四十里，八十里至焦石塘。

十丈梭繩夜截流，朝來漁子掌中收。不知方法何從得，三寸白魚齊上鉤。玉山村人施數十鉤於梭繩之上，曉起收之，鉤必有魚。〔註52〕

自焦石塘抵鉛山河口按：焦石塘至五里河口，計五十里，屬鉛山縣。**兩岸石山獰劣上無寸土尺木查孝廉作詩嘲之賦以解嘲**

鉛山山肩排，何遜詩：「轂擊晨已喧，肩排暝不息。」〔註53〕一一赴湖口。鶻圖象覆釜，巨石堅不剖。躋攀斷僧蹊，孫覿詩：「佛屋倚高寒，僧蹊抱嶠斜。」〔註54〕左右絕林藪，豈惟質鈍悶。《淮南子》：「純溫以淪，鈍悶以終。」〔註55〕

〔註46〕卷八十。
〔註47〕「音」，《後漢書》卷三十九作「普」。
〔註48〕「權門」，《秋日夔府詠懷奉寄鄭監審李賓客之芳一百韻》作「借問」。
〔註49〕《引年得請伏蒙致政學士契丈特垂慶問寵以佳篇捧玩之餘感愧亡量輒借高韻少見謝誠伏幸笑覽》。
〔註50〕此係自注。
〔註51〕「看」，《故湖州路同知中憲郜公子敬挽章》作「堪」。
〔註52〕此係自注。
〔註53〕《擬輕薄篇》。
〔註54〕《過慧山方丈瞵老酌泉試茶賦兩詩遺之》其一。
〔註55〕《覽冥訓》。高誘《注》：「鈍悶，無情也。」

兼亦狀厖醜，《魏志·管輅傳》：「容貌厖醜。」〔註56〕畫師皴法窮。《畫鑒》：「董元山水有二種。一樣水墨礬頭，疏林遠樹，平遠幽深，山石作麻皮皴。一樣著色，皴文甚少，用色穠。」相對俱束手，《晉書·杜預傳》：「所過城邑，莫不束手。」〔註57〕道書紀名山。藏之大小酉，《郡國志》：「小酉山在辰州府，又名烏連山，在西溪口。山下有石穴，中有書千卷。舊云秦人避地，隱學於此。又曰自酉溪北行十餘里，與大酉山相連，故曰二酉。」每因洞壑深，必使列仙守。茲為百靈棄，班固《東都賦》：「禮神祇，懷百靈。」動植無一有。乃知造化心，下視等芻狗。《老子》：「天地不仁，以萬物為芻狗。聖人不仁，以百姓為芻狗。」宜取見者憎，獻嘲自我友。吾試為解嘲，見卷三《八月十五》。賦形良亦偶。美石多自殘，斧斤或先受。高者礱作碑，《歙硯譜》：「浙石屬衢州開化縣，俗謂之玳瑁石，可為碑材、帛碬、柱礎之類。」下者窪作臼。《呂氏春秋》：「赤冀作臼。」〔註58〕《世本》：「雍父作臼。」汝以頑得全，庸庸福反厚。喻物材不材，《莊子》：「弟子問於莊子曰：『昨日山中之木，以不材得終其天年。今主人之雁，以不材死。先生將何處？』莊子笑曰：『周將處夫材與不材之間。』」〔註59〕此理本莊叟。杜甫詩：「終作適荊蠻，安排用莊叟。」〔註60〕

鉛山城中有古樟三每歲四月白鷺來巢其間伏雛乃去亦一異也

縣樓高樹半空腔，宿鷺飛來什佰雙。說與畫師翻舊譜，不須橫幅寫秋江。《宣和畫譜》：「易元吉《秋景鷺鷥圖》一。」

發鉛山

昨憎山石鈍，今愛山石靈。譬若漢宮女，去尹來者邢。《史記·外戚世家》：「武帝時，尹夫人與邢夫人同時並幸，有詔不得相見。尹夫人自請，願望見邢夫人，帝許之。即令他夫人飾，從御者數十人，為邢夫人來前。尹夫人前見之，曰：『此非邢夫人身也。』帝曰：『何以言之？』對曰：『視其身貌形狀，不足以當人主矣。』於是帝乃詔使邢夫人衣故衣，獨身來前。尹夫人望見之，曰：『此真是也。』於是乃低頭俯而泣，自痛其不如也。」〔註61〕譬若秦地水，汲渭汰者涇。見卷十五《論

〔註56〕《三國志》卷二十九《方技傳》。
〔註57〕卷三十四。
〔註58〕卷十七《審分覽·勿躬》。
〔註59〕《山木》。
〔註60〕《將適吳楚留別章使君留後兼幕府諸公得柳字》。
〔註61〕卷四十九。

畫》。何期百里內，巒壑殊姿形。古樟百圍綠，幽桂十丈青。東西喚野渡，長短羅溪亭。許渾《溪亭》：「溪亭四面山，橫掃〔註62〕半溪灣。」汯汯鳧下水，浴鳥梳其翎。韓偓詩：「鳥濕更梳翎。」〔註63〕人語山響答，忽焉烏勿切。清泠。《說文》：「頦，納頭水中也。」皮日休詩：「學海正狂波，予頭向水〔註64〕頦。」岩花名莫辨，一一抽釵葶。白居易《芍藥》詩：「釵葶抽碧股。」〔註65〕我欲躡飛梁，深入紫翠屏。蘇軾詩：「倒掛紫翠屏。」〔註66〕僕夫不解事，捨車邑外坰。《爾雅》：「邑外謂之郊，郊外謂之野，野外謂之坰。」前塗定勝絕，明發宜侵星。鮑照詩：「侵星赴早路。」〔註67〕

紫溪道中二首《方輿勝覽》：「紫溪在鉛山縣南四十餘里，有市。」

筍皮蓋屋類團焦，《草木志》：「草舍曰團焦。」《北齊‧神武紀》：「麗蒼鷹止團焦中。」〔註68〕留客依然酒旆招。只恐夜來風雨至，杖藜扶過紫溪橋。

新添十畝種荷田，也向山根吐細泉。料得村娃無櫂曲，秋來不用採香船。

度紫溪嶺《名勝志》：「紫溪嶺在鉛山縣南四十里，高可四百餘丈。其水流為紫金溪。」

征夫就炊煙，我亦治草具。《戰國策》：「食以草具。」〔註69〕一飯免饑劬，亭午復前路。隔溪辨微徑，千年樹根渡。不知身漸高，下視千年樹。我行方霽心，我僕已窘步。登頓力苦疲，謝靈運詩：「山行窮登頓，水涉盡洄沿。」〔註70〕岩椒且小駐。開襟納涼風，植杖一反顧。卻指來處村，茫茫墮雲霧。

〔註62〕「掃」，《溪亭二首》其一作「柳」。

〔註63〕《雨中》。

〔註64〕「水」，《二遊詩》其一《徐詩》作「中」。

〔註65〕原題作《草詞畢遇芍藥初開因詠小謝紅藥當階翻詩以為一句未盡其狀偶成十六韻》。

〔註66〕《軾近以月石硯屏獻子功中書公復以涵星硯獻純父侍講子功有詩純父未也復以月石風林屏贈之謹和子功詩並求純父數句》。

〔註67〕《上潯陽還都道中作詩》。

〔註68〕卷一。

〔註69〕《齊策四》。

〔註70〕《過始寧墅詩》。

車盤驛題逆旅主人壁《廣輿紀》:「車盤驛在鉛山。」按:車盤驛,今裁。

曲澗層層響,叢篁個個齊。前山行更好,不信鷓鴣啼。

觀造竹紙五十韻《東坡題跋》:「昔人以海苔為紙,今無復有。今人以竹為紙,亦古所無有也。」〔註71〕

信州入建州,《廣輿記》:「唐宋曰信州,國朝為廣信府。」又:「唐曰建州,宋曰建寧,國朝因之。」篁竹冗於篠。彝尊。居人取作紙,《格古論要》:「江西廣信府鉛山縣奏本紙最妙。」用稺不用老。查慎行。遑惜簫笛材,王安石《石蘄竹簟》詩:「笛材平瑩家故藏。」〔註72〕緣坡一例倒。彝尊。王褒《責髯奴文》:「離離若緣坡之竹,鬱鬱若春田之苗。」束縛沉清淵,殺青特存槁。慎行。《後漢·吳祐傳》:「殺青簡以寫經書。」〔註73〕五行遞相賊,伐性力揉矯。彝尊。出諸鼎鑊中,《周禮·天官·亨人》:「掌共鼎鑊,以給水火之齊。」復受杵臼搗。慎行。《湘中記》:「應陽賢蔡子地南有紙臼,云是蔡倫舂紙之臼。」不辭身糜爛,素質終自保。彝尊。汲井加汰淘,盈箱費旋攪。慎行。層層細簾揭,焱焱活火煏。彝尊。捨麁乃得精,去濕忽就燥。慎行。《易》:「水流濕,火就燥。」〔註74〕掣來風舒舒,暴之日杲杲。彝尊。篛籠走南北,蘇軾詩:「篛籠寄新馥。」〔註75〕適用各言好。慎行。緬維邃古初,《楚辭》:「邃古之初。」〔註76〕書契始蒼頡。彝尊。《易》:「上古結繩而治,後世聖人易之以書契。」〔註77〕許慎《說文序》:「黃帝之始,倉頡初造書契。」孔安國《書序》:「伏羲作書契以代結繩。」自從史記煩,方策布豐鎬。慎行。《禮》:「文武之政,佈在方策。」〔註78〕《史記·周本紀》〔註79〕:「豐在京師鄠縣東。鎬在上林昆明,北去豐二十五里。皆在長安南數十里。」中經祖龍燔,《史記·秦始皇紀》:「三十六年秋,使者從關東夜過華陰道,有人持璧遮使者曰:『為我遺滈池君。』因言曰:『明年祖龍死。』使者問其故,忽不見。」

〔註71〕出《東坡志林》卷九。
〔註72〕原題作《次韻信都公石枕蘄簟》。
〔註73〕卷九十四。
〔註74〕《乾·文言》。
〔註75〕按:蘇軾《求焦千之惠山泉詩》:「蒻籠寄新馥。」又,《寄周安孺茶》:「篛籠勻且復。」
〔註76〕《天問》。
〔註77〕《繫辭下》。
〔註78〕《禮記·中庸》。
〔註79〕引文係《史記·周本紀》裴駰《集解》引「徐廣曰」。此沿江浩然《曝書亭詩錄》之說。

見卷十六《題吳上舍》。**孰敢撲原燎。**彝尊。見卷十三。**漆簡及韋編,**《晉書·束
皙傳》:「太原元年〔註80〕,汲郡民盜發魏安釐王冢,得竹書數十車。漆書皆科斗字。
武帝以其書付秘書校綴次第,尋考指歸,而以今文寫之。」《史記·孔子世家》:「孔子
讀《易》,韋編三絕。」〔註81〕**殘灰跡同埽。**慎行。**當時禍得脫,賴爾生不早。**
彝尊。**漢代崇師儒,家各一經抱。**慎行。《漢書·儒林傳》:「漢興,言《易》自
淄川田生,言《書》自濟南伏生,言《詩》於魯則申培公,於齊則轅固生,燕則韓太
傅,言《禮》則魯高堂生,言《春秋》於齊則胡毋生,於趙則董仲舒。」〔註82〕韓愈
《寄盧仝》:「獨抱遺經究終始。」**截緝蒲柳姿,**《漢書·路溫舒傳》:「取澤中蒲,截
以為牒,編用寫書。」〔註83〕《世說新語》:「顧悅對簡文曰:『蒲柳之姿,望秋而落。』」
〔註84〕**刀削詎雲巧。**彝尊。見卷六《銀槎歌》。**如何剙物智,**《周禮》:「智者創
物。」**乃出寺人造。**慎行。《詩》:「寺人之令。」〔註85〕《後漢·宦者傳》:「蔡倫
造意,用樹膚、麻頭及敝布、魚網以為紙,天下咸稱蔡侯紙。」〔註86〕**麻頭魚網布,
棄物收豈少。**彝尊。**後來逾爭奇,新制越意表。**慎行。《南史·袁憲傳》:「憲
常招引諸生,與之談論,新義出人意表。」〔註87〕**山苗割藤芨,**謝靈運《山居賦》:
「剗芨岩椒。」《注》:「芨皮可為紙。」《負暄雜錄》:「扶桑國出芨皮紙。」**水涘採苔
藻。**彝尊。蘇易簡《紙譜》:「蜀人以麻,閩人以嫩竹,北人以桑皮,剡溪以藤,海人
以苔,浙人以麥麪稻稈,吳人以繭,楚人以楮。」**桑根斧以斯,**《文房四譜》:「雷
孔璋曾孫穆之猶有張華與祖書,乃桑根紙也。」〔註88〕《詩》:「斧以斯之。」〔註89〕
《越語肯綮錄》:「《說文》注『斯』為『析』,《爾雅》注『斯』為『離』,故《詩》『斧

〔註80〕「太原元年」,《晉書》卷五十一作「太康二年」。此沿江浩然《曝書亭詩錄》
　　　 之說。
〔註81〕卷四十七。
〔註82〕《漢書》卷八十八。按:《史記》卷一百二十一《儒林列傳》:「及今上即位,
　　　 趙綰、王臧之屬明儒學,而上亦鄉之,於是招方正賢良文學之士。自是之後,
　　　 言《詩》於魯則申培公,於齊則轅固生,於燕則韓太傅,言《尚書》自濟南伏
　　　 生,言《禮》自魯高堂生,言《易》自菑川田生,言《春秋》於齊魯自胡毋生,
　　　 於趙自董仲舒。」
〔註83〕卷五十一。
〔註84〕《言語第二十一》。
〔註85〕《秦風·車鄰》。
〔註86〕卷七十八。
〔註87〕卷二十六。
〔註88〕卷四。
〔註89〕《陳風·墓門》。

以斯之』即析薪之義。」〔註90〕**蠶繭機不絞**。慎行。見卷十三《祝園修禊》。蘇伯玉妻《盤中詩》：「急機絞，杼聲催。」**澄心光緻緻**，《圖畫見聞志》：「李後主有澄心堂紙，以供名人書畫。」〔註91〕《格古論要》：「宋朝諸名公寫字及李伯時畫多用澄心堂紙。歐陽公謂南唐澄心堂紙極佳，但不知所出。」韓偓詩：「六寸膚圓光緻緻。」〔註92〕**鏡面波皛皛**。彝尊。陶潛詩：「皛皛川上平。」〔註93〕**研宜金粉膏**，趙汝茪詞：「小研紅綾牋紙。」〔註94〕**繪作龍鸞爪**。慎行。**桃花注輕紅**，《桓玄〔註95〕偽事》：「玄詔令平淮作桃花牋，有縹綠、青赤等色。」〔註96〕**松花染深縹**。彝尊。《牧豎閒談》：「元稹使蜀，與薛濤相見。洎登翰林，濤作小幅松花紙，因寄獻元百餘幅。」〔註97〕《資暇錄》：「松花箋其來舊矣，世以為薛濤箋〔註98〕，誤也。」〔註99〕**鴉青蜜**〔註100〕**香色**，《圖畫見聞志》：「高麗使人每至中國，或用摺疊扇為私覿物。其扇用鴉青紙為之。」〔註101〕《天祿〔註102〕識餘》：「蜜香紙以蜜香樹皮、葉作之。微褐色，有紋如魚子。極香而堅韌，水漬之，不潰爛。晉太康五年，大秦國獻三萬幅，帝以萬幅賜杜預，令寫《春秋釋例》。」〔註103〕疑即今之蜜蒙花也，其皮可為紙。一一隨浣澡。慎行。**十樣益部箋**，見卷一《無題》。卷九《平蜀詩》。**萬番傳癖橐**。

〔註90〕《越語肯綮錄》，毛奇齡著。又見毛奇齡《古今通韻》卷二。
〔註91〕卷六《李主印篆》。
〔註92〕《展子》。
〔註93〕《辛丑歲七月赴假還江陵夜行塗中》。
〔註94〕《如夢令》。
〔註95〕「玄」，底本、石印本作「元」。下同。
〔註96〕吳淑《事類賦》卷十五。
〔註97〕《御定韻府拾遺》卷三十四上。按：（宋）李石《續博物志》卷十：「元和中，元稹使蜀，營妓薛濤造十色彩牋以寄。元稹於松華紙上寄詩贈濤。」《蜀中廣記》卷六十七、《欽定古今圖書集成·理學彙編·字學典卷一百五十三》、《御定駢字類編》卷一百九十六、《御定分類字錦》卷四十、《御定佩文韻府》卷二十一之一據之錄文。
〔註98〕石印本此下有「者」。
〔註99〕《格致鏡原》卷三十七：「《資暇錄》：『松花牋其來舊矣，世以為薛濤作，非也。』」按：（唐）李匡乂《資暇集》卷下：「薛陶箋。松花箋代以為薛陶箋，誤也。松花箋其來舊矣。元和初，薛陶尚斯色而好製小詩，惜其幅大，不欲長，乃命匠人狹小之，蜀中才子既以為便，後減諸箋亦如是，特名曰薛陶箋。今蜀紙有小樣者皆是也，非獨松花一色。」
〔註100〕「蜜」，《曝書亭集》作「密」。
〔註101〕卷六《高麗國》。
〔註102〕「祿」，石印本誤作「綠」。
〔註103〕按：早見《南方草木狀》卷中。

彝尊。《拾遺記》:「張華《博物志》成,晉武賜以側理紙萬番,一名陟釐,又曰陟理,海苔也。」紛然輸館閣,逖矣來海島。慎行。要為日用需,若黍稷粱稻。彝尊。惜哉俗暴殄,《書》:「暴殄天物。」〔註104〕塗抹太草草。慎行。盧仝詩:「塗抹詩書如老鴉。」〔註105〕《篇海》:「苟簡曰草草。」俗詩黿鼈鳴,《漢書·王莽傳·贊》:「紫色蛙聲。」〔註106〕《禮》:「螻蟈鳴。」〔註107〕俗書蛇蚓繞。彝尊。見卷四《蘭亭行》。俗學調必俳,韓愈《答崔立之書》:「禮部有以博學宏詞選者,乃類於俳優者之詞。」〔註108〕俗文說多勱。慎行。《禮》:「毋勦說。」〔註109〕流傳人有集,刷印方未了。彝尊。積穢堆土苴,《莊子》:「其土苴以治天下。」〔註110〕餘殃毒梨棗。慎行。或污〔註111〕瓜牛涎,或供蠹魚飽。彝尊。或為肉馬踏,《齊民要術》:「望之大,就之小,筋馬也。望之小,就之大,肉馬也。」〔註112〕或被饑鼠齩。慎行。黏〔註113〕窗信兒童,覆瓿付翁媼。彝尊。《漢書·揚〔註114〕雄傳》:「吾恐後人用覆醬瓿也。」〔註115〕蘇軾詩:「菽水媚翁媼。」〔註116〕遭逢幸不幸,所繫豈纖杪。慎行。平生嗜奇古,卷帙事研討。彝尊。《天祿識餘》:「古人書卷外必有帙藏之,如今裹袱之類。」觀帙用巾旁可想也。秘笈藉爾鈔,篇金匱我寶。慎行。《漢書·韋賢傳》:「遺子黃金滿籯,不如教子一經。」〔註117〕響揚溯籍斯,見卷十三《贈許容》。斷碑拓洪趙。彝尊。洪适《隸釋序》:「本朝歐陽公、趙明誠好藏金石刻。漢隸之著錄者,歐陽氏七十五卷,趙氏多

〔註104〕《武成》。
〔註105〕《示添丁》。
〔註106〕卷九十九下。
〔註107〕《禮記·月令》。
〔註108〕《陳檢討四六》卷十《觀槿堂詞集序》「勿俳優畜我」注。按《答崔立之書》:「聞吏部有以博學宏詞選者,人尤謂之才,且得美仕,就求其術,或出所試文章,亦禮部之類,私怪其故,然猶樂其名。因又詣州府求舉。凡二試於吏部,一既得之,而又黜於中書。雖不得仕,人或謂之能焉。退自取所試讀之,乃類於俳優者之辭。」此沿江浩然《曝書亭詩錄》之說。
〔註109〕《曲禮上》。
〔註110〕《讓王》。
〔註111〕「污」,石印本誤作「汙」。
〔註112〕卷六。
〔註113〕「黏」,四庫本《曝書亭集》作「糊」。
〔註114〕「揚」,石印本作「楊」。
〔註115〕卷八十七下。
〔註116〕《過雲龍山人張天驥》。
〔註117〕《漢書》卷七十三《韋賢傳》:「故鄒魯諺曰:『遺子黃金滿籯,不如一經。』」

歐陽九十三卷，而闕其六。自中原厄於兵，南北壤斷，遺刻耗矣。予三十年訪求，尚闕趙錄四之一。而近歲新出者亦三十餘，趙蓋未見也。既法其字，為之韻，復辨其文，為之釋，使學隸者藉書以讀碑，則歷歷在目，而咀味菁華，亦翰墨之一助。」趙明誠《金石錄序》：「予自少小喜從當世學士大夫，訪問前代金石刻辭。後得歐陽公《集古錄》，思欲廣而成書，以傳學者。於是益訪求藏蓄，凡二十年，而後粗備。上自三代，下訖隋唐五季，內自京師，達於四方遐邦絕域，所傳倉、史以來古文奇字，大小二篆、分隸、行草之書，鍾鼎、簠簋、尊敦、甌鬲、盤杅之銘，詞人墨客詩歌、賦頌、碑誌、敘記之文章，名卿賢士之功烈行治，至於浮屠老子之說，凡古物奇器豐碑巨刻所載與夫殘章斷畫磨滅而僅存者，略無遺矣。」**提攜白刺史，**《龍鬚志》：「唐薛稷為紙封九錫，拜楮國公、白州刺史，統領萬字軍界道中郎將。」**著錄庶可考。**慎行。**由拳法失傳，**《寰宇記》：「故由拳縣出好紙。」**將樂槽苦小。**彝尊。福建延平府將樂縣出紙。**楚產肌理疎，晉產膚澤槁。**慎行。**物情相倍蓰，美惡心洞曉。**彝尊。**非無雲霞膩，愛此霜雪皎。**慎行。見卷二《贈王山人》。**小疊熨帖平，**韓偓詩：「小疊紅箋書恨字。」〔註118〕**捆載赴逵道。**彝尊。韓愈《答竇秀才書》：「捆載而往。」**預恐壓歸裝，又滋征榷擾。**慎行。

烏石村

烏石村深一水灣，家家吠蛤閉柴關。蘇軾詩：「稻涼初吠蛤。」〔註119〕注：「吠蛤謂鳴蛙也。」此時惜少洋州筆，恣寫風篁十里山。《宣和畫譜》：「文同，字與可。守洋州，於篔簹谷構亭其上，為朝夕遊處之地，故畫竹為愈工。」〔註120〕

分水關《建寧府志》：「分水嶺，江西、福建水源俱發於此，蓋界於二省之間，而入閩第一山也，有分水關焉。」

關門一道石參差，三戶人家兩戍旗。此去都籃休便棄，見卷十一《送沈上舍》。頭綱正及貢茶時。見卷六《風懷》。

崇安孔明府招飲縣齋池上賦贈二首孔字彝仲。

宛轉橋當戶，玲瓏竹引泉。《天祿識餘》：「《山家清事》：『臘月剖脩竹相接，各釘以竹釘，引泉之甘者貯之。杜詩：剖竹走泉源。又：竹竿裊裊細泉分。』閩中不

〔註118〕《偶見》。
〔註119〕《宿餘杭法喜寺寺後綠野堂望吳興諸山懷孫莘老學士》。
〔註120〕卷二十。

特飲供茗事。千百相連，置之田間，以當溝洫。」**官齋如此少，地主況能賢。**《左傳》：「夫諸侯之會，事既畢矣，侯伯致禮，地主歸餼，以相辭也。」〔註 121〕**白鳥巢琴閣，紅鱗動酒船。**白居易詩：「玉船風動酒鱗紅。」〔註 122〕**盡驅胥史往，**《儀禮疏》：「按：周禮三百六十官之下皆有府史胥徒。」**清話得纏緜。**

一縣皆山水，尤奇是幔亭。見卷三《送屠爌》。**從君乞小艇，導我入回汀。羽蛻黃心木，**《方輿勝覽》：「大王峯石壁上有室，曰升真洞。中有神仙蛻骨，莫計其數。室前有黃心木棧，又有四木船，兩兩相覆，亦盛仙骸，半枕室棧，不墜不壞。」〔註 123〕**苔皴白石銘。遺文當不少，歸日補圖經。**

武𡰪沖祐宮《一統志》：「武夷山在建寧府崇安縣南三十里。」《武夷山紀要》：「萬年宮在大王峰下，先名武夷觀。漢設壇　。唐始為屋。明皇天寶間，即洲渚創建。宋咸平間，太宗書沖祐二字為額。元天曆間，改觀為宮，扁曰敕賜沖祐萬年宮。」

武𡰪君，異哉世所傳。或云籛〔註 124〕**鏗之二子，**白玉蟾《止止菴記》：「武夷之為山，考古秦人《列仙傳》，蓋籛鏗於此鍊丹焉。鏗有子二人，其一曰武，次曰夷，因此遂名武夷山。」〔註 125〕**或云是魏王子騫。**《武夷山紀要》：「魏王子騫本閩之延津人，相傳為魏國王子。又云魏時人，姓王，名子騫。皆不可考。入山修行。時張湛等十二人求道武夷，依子騫為地主，遇控鶴仙人，授以丹訣，後皆仙去。」**當時結侶高宴幔亭前，**《方輿勝覽》：「幔亭峰，一名鐵佛嶂。古記云：秦始皇二年八月十五日，武夷君致酒肴，會鄉人於幔亭峰上，初召男女二千餘人，如期而往，乃見山徑平坦，虹梁架空，體輕心喜，不覺其倦。至山頂，有幔〔註 126〕亭綠〔註 127〕屋，玲瓏映隱，前後左右，可數百間。就幔亭北壁中間設一寶床，謂之太極〔註 128〕玉皇座；北壁西廈設一寶床，謂之太姥魏真人座；北壁東廈設一寶床，謂之武夷君座。悉施紅雲裀、紫霞褥。初，鄉人至幔亭外，聞擊鼓聲。少頃，空中有呼鄉人為曾孫。男由東序，女由西序進。既而聞讚者云：『汝等〔註 129〕曾孫可拜。』又聞讚者云：『命

〔註 121〕哀公十二年。
〔註 122〕按：非白居易詩，出（宋）何大圭《小重山・惜別》。
〔註 123〕卷十一。
〔註 124〕「籛」，《曝書亭集》作「錢」。
〔註 125〕白玉蟾《武夷集》卷四十五《武夷重建止止菴記》。
〔註 126〕「幔」，《方輿勝覽》作「縵」。
〔註 127〕「綠」，《方輿勝覽》作「綵」。
〔註 128〕「極」，《方輿勝覽》作「姥」。
〔註 129〕「等」，《方輿勝覽》作「汝」。

鼓師張安陵打引鼓，趙元奇拍副鼓，劉小禽坎鈴鼓，曾少重擺韜鼓，喬智滿振嘈鼓，高子春持短鼓，管師鮑公希吹橫笛，板師何鳳兒拊節板。』於是東幄奏〔註130〕賓雲左仙之曲。次命弦師董嬌娘彈坎篌，謝英妃撫長琴，呂荷香戛圓鼓，琵琶，管師黃次姑嗓悲慄，篳篥。秀淡鳴洞簫，朱小娥運居巢，笙。金師羅妙容揮鈍鐃，銅鈸。於是西幄奏〔註131〕賓雲右仙之曲。行酒進食，百味珍奇皆非世俗之所有。乃令歌師彭令昭唱人間可哀曲。詞曰：『天上人間兮，合會疏稀。日落西山兮，夕鳥歸飛。百年一晌兮，志與願違。天宮咫尺兮，恨不相隨。』歌罷，彩雲四合，環佩車〔註132〕馬之音互空而至。聞讚者云：『曾孫可再拜而別。』乃下山，則風雨暴至。回顧山頂，無復一物，但蔥翠峭拔如初耳。鄉人感幸，因相與立祠其山，號同亭雲。」〔註133〕

此挹衣袖彼拍肩。郭璞《游仙詩》：「左挹浮丘袖，右拍洪厓肩。」〔註134〕**坎鈴鼓，急管絃，賓雲妙曲左右仙。一從彩雲散，虹橋斷絕上無緣。**朱子《九曲櫂歌》：「虹橋一斷無消息，萬壑千岩鎖翠煙。」〔註135〕**琳宮建何時，**《空洞靈章經》：「眾聖集琳宮，金母命清歌。」**傳是天寶年，後王因之禱水旱，金龍玉簡投深淵。**熊禾《昇真觀記》：「武夷山，閩之鎮也。宋紹聖二年，觀錫額沖祐〔註136〕武夷君，始有封號。端平元年，十二〔註137〕仙亦列封焉。凡祈雨暘，則遣使緘金龍玉簡於洞，靡不響答。」**我來謁祠下，取徑芝術田。**白玉蟾《雲窩記》：「武夷山籛鏗餌紫芝，能乘風御氣。神姥採黃朮，能呼風檄雨。」〔註138〕**入門高樹雄且妍，藤蔓曲似蛟龍纏。**杜甫詩：「藤蔓曲藏蛇。」〔註139〕**殿古石隤仙鼠穿，陳丹暗粉蝸吐涎。十二櫺主配君像，中間名字或已湮。乾魚祭後祀典歇，**《史記·封禪書》：「祠武夷君，用乾魚。」〔註140〕**但有村翁腰臘率社錢。**杜甫詩：「歲時伏臘走村翁。」〔註141〕「腰臘」，見卷十二《甘池》。**縛草為輪，翦紙為船。**見卷十八《送窮日》。**不知仙人候而來兮忽而逝，**《楚辭》：

〔註130〕「奏」，《方輿勝覽》同，石印本誤作「秦」。

〔註131〕「奏」，《方輿勝覽》同，石印本誤作「秦」。

〔註132〕「車」，《方輿勝覽》作「人」。

〔註133〕卷十一。

〔註134〕《游仙詩十九首》其三。

〔註135〕《淳熙甲辰中春精舍閒居戲作武夷櫂歌十首呈諸同遊相與一笑》其二。

〔註136〕「祐」，熊禾《勿軒集》卷三作「佑」。此沿江浩然《曝書亭詩錄》之說。

〔註137〕「二」，熊禾《勿軒集》卷三作「三」。此沿江浩然《曝書亭詩錄》之說。

〔註138〕白玉蟾《上清集》卷一。

〔註139〕《陪鄭廣文遊何將軍山林十首》其四。

〔註140〕卷二十八《封禪書》。又見卷十二《孝武本紀》。

〔註141〕《詠懷古蹟五首》其四。

「倐而來兮忽而逝。」〔註142〕**雲車風馬電作鞭**。傅玄〔註143〕詩：「雲為車兮風為馬。」〔註144〕揚雄《河東賦》：「奮電鞭，驂雷輜。」**胡用是物東西懸，長廊曲曲通迴旋。旁有道士館，房房戶戶相錯連。甘蕉綠搖漾，修竹青便娟**。東方朔《七諫》：「便娟之修竹生於江潭。」**竹雞聲中摘茶葉**，見卷九《送十一叔》。**石榴樹底交茶煙。吾思此地洵勝絕，道書名之曰洞天**。《方輿勝覽》：「武夷山，道書謂第十六洞天。」**阿誰屈置一十六**，杜光庭《洞天記》：「第十六洞武夷山，名昇真化玄之天。」**何山可以居其先。昔年禹平水土名山川**，《書》：「諮禹，汝平水土。」〔註145〕**至今嶽瀆垂虞編**，《爾雅》：「從《釋地》以下至九河，皆禹所名也。」《疏》：「謂《釋地》以下凡四篇，其中五嶽四瀆及諸山川丘陵之名，皆禹所製也。」徐彥伯詩：「虞編紀省方。」〔註146〕**不聞議者糾其偏。若茲次第逞胸臆，毋乃偽託非真詮**。見卷十二《畢子》。**試質武夷君，吾言然不然**。《莊子》：「惡乎然？然於然。惡乎不然？不然於不然。」〔註147〕

宿虞道士山房

老樹藏雲壑，閒房割洞天。茶烘丹灶火，鹿飲鑑池泉。《方輿勝覽》：「天柱峰，一名大王峰。近峰之頂有天　池。」藥酒供人醉，繩牀借客眠。山深風候早，四月已聞蟬。

幔亭

白石留遺板，紅雲失舊裀。要知幔亭會，亦是避秦人。陶潛《桃花源記》：「自云先世避秦時亂，率妻子邑人來此絕境。」

坐竹簰入九曲《方輿勝覽》：「九曲溪在武夷山西南隅，發源於毛竹洞，灣環九曲，貫於群岫。」

連峰六六收蒼靄，查慎行。《西峰字說》：「黃亭去縣南三十里武夷山下，又四十里始入山。山有三十六峰，溪水九曲。」李左史詩：「溪流玉雪三三曲，山鎖煙〔註148〕

〔註142〕《九歌·少司命》。
〔註143〕「玄」，底本、石印本作「元」。
〔註144〕《吳楚歌》。
〔註145〕《書·舜典》。
〔註146〕徐彥伯《奉和幸新豐溫泉宮應制》作「虞篇記省方」。
〔註147〕《齊物論》。
〔註148〕「煙」，李綱（曾任左史）《別武夷途中偶成寄觀妙法師》「雲」。

霞六六峰。」雨余滑溑碎石街。彝尊。挈我栗杖桫毛鞵，慎行。蘭湯渡口
上竹簰。〔註149〕彝尊。《東觀漢記》：「斬竹為簰。」蕭觀詩：「江平偏見竹簰多。」
〔註150〕篙工指點《敬業堂集》作「初指」。一曲涯，慎行。題名幾處《敬業堂
集》作「姓名幾輩」。爭磨崖。彝尊。娉婷玉女峰最佳，〔註151〕慎行。《名勝志》：
「玉女峰在二曲，石色紅潤，有妹麗之態。」野花簇髻松搖釵。彝尊。當年武巨
集神娲，慎行。見前《沖祐宮》。宋無《古硯歌》：「神娲踏雲補天去。」歌絃鼓板
金管鱠。彝尊。高張雅奏無淫哇，慎行。子禽小娥定爾儕。彝尊。見《沖祐
宮》。群仙一散後會乖，慎行。黃心老木委蛻蜺。彝尊。見前《崇安》。爾獨對
鏡留形骸，慎行。千尋鐵障鎔頑鍇。彝尊。見《沖祐宮》。〔註152〕大藏小藏
肩背挨，慎行。《西峰字說》：「小藏峰在三曲，高峙峻拔，巖半斷處，衂斷縱橫，亂
木庋板，望之如櫛。一穴高瞰，內有二船，架於橫木之上，色相如新，俗呼架壑船。
大藏峰在四曲，峭壁千仞，下臨深淵。壁上有穴，穴中貯石器，圓者如筥，方者如筐
如杵如盤。昔聞有雞鳴於內者，又名金雞洞。洞下有潭，其潭莫測。」山魈一《敬業
堂集》作「獨」。腳帝所差。彝尊。《韻府》：「山魈出汀州，獨足鬼。」洞門石扇
呀然闙，慎行。《國語》：「闙門而與之言。」壑舟力負何劻勷。彝尊。其中瑰
木如積楷，慎行。《《漢書·郊祀志》注》：「楷，楳本也，去皮以為席。」〔註153〕
又類羽鏃抽轑輗。彝尊。見卷九《省耕》。水光汎汎聲湝湝，慎行。杜牧詩：
「好鳥鳴丁丁，小溪光汎汎。」〔註154〕《詩》：「淮水湝湝。」〔註155〕冥冥微徑
不可階。彝尊。欲往金井迷鬼艾，慎行。按：鬼艾，草名。深潭龍臥波滰瀤
〔註156〕。〔註157〕彝尊。誰歟釣者貪鰤鮭，慎行。茶園新芽苗舊荄。彝尊。

〔註149〕 國圖藏本眉批：《武夷志》：「蘭陽渡在三姑石下，遊人自東北來者由此入。」
　　　　開林按：「陽」當作「湯」。
〔註150〕 《成都》。
〔註151〕 國圖藏本眉批：《武夷志》：「二曲玉女峰三石差肩挺立，其色紅潤，有妹麗之
　　　　態。絕頂花卉參簇，茗鬟髻然。」《武夷志》：「二曲玉女峰三石差肩挺立，其
　　　　色紅潤，有妹麗之態。絕頂花卉參簇，茗鬟髻然。」
〔註152〕 國圖藏本眉批：《沖祐宮》詩注無鐵障。按：《武夷志》：「二曲有鐵板障，石
　　　　色蒼黑，劙削如板，長數百丈，而高稱之。」與玉女峰俱在二曲，故連及之。
　　　　「障」當作「嶂」。
〔註153〕 卷二十五上。
〔註154〕 「鳴」，《池州送孟遲先輩》作「響」。
〔註155〕 《小雅·鼓鍾》。
〔註156〕 「滰」，四庫本《曝書亭集》作「懷」。
〔註157〕 國圖藏本眉批：四曲昇日峰後有金井澗，茅茨竹簰，多隱者之居。○臥龍潭
　　　　即大藏峰下空洞，淵澄莫可底止，人語棹聲，輒相向應，相傳有神物潛此。

僧籃道笈採摘皆，慎行。可惜不逢紅粉娃。彝尊。白居易詩：「失盡白頭伴，長成紅粉娃。」〔註158〕題詩古岩平不攲，慎行。《武夷九曲櫂歌圖》：「第四曲：仙機岩、題詩岩。」〔註159〕《廣韻》：「攲，邪貌。」精廬小於負殼蝸。彝尊。范成大詩：「漂泊離巢燕，彎跧負殼蝸。」〔註160〕豈若大隱屏之厓，慎行。《方輿勝覽》：「武夷精舍，朱元晦築於五曲大隱屏之下。」〔註161〕朱子《武夷精舍雜詠序》：「武夷之溪東流，凡九曲，而第五曲為最深。蓋其山自北而南者，至此而盡聳，全石為一峰，拔地千尺。上小平處，微戴土，生林木，極蒼翠可玩。而四隤稍下，則反削而入，如方屋帽者。舊經所謂大隱屏也。」祠宇百世人模楷。彝尊。大書照耀銀泥牌，慎行。學達性天聖德諧。彝尊。屹然天柱高巀嶪〔註162〕，慎行。《櫂歌曲》：「第六曲：天柱峰、仙掌峰。」〔註163〕左思《吳都賦》：「隱賑巀嶪〔註164〕，雜插幽屏。」勢如拱揖趨庭堦。彝尊。須臾路回仙掌排，慎行。神臬下上車輀輇。彝尊。竹窠桃磵雜樹槐，慎行。龜浮獺控形膠膢。〔註165〕《敬業堂集》作「膢膠」。彝尊。白雲葬前雙眼揩，慎行。《名勝志》：「靈峰一名白雲岩，在九曲盡處。半壁一穴，藏小艇於中，又有仙蛻數函。」俯視九曲縈青縞。彝尊。《史記・滑稽傳》：「及其拜為二千石，佩青緺。」〔註166〕星村村落尤可懷，〔註167〕慎行。《櫂歌圖》：「第九曲：星村市。」新苗活水通荊柴。彝尊。谷犬跳珓雞膠啀，慎行。況無蛇虎猨猱豺。彝尊。何時買地營茅齋，慎行。耕稷漁弋與子偕。彝尊。

〔註158〕《櫻桃花下有感而作》。
〔註159〕國圖藏本眉批：按：仙機岩在三曲。此誤。
〔註160〕《鼎河口枕上作》。
〔註161〕卷十一。
〔註162〕「嶪」，《曝書亭集》作「襄」。
〔註163〕國圖藏本眉批：五曲天柱峰在晚對峰側，峭拔特立，如匠琢成。昔魏王子騫於此上昇。此云在六曲，誤。
〔註164〕「嶪」，《吳都賦》作「襄」。
〔註165〕國圖藏本眉批：六曲仙掌峰窮崖壁立，有紋類人指掌者數處。○六曲石崖高壘，相倚成門。門內有山澗橫石為矼。步入其內，地復平曠，桑麻黍稷，儼然一邨落也。以其類武陵之景，故名小桃源。○七曲有桃源洞。○七曲有上水龜，八曲有下水龜，又有獺控石。○八曲有筍洲、桃花澗、百花莊諸勝。
〔註166〕卷一百二十六。
〔註167〕國圖藏本眉批：朱子《九曲櫂歌》：「九曲將窮眼豁然，桑麻雨露見平川。」《武夷志》：「九曲星村渡即朱子所謂桑麻雨露之墟也。流連山中者，輒於此沽酒市肴焉。」

虹橋板歌板為崇安潘秀才在東所贈。〔註168〕《香祖筆記》：「榕城書肆有虹橋板一片，色黝而澤，文理堅栗，發聲清越，材中琴瑟，雲產武夷山中，不辨何木也。興化林穆之賓王賦《虹橋板行》記其事。」〔註169〕

虹橋板，可望不可即。〔註170〕劉基《臥龍山》句。絕壁深藏太古色，日炙不黃，雨淋不黑。韓愈《石鼓歌》：「雨淋日炙野火燎。」洪流不漂土不蝕，百蟲將軍焚不得。見卷十五《遊爛柯山》。吾欲梯長林梢，杜甫詩：「高者掛罥長林梢。」〔註171〕恐墮鸛鶴巢。《聞見錄》：「鸛巢有長水石，故能巢中蓄魚，水不涸。」吾欲駕澄潭坳，恐拔千歲蛟。楊維楨《小游仙》詩：「船頭處女來相喚，知是洞庭千歲蛟。」〔註172〕鼪鼯倒懸蝙蝠墜，惟有怪鳥獨立時爬抓。潘郎嗜奇每置青玉案，張衡《四愁詩》：「美人贈我錦繡段，何以報之青玉案。」鋸贈一條長尺半。寧戚《飯牛歌》：「中有鯉魚長尺半。」為言曩者避兵接筍峰，《名勝志》：「接筍峰在隱屏之右。屏有兩峰相連。西南一石附於屏，狀如立筍，有斷痕復續者三。」一夕急雨飛寒空，雨狂更起攙鶬風。見卷十六《耳疾》。虹橋板自天半落，斜拖下壓黃冠宮。王十朋詩：「下壓黃冠宮。」〔註173〕爾時青童白叟悚息不出戶，亟持此板歸山中。吾聞茲言籲可怪，石泐金銷此不壞。《考工記》：「石有時以泐，水有時以凝。」李白詩：「黃金銷眾口，白璧竟難留。」〔註174〕既非桐與檀，《魏志·倭人傳》：「其木有柟、杼、豫樟、楺櫪、投檀。」〔註175〕又非梗楠杞梓楓豫章，縠紋水波靨中央。沉思是物豈無用，何況獲自仙居洵堪重。當時宣和好古秘殿無爾曹，《玉海》：「宋元符間，作《宣和殿博古圖》。」吾今藏弄足以豪。試令刻作黃神越章印，《抱朴子》：「入山者佩黃神越章，其廣四寸，其字百二十，以泥封著。所往之四方各百步，則虎狼不敢近。」〔註176〕山行蛇虎應潛逃。

〔註168〕此係自注。

〔註169〕按：非出《香祖筆記》，出《池北偶談》卷二十一《虹橋板》。

〔註170〕國圖藏本眉批：《武夷志》：「鄉人既下山，風雨暴至。至虹橋，倏爾斷絕。其橋飛插諸岩隙間，有直而若挂筍者，有倒垂而若懸筋者，有如朱栱，如丹楹，如雕欄者。自秦迄今，風雨摧蝕，不朽不墮，常有雲氣伏其中板。」

〔註171〕《茅屋為秋風所破歌》。

〔註172〕其十一。

〔註173〕《夔州祀社稷於州之西五里地不盈畝壇宇庫陋垣牆頹圮非所以崇明祀也買地易路築屋增壇命同僚董其事不踰月告成二月戊子祀事既畢詩以記之》：「闢路下壓黃冠宮。」

〔註174〕「留」，《送薛九被讒去魯》作「投」。

〔註175〕卷三十。

〔註176〕《抱朴子內篇》卷十七《登涉》。

仙蛻巖

魚家姊妹趙家兒，《方輿勝覽》：「昔有張湛、孫綽、趙元奇、彭令昭、劉景、顧思遠、白石先生、馬鳴生，並胡氏、李氏、二魚氏三姓女子四人，凡十二人，同詣此山求道，偕謁魏王。」〔註177〕雜坐歌師間板師。莫唱人間可哀曲，見前《沖祐宮》。山阿遺蛻也堪悲。

御茶園歌

《武夷山志》：「譜都剌，行省左丞忻都子也。嘗為福建道宣慰副使。武彝四曲有御茶園，南北五里。大德己亥，設場官二員，製茶為貢。每歲驚蟄，有司循舊典，致祭，令眾鳴金鼓，揚聲齊喊，曰：『茶發芽！』旁有通仙井，旋即漸滿。以此製茶，異於常品。造茶畢，泉亦漸縮，故名呼來泉。譜都剌乃更建喊山臺，作亭其上，曰喊泉亭，俾修貢之典，永為成規，而自為之記。」

御茶園在武彝第四曲，元於此剏焙局安茶槽。〔註178〕見卷八《櫂歌》。范成大詩：「茶槽藥臼〔註179〕杵聲中。」五亭參差一井冽，中央臺殿結構牢。每當啟蟄百夫山下喊，〔註180〕樅金伐鼓聲喧嘈。歲簽二百五十戶，〔註181〕須知一路皆驛騷。《詩》：「徐方繹騷。」〔註182〕《箋》：「『繹』當作『驛』。」山靈丁此亦太苦，又豈有意貪牲醪。封題貢入紫檀殿，《禁扁》：「殿之扁，本朝紫檀東、文思西。」《輟耕錄》：「紫檀殿在大明寢殿西。制度如文思皆以紫檀香木為之。」〔註183〕角盤瘿枕怯薛操。《輟耕錄》：「國朝有四怯薛太，官怯薛者分宿衛供奉之士為四番，番三晝夜。凡上之起居飲食諸服御之政令，怯薛之長皆總焉。」《草木子》：「仕途自木華黎王四怯薛大根腳出身份任省臺外，其餘都是吏員。至於科目取士，止是萬分之一耳。」小團硬餅搗為雪，歐陽修《龍茶錄後序》：「茶為茶〔註184〕之至精，而小團又其精者，錄序所謂『上品龍茶』者是也。蓋自君謨始造而後歲貢焉。」牛潼馬乳傾成膏。陸游詩：「汪汪牛潼白。」〔註185〕《漢書·禮樂志》：「給大官

〔註177〕卷十一。
〔註178〕國圖藏本眉批：趙孟燓《茶場記》：「大德間平章高從子久住為邵武路總管，創焙局於陳民希賀堂故址，其地當溪山之四曲。」○《武夷志》：「御茶園有焙芳亭、燕嘉亭、宜寂亭、浮光亭、思敬亭，後俱廢。」
〔註179〕衍「白」字。出范成大《立春》，為六言詩。
〔註180〕《曝書亭集》原有自注：「事見《武夷志》。」
〔註181〕國圖藏本眉批：《茶場記》：「初貢僅二十斤，採摘戶才八。星紀再周，歲有增益。至是定簽戶二百五十，貢茶以斤計者，視戶之百與十各贏其一焉。」
〔註182〕《大雅·常武》。
〔註183〕卷二十一。
〔註184〕「茶」，《龍茶錄後序》作「物」。
〔註185〕「潼」，《梅雨陂澤皆滿》作「湩」。

挏馬酒。」《注》：「以馬乳為酒，撞挏乃成也。」〔註186〕**君臣第取一時快，詎知山農摘此田不毛。**諸葛亮《前出師表》：「深入不毛。」**先春一聞省帖下，**按：建寧所貢有探春、先春、次春、紫筍及薦新等號。**樵丁蕘豎紛逋逃。入明官場始盡革，**《明史稿》：「福建建寧茶最上，碾而採之，壓以銀版，為大小龍團。太祖以其勞民，罷造，惟令採茶芽以進。」**厚利特許民搜掏。**殘碑斷臼滿林麓，吳萊《石鼓》詩：「昔則敲火今斷臼。」**西皐茅屋連東皐。自來物性各有殊，佳者必先佔地高。雲窩竹窠擅絕品，其居大抵皆岩垇。茲園卑下乃在隰，安得奇茗生周遭。**蘇軾《雙井茶》詩：「江夏無雙種奇茗，汝陰六一誇新書。」〔註187〕**但令廢置無足惜，留待過客閒遊遨。古人試茶味方法，椎鈐羅磨何其勞。**蔡襄《茶錄》：「砧椎，蓋以碎〔註188〕茶。砧以木為之，椎或金或鐵，取於便用。茶鈐，屈金鐵為之，用以炙茶。茶羅以絕細為佳，羅底用蜀東川鵝溪畫絹之密者，投湯中揉洗以冪之。」**誤疑爽味碾乃出，**《茶錄》：「碾茶先以淨紙密裹椎碎，然後熟碾。」**真氣已耗若醨餔其糟。**《楚辭》：「眾人皆醉，何不餔其糟而歠其醨？」〔註189〕劉長卿詩：「餞筵君置醴，隨俗我餔糟。」〔註190〕**沙溪松黃建蠟面，**〔註191〕《避暑錄話》：「北苑茶正所產為曾坑，謂之正焙。非曾坑為沙溪，謂之外焙。二地相去不遠，而茶種懸絕。沙溪白色，過於曾坑，但味短而微澀。」〔註192〕《貢茶錄》：「五代之季，建安屬南唐，歲率諸縣民採茶北苑，初造研膏，繼造臘麵。既又制其佳者，號曰京挺。」〔註193〕**楚蜀投以薑鹽熬。**《志林》：「唐人煎茶用薑。薛能詩：『鹽慎添常戒，薑宜煮更誇。』則又用鹽者矣。」〔註194〕**雜之沉腦尤可憾，**《茶錄》：「茶有真香而入貢者，微以龍腦和膏，欲助其香。」**陸羽見此笑且咷。**見卷十二《竹爐》、卷三《雜詩》。**前丁後蔡雖著錄，**〔註195〕蔡襄《茶錄序》：「昔陸羽《茶經》

〔註186〕卷二十二。顏師古《注》引「李奇曰」。

〔註187〕原題作《黃魯直以詩餽雙井茶次韻為謝》。

〔註188〕「碎」，《茶錄》作「砧」。

〔註189〕《漁父》。

〔註190〕按：非劉長卿詩，出元稹《送東川馬逢侍御使回十韻》。

〔註191〕國圖藏本眉批：《舊唐書·哀帝紀》：「敕福建今後只供進蠟麵茶。」程大昌《演繁露》：「建茶名蠟茶，為其乳泛湯麵，與鎔蠟相似，故名蠟麵茶也。今人多書蠟為臘，云取先春為義，失其本矣。」原集本作「蠟」，今作「臘」，誤。

〔註192〕卷下。

〔註193〕《御定佩文韻府》卷五十四。

〔註194〕卷十。

〔註195〕國圖藏本眉批：蘇詩：「前丁後茶相籠加。」
開林按：「茶」，蘇軾《荔支歎》作「蔡」。

不第建安之品，丁謂《茶圖》獨論採造之本，至於烹試，曾未有聞。臣輒條數事，簡而易明，勒成二篇，名曰《茶錄》。」〔註196〕未免得失存襃袞。我今攜鎗石上坐，箬籠一一解繩紲。《茶錄》：「茶不入焙者，宜密封，裹以箬籠，盛之，置高處，不近濕氣。」冰芽雨甲恣品第，務與粟粒分錙毫。蘇軾《荔支歎》：「武夷溪邊粟粒芽，前丁後蔡相籠加。」〔註197〕

仙掌峰瀑布《名勝志》：「天遊峰在六曲，隱屏立於前，外敞內邃。其石為仙掌峰。穹崖壁立，高廣百仞。崖半石紋類人掌者數處。傍有瀑布，泉水下為仙浴塘。循仙掌旁西上，以達天遊之背。」

仰瞻兮山陘，懸瀑布兮翠屏。忽循兮山後，泉涓涓兮鳴石竇。石竇兮中開，激沖風兮轟豗。韓愈詩：「眾樂驚作，轟豗融冶。」〔註198〕一丘兮一壑，忘吾道兮邅回。菖蒲葅兮烏麻飯，青松陰兮白日緩。思移家兮駐顏，年七十兮未晚。

天遊觀萬峰亭〔註199〕《建寧府志》：「天遊觀在六曲仙掌峰下。」

大山相排連，小山補其闕。群峰罕異向，危亭乃孤揭。適當地敞開，不在勢突兀。韓愈詩：「須臾靜掃眾峰出，仰見突兀撐青空。」〔註200〕虛明徹戶牖，谺達埽煙㷹。《悅生隨抄》：「蔡京顧小鬟，令焚香。久之，聞近北有若人捲簾聲者方至，坐北一簾，其蓬㷹滿室如霧。京謂客曰：『香如此燒，方無煙氣。』」〔註201〕蕩空激飀輪，陸龜蒙詩：「莫言洞府能招隱，會見〔註202〕飆輪見玉皇。」照夜湧日軒。鮑照詩：「升嶠眺日軒，臨迴望滄洲。」〔註203〕有時霧著巾，忽焉雲觸轊。憑欄恣眺聽，靈境信超越。儼同喬岳尊，范成大詩：「陂陀無敢

〔註196〕國圖藏本眉批：丁謂有《北苑茶錄》三卷。
〔註197〕此注石印本作「蘇軾《茶》詩：『武夷溪邊粟粒芽』」。
　　　　另，國圖藏本眉批：東坡「粟粒」句見《荔枝歎》，非《茶》詩也。
〔註198〕《元和聖德詩》。
〔註199〕國圖藏本眉批：《武夷志》：「六曲天遊觀在天遊峰頂，其前為一覽臺，即萬峰亭。」
〔註200〕《謁衡嶽廟遂宿岳寺題門樓》。
〔註201〕《御定駢字類編》卷一百八十三、《御定佩文韻府》卷九十五之六。
　　　　另，國圖藏本眉批：《集韻》：「㷹，煙起貌。」或從勃。此等字，祇釋明字義，不必援引故實也。
〔註202〕「見」，石印本作「駕」，《和襲美江南道中懷茅山廣文南陽博士三首次韻》其一作「輾」。
〔註203〕《蒜山被始興王命作詩》。

高，似避〔註204〕喬嶽尊。」**遠邇盡朝謁。**見前《常山山行》。**紛紛揚旌旜，穆穆秉圭笏。又疑三海圖，神物互出沒。足或蹺夔魖，**《國語》：「木石之怪：夔、罔兩。」**背或負蚖蠥。**見卷六《風懷》。**前平訝象耕，**《帝王世紀》：「舜葬蒼梧，下有群像耕田。」**後陷類狐搰。**〔註205〕《國語》：「狐埋之而狐搰之，是以無成功。」**隱屏翁而張，**《名勝志》：「隱屏峰在五曲，夷上銳下，拔空峭立，方正如屏。」《玉海》：「老之翁張、儒之闢闔，其與鬼谷往來如環。」**接笋斷不蹶。**見前《虹橋板歌》。古諺：「百足之蟲，三斷不蹶。」**長松偃薺菜，**楊載詩：「角門深巷少人行，城雪初消薺菜生。」〔註206〕**細竹披苗髮。溪流乍隱見，祠屋半雕歇。巋然此獨存，**王延壽《魯靈光殿賦序》：「自西京未央、建章之殿皆見隳壞，而靈光巋然獨存。」**坐久興逾發。雖云冠山椒，何異在岩窟。**薛據詩：「弱年好樓隱，鍊藥在岩窟。」〔註207〕**石房一道士，清臞老鶴骨。**蘇軾詩：「道人絕粒對寒碧，為問鶴骨何緣肥。」〔註208〕**延我崎嶇丘，靜埽苔徑滑。苦無青精飯，**見卷十《醍醐飯》。**力為煮葵蕨。高田歲未荒，四月草先垡。**王安石詩：「呼僮擁草垡，復使東南注。」〔註209〕**分種及胡麻，安碓響深樾。**〔註210〕**相對生隱心，欲歸恨倉卒。何當裹餱糧，**《詩》：「乃裹餱糧。」〔註211〕**留住一百月。**孟郊《遊俠行》：「半生無恩酬，劍閒一百月。」

按：先生是時有終老之志，遂名頤真，號第一十六洞天武夷仙掌峰天遊觀道士，故結語云云暨《天遊觀歌》有「願為道士」句也。

樟灘〔註212〕《閩江考》：「灘自洪曁走馬外曰樟者，頑石森列。元季開鑿，而舟行仍險也。由是東南至雙溪口，以合於建溪。」

建溪饒驚溑，《寰宇記》：「建溪在建州建陽縣東一百步，源從武夷山下西北來縣界也。」**樟灘最巉險。**左思《吳都賦》：「陵絕嶛嶕，聿越巉險。」**顛波勢欲下，**

〔註204〕「避」，《謁南嶽》作「遜」。
〔註205〕國圖藏本眉批：《武夷志》：「六曲存陷石堂，在本曲之北。宋天聖二年，忽大雷雨，岩崩地陷。」
〔註206〕楊載《到京師》：「城雪初消薺菜生，角門深巷少人行。」
〔註207〕《出青門往南山下別業》。
〔註208〕《壽星院寒碧軒》。
〔註209〕《月夜二首》其一。
〔註210〕國圖藏本眉批：《武夷志》：「天遊觀右有小澗，相傳昔有胡麻飯從中流出。澗下有碓，可拱舂搗。」
〔註211〕《大雅·公劉》。
〔註212〕國圖藏本浮簽：「樟灘」下，初印本無注。

亂石故磨颶。窪坳碾作渦，杜甫詩：「碾渦深沒馬。」〔註213〕刻露圭就琰。《周禮》：「掌守邦節。」《注》：「邦節者，珍圭、牙璋、穀圭、琬圭、琰圭也。」我衰憂患多，過此容色斂。篙師凝睛立，尺水巧回閃。梅堯臣詩：「舟人素已諳，曲折就回閃。」〔註214〕鏗然矢投壺，《禮》：「投壺之禮，主人奉矢，司射奉中，使人執壺。」狋恰不誤點。韓愈《華山女》詩：「聽眾狋恰排浮萍。」注：「狋恰，唐人語。」輕舟恣一擲，縱若鳥脫罭。以茲推物理，遇境適夷險。人或發禍機，忌者思盡掩。揚瀾沸平地，鑿空架崖廠。《漢書‧張騫傳》：「然騫鑿空。」《注》：「鑿，開也。空，通也。」韓愈詩：「剖竹走泉源，開廊架崖廠。」〔註215〕由來人背噂，《詩》：「噂沓背憎，職競由人。」〔註216〕未必鬼神貶。濟盈軌易濡，《詩》：「濟盈不濡軌。」〔註217〕忠信幸無忝。見卷二十《玉帶生歌》。習坎入坎凶，見卷二《入景福洞》。既出夫何玷。浮海桴可乘，舟楫況刳剡。見前《水碓》。

按：此詩「險」字韻重。

建陽 《建寧府志》：「建陽縣在府城一百二十里。」

徽公舊是建陽居，竹樹清疏畫不如。講席至今留未改，人情大抵好相於。見卷十一《送王贊善》。得觀雲谷山頭水，《建寧府志》：「雲谷在崇泰里盧峰之巔。宋朱熹喜其幽邃，號曰雲谷，搆草堂於中，扁曰晦庵，為講道之所，自作記。」恣讀麻沙裏下書。《方輿勝覽》：「建寧麻沙、崇化兩坊產書，號為圖書之府。」〔註218〕此意殘年仍莫遂，扁舟欲去轉躊躇。

延平晚宿

兩兩浮橋趁浦斜，居人分占白鷗沙。瓜瓢豆莢迎船賣，只欠南鄉澤瀉花。建寧產澤瀉，花可噉。昨過未及買。南鄉，橋名。〔註219〕《名勝志》：「建寧城外有南鄉橋。」《建寧府志》：「澤瀉，甌寧產。」

〔註213〕《陪鄭廣文遊何將軍山林十首》其四。
〔註214〕《送李殿丞通判處州》。
〔註215〕《陪杜侍御遊湘西兩寺獨宿有題一首因獻楊常侍》。
〔註216〕《小雅‧十月之交》。
〔註217〕《邶風‧匏有苦葉》。
〔註218〕卷十一。
〔註219〕此係自注。

雨中過黯淡灘《方輿勝覽》：「黯淡灘在郡東十里。灘極峻，人多憚之。」〔註220〕《一統志》：「黯淡灘在延平府城北。」

　　灘光黯淡雨連坑，一笑船師勸客行。三疊跳波兩搖手，櫂歌十里下延平。

水口《荔枝譜》：「福州之西三舍曰水口。」《西峰字說》：「水口者，夫人殿坑水自縣南流入江，與嵩溪匯，故名。」

　　岸闊灘平漾白沙，船人出險鼓停撾。為貪放溜風頭坐，不覺蜻蜓上槳牙。梅堯臣《時魚》詩：「一把銅錢趁槳牙。」

竹崎關按：福州府三山驛七十里至竹崎所，設巡司榷稅。

　　溪魚樹底輸稅，關吏津頭算緡。縱有僧樓藥院，日長吟眺何人。

食荔支寄查上舍弟嗣璉時在秦中按：《敬業堂集》，是日為端陽前二日也。

　　荔子漿酸價未高，風前試解絳羅袍。蘇軾詩：「海山仙人絳羅襦，紅紗中單白玉膚。」〔註221〕當筵忽憶西征客，馬乳涼州也自豪。〔註222〕《魏史》：「文帝詔曰：『南方有龍眼、荔枝，西國有蒲桃、石蜜果之珍異者，令歲貢焉。』」〔註223〕《三輔決錄》：「扶風人孟佗以蒲萄〔註224〕酒五斗遺張讓，即拜佗為涼州刺史。」

啖福州荔《荔枝譜》：「閩中惟四郡有之，福州最多。」《群芳譜》：「初出嶺南及巴中。今閩之泉、福、漳、興，蜀之嘉、蜀、渝、涪，及二廣州郡皆有之，而閩為第一，蜀次之，嶺南為下。」

　　啖荔如啖蔗，佳境須漸入。《晉書‧顧愷之傳》：「每食甘蔗，恒自尾至本。或怪之。云：『漸入佳境。』」〔註225〕必待藍紅江綠熟始嘗，《荔枝譜》：「藍家紅，

〔註220〕卷十二。
〔註221〕《四月十一日初食荔支》。
〔註222〕國圖藏本眉批：《太平御覽》：「唐平高昌，得馬乳、葡萄造酒，京師始識此酒之味。」
〔註223〕（宋）陳景沂《全芳備祖集》後集卷一《紀要》、（宋）謝維新《古今合璧事類備要》別集卷四十。
〔註224〕「萄」，石印本作「桃」。
〔註225〕卷九十二《文苑列傳》。按：《世說新語‧排調》：「顧長康啖甘蔗，先食尾。問所以，云：『漸至佳境。』」

泉州為第一。江綠大較類陳紫而差大，獨香薄而味少淡，故以次之。」又：「品目至眾，唯江家綠為州之第一。」何異渴人禁之飲米汁。見卷二十《東禪寺》。**粵洲火山四月丹**，《荔枝譜》：「火山本出廣南，四月熟，味甘酸而肉薄。穗出梗，如枇杷。閩中近亦有之。山在梧州。」《宦遊紀聞》：「三山荔子丹時〔註226〕，四月味成，曰火山，實小而酸。五月味成曰中冠，最後曰常熟。中冠品佳者不減莆中。」**也勝盧橘楊梅酸。**〔註227〕**我來福州日北至，投我只合齊堆盤。端明譜中三十有二品，**《荔枝譜》：「右三十二品，言姓氏，尤其著者也；言州郡，記所出也。」**大槩縞衣雪作袿。粵人誇粵閩誇閩，**歐陽修《書〈荔支〔註228〕譜〉後》：「君謨，閩人也，故能識荔支而譜之。」**次第胸中我能審。**

林叟偉攜二子載酒過偉字草臣。

釀比官醪釅，肴看水族分。老年思舊雨，深話到斜曛。契獨存僑札，《吳志·魯肅傳》：「瑜益知其奇也，遂相親結，定僑札之分。」〔註229〕**交須合紀群。**《魏志·陳群傳》：「魯國孔融高才倨傲，年在紀、羣之間，先與紀友，後與羣交，更為紀拜，由是顯名。」〔註230〕**不妨留秉燭，作賦共誅蟁。**《鐵網珊瑚》：「宋虞忠肅《誅蚊賦序》：『平江水鄉，蚊蚋坌集。予方窮居日以為苦，因衰腹笥，得蚊事廿有七。古聖賢無一言之褒，是為可誅也。作《誅蚊賦》。』」〔註231〕

甘泉漢瓦歌為侯官林佶賦林佶《甘泉宮瓦圖記》：「右漢甘泉宮瓦，予家所藏也。

康熙辛丑，予兄同人與祝丈光遠自三原往遊其地，見道旁耕夫鋤田，積瓦礫如丘阜，皆隱隱有文，多刓缺不可識。因憩樹下，見有小物墳然者，剔之，獲此瓦，甚完好，字畫獨全，亟懷以歸。去漢二千年，宮觀淪沒，人亦無有向荒山古道而流連憑弔者。家兄短衣匹馬，徘徊於夕陽隴畝之間，田夫牧豎方且揶〔註232〕揄而訝怪之，乃適獲此瓦以償其好事之願。吁！亦異矣！予庚子生於三原，家兄獲此瓦時，予方二歲。稍長，家兄輒舉以相示，曰：『此不易得！』即〔註233〕壯，學書知摹古文奇字，乃知是

〔註226〕《宦遊紀聞》卷五此處原有「最可觀」。
〔註227〕國圖藏本眉批：蘇詩：「客來茶罷空無有，盧橘楊梅常帶酸。」
　　　　開林按：「常」，蘇軾《贈惠山僧惠表》作「尚」。
〔註228〕「支」，石印本作「枝」。
〔註229〕《三國志》卷五十四。
〔註230〕《三國志》卷二十二。
〔註231〕卷五《虞邵菴書誅蚊賦》。
〔註232〕「揶」，《漁洋精華錄集注》作「揶」。
〔註233〕「即」，《漁洋精華錄集注》作「既」。

物可貴。四方博雅之士多欲摹其文以為傳玩，因詳記〔註234〕得之始末，俾覽者有徵焉。」〔註235〕

　　西京無書家，但有急就凡將篇。《漢書‧藝文志》：「元帝時，黃門令史游作《急就篇》。」〔註236〕「凡將」，見卷六《風懷》。**其後闕里闕，乃得五鳳二年甎。**先生《跋漢五鳳二年磚字》：「右漢五鳳二年磚一甴，嵌曲阜孔子廟庭前殿東壁，書以篆文一行，志堉埋之歲月。後有金高德裔題跋。」〔註237〕按：《銷夏記》云：「金明昌中，詔修孔廟，於靈光殿基南太子釣魚池取石充用，得一石刻，曰五鳳二年。」〔註238〕又，《石墨鑴華》及《金石文字記》均未嘗言及磚，何也？**滕公石室閉已久，**《博物志》：「漢滕公夏侯嬰死，送葬至東都門外，駟馬不行，踏地悲鳴。即掘馬蹄下，得石槨。其銘曰：『佳城鬱鬱，三千年見白日，吁嗟滕公居此室。』乃葬斯地。謂之馬冢。」**文體偶詭乖自然。芝英鶴頭書，**蕭子良《古今篆隸文體》：「有蓬書、懸針書、垂露書、芝英書、十二時書、倒薤書、蚊腳書，凡數十種，皆因事生變者也。」〔註239〕「鶴頭」，見卷十三《過白雲觀》。**歲遠俱沉堙。孰能抉淵奧，冥索崔張先。**《法書要錄》：「鍾尚書紹京破產求書，計用數百萬錢，惟市得右軍行書五紙，不能致真書一字。崔、張之跡，固乃寂寥矣。惟天府之內僅有存焉。」〔註240〕**侯官林侗婒蒼雅，**見卷六《酬潘耒》。**袖中忽出甘泉瓦。長生未央字當中，**《甘泉宮瓦圖》：「瓦徑五寸強，厚一寸弱，圍一尺二寸弱。銘曰：長生甘泉。」**逸態橫生恣塗寫。定州漢廟不足珍，**高似孫《硯箋》：「漢祖廟瓦硯，定州漢祖廟上瓦。」**銅雀香薑盡流亞。**見卷七《龍尾硯調》。卷六《太原途中》。**吾聞甘泉本是祖龍之所遣，**《長安志》：「甘泉山，一名石鼓，在雲陽縣西北九十里，週六十里。《關中記》云：『甘泉宮在甘泉山上。』」**武帝因而恢拓之。**《雍錄》：「古以甘泉名宮者三，秦在渭南，漢在雲陽，隋在鄠縣。」〔註241〕《元和郡國志》：「甘泉宮，武帝以五月避暑於此，八月乃還。」**非無益壽延壽字，**《史記‧封禪書》：「長安則作蜚廉桂觀，甘泉則作益延壽觀。」〔註242〕《東觀

〔註234〕「詳記」，《漁洋精華錄集注》作「記詳」。
〔註235〕王士禛《甘泉宮長生瓦歌為林吉人作並寄同人》惠棟注（《漁洋精華錄集注》卷十二，第1967頁）。
〔註236〕卷三十。
〔註237〕《曝書亭集》卷四十七。
〔註238〕《庚子銷夏記》卷五。
〔註239〕《御定佩文韻府》卷六之一。
〔註240〕卷四《唐張懷瓘書估》。
〔註241〕卷二《甘泉宮》。
〔註242〕卷二十八。又見卷十二《孝武本紀》。

餘論》：「《漢・郊祀志》云：『武帝因公孫卿言仙人好樓居，於是令長安作飛廉桂館，甘泉作益壽延壽館，使卿持節設具而候神人。』顏師古曰：『益壽、延壽，二館也。』予按：《太史公記》『作益延壽觀』。而近歲雍耀間，耕夫有得古瓦，其首作益延壽三字，瓦徑尺，字書奇古，即此觀當時瓦也。」〔註243〕**今已蕩盡躪鎦釐。金銅仙人去渭水，**《漢書・郊祀志》：「又作柏梁、銅柱、承露仙人掌之屬矣。」〔註244〕《三輔故事》：「建章宮承露盤高二十丈，大七圍，以銅為之。上有仙人掌，承露和玉屑飲之。」〔註245〕李賀《金銅仙人辭漢歌》：「渭城已遠波聲小。」**橡**〔註246〕**椼自毀化作龍鱗而。**《三輔黃圖》：「漢武帝作通天台，去地百餘丈。元鳳間，自毀椽椼，皆化為龍鳳，從風雨飛去。」「龍鱗而」，見卷九《贈鄭簠》。**當知是瓦定有鬼神護，**韓愈《送李愿歸盤谷序》：「鬼神守護兮呵禁不祥。」**不然安得團圝如鏡勿使纖毫虧。伊誰擅此隸法古，毋乃史邈丞相斯。**庾肩吾《書品序》：「隸體發源秦時，隸人下邳程邈所作。始皇見而重之，以奏事繁多，篆字難制，遂作此法，故曰隸書。今時正書是也。」「丞相斯」，見卷十三《贈許容》。**下至元封人物能爾為，**《漢書・郊祀志》：「天子從禪還，坐明堂，下詔改元元封。」〔註247〕**侗也耽奇莫與並。手揄硬黃墨一挺，裝池作冊索客題，重之不異焦山鼎。**王士祿《焦山鼎詞序》：「焦山古鼎一，高可二尺許，腹有銘。郡乘、山志皆載山有周鼎一，而不詳所自也。」**吾生亦好金石文，南逾五嶺西三雲。手披叢篁斬榛棘，殘碑斷碣搜秋墳。**李賀詩：「秋墳鬼唱鮑家詩。」〔註248〕先生《五代史記注序》：「予從雲中轉客汾晉，歷燕齊，所經荒山廢縣，殘碑破冢必摩挲其文響拓之。」〔註249〕**攜歸蓬屋少香芸，**見卷六《風懷》。**壁魚散走饞鼠齧，**張祜〔註250〕詩：「我來穿穴非無意，願向君家作壁魚。」〔註251〕**蟲涎粉蛀徒紛紛。侗兮侗兮真好事，殿闕遺墟靡不至。短衣匹馬尋昭陵，**林侗《唐昭陵墨蹟考序》：「侗甲辰秋自三原遊賀蘭，過昭陵，雖荒莽觸目，而慷慨發於無端，悲愁動於有感，遍拜諸墳塋間。」潘耒《昭陵石磧考序》：

〔註243〕卷上《二館辨》。

〔註244〕卷二十五上。按：早見《史記》卷十二《孝武本紀》。

〔註245〕卷三。

〔註246〕「橡」，《曝書亭集》作「捈」。

〔註247〕卷二十五上。按：《史記》卷二十八《封禪書》：「天子從禪還，坐明堂。……有司言寶鼎出為元鼎，以今年為元封元年。」

〔註248〕《秋來》。

〔註249〕《曝書亭集》卷三十五。

〔註250〕「祜」，底本、石印本誤作「祐」。

〔註251〕《題朱兵曹山居》。

「同人嘗裹糧策馬，走謁昭陵，彷徨墟墓之間，行求古碑，僕者起之，翳者洗之，一字必錄，所得多昔人所未見者。」**陪葬諸人**〔註252〕**表銜位**，《昭陵墨蹟考‧陪葬姓名》：「諸王七人：蜀王愔、趙王福、紀王慎、越王貞嗣、紀王澄、曹王明、蔣王惲。公主二十二人：清河公主、晉國公主、豫章公主、新興公主、蘭陵公主、高密公主、長樂公主、遂安公主、南平公主、衡陽公主、新城公主、咸陽公主、廣陽公主、師道公主、襄城公主、長沙公主、安康公主、臨川公主、晉陽公主、潯陽公主、汝南公主、常山公主。嬪妃八人：鄭國夫人、紀國太妃常氏、賢妃鄭氏、趙國太妃楊氏、彭城夫人、趙國妃熊氏、才人徐氏、竇卿姊。宰相一十三人：中書令馬周、岑文本、崔敦禮、司徒英國公李勣、尚書左僕射魏國公李靖、左僕射虞國公溫彥博、宋國公蕭瑀、申國公高士廉、梁國公房玄齡、太子太師鄭國公魏徵、高陽公許敬宗、萊國公杜如晦、太尉趙國公長孫無忌。丞郎三品五十三人：戶部尚書莒國公唐儉、戶部尚書武陽縣公李大亮、秘書監永興公虞世南、學士姚思廉、天策府記室薛收、國子祭酒孔穎達、工部尚書閻立本、禮部尚書張俊胤、散騎常侍褚亮、衛尉卿齊國公房仁裕、太史令薛頤、紫金光祿大夫長孫璿、范陽郡公盧赤松、銀青光祿大夫李震、洪州刺史吳黑闥、原州都督李正明、江夏王道宗、宗正卿李之芳、琅琊王沖、零陵王俊、臨淮公李規、常山公李清、中山王琚、特進觀國公楊恭仁、襄武郡王琛、西平王安、吏部侍郎馬載、中書舍人杜正、禮部尚書孔志亮、工部侍郎孔惠元、衛尉卿魏叔玉、光祿卿姜遐、吏部尚書姜晦南、都督姜簡、幽州都督平原公長孫敞、夔國公劉洪真、晉州刺史裴藝、衛州刺史蕭守業、寧州刺史竇義節、雍州長史弼陝、王府司馬謙、清河郡主壻、贈鴻臚寺卿竇庭蘭、殿中監唐嘉會、光祿卿房光義、衛尉卿房光敏、閬州刺史房誕、汝州別駕房佐、吏部郎中馬覬、清道率房回、原州都督史幼暌、芮國公豆盧承業、贈吏部侍郎安康伯秘書監岑曼倩。功臣大將軍六十三人：開府儀同三司鄂國公尉遲敬德、右武衛大將軍翼國公秦叔寶、將軍段志玄、將軍盧國公程知節、右武衛大將軍懷寧縣公杜君綽、右武衛大將軍天水郡公邱行恭、大將軍周國公鄭仁泰、輔國大將軍劉弘〔註253〕基、公孫武達、光祿大夫芮國公豆盧寬、將軍薛萬均、右驍衛大將軍嘉川公周護仁、丹陽公李客師、大將軍應門公梁建方、左鎮衛大將軍虢國公張仕貴、大將軍張大師、大將軍張延師、金紫光祿大夫賀蘭整、冠軍將軍許洛仁、左金吾大將軍梁仁裕、左屯衛大將軍金城郡公姜確、大將軍公孫雅靖、將軍楊思訓、將軍元仲文、益州都督王愔、武衛大將軍申進達、漢東公李孟嘗、將軍薛仁貴、左武衛將軍李承祖、監門大將軍仇

〔註252〕「人」，石印本同，《曝書亭集》作「臣」。
〔註253〕「弘」，底本、石印本作「□」。

懷吉、大將軍薛出芝、大將軍蘇光熟、橫野將軍都督拔野鐵、右監門大將軍賀拔儼、大將軍薛國公阿史那忠、夏州都督李思摩、大將軍阿史那道真、阿史那什缽苾、大將軍契苾何力、右衛大將軍史大奈、大將軍可汗阿史那步真、大將軍阿史那德昌、左武衛大將軍懷德縣公牛伯億、左監門大將軍王波利、大將軍史奕、左金吾將軍房先忠、將軍豆盧承基、將軍斛斯正貴、大將軍尉遲寶林、金吾大將軍梁傲、右監門將軍龔善、將軍元思賢、中郎將段存爽、右侍郎尉遲巡昱、大將軍李蒜、將軍仇務、薦中郎薛承慶、將軍康平、將軍徐定盛、將軍魯何道、內侍將軍張阿難。」**旁及降王一十四。右先咄苾左什苾，殿以那順范頭利。**《昭陵墨蹟考‧陪葬姓名》：「諸蕃君長貞觀中擒伏歸和者，琢石肖形狀而刻其官名，凡十四人。突厥頡利可汗左衛大將軍阿史那咄苾，突厥利可汗左衛大將軍阿史那什缽苾，突厥乙浂泥孰俟利苾可汗，右武衛大將軍阿史那你爾，薛延陁真珠毗伽可汗，吐蕃贊普，新羅樂浪郡王金真德，吐谷渾河源郡王烏地拔勒豆可汗慕容諾曷缽，龜茲王訶黎布失布失〔註254〕畢，于闐信，焉耆王龍突騎支，高昌王右武衛將軍麴智勇，林邑王范頭利，婆羅門帝那伏帝國王阿那順。更二人，失其姓名。」**舊史缺漏新史刪，侗也為之考其次。**《昭陵墨蹟考》：「陪葬諸王公主妃嬪東西序次。東首列：普安公主、新城公主、常山公主。三列：長沙公主、衡陽公主、臨川公主。四列：賢妃鄭氏、才人徐氏。五列：城陽公主、襄陽公主。六列：高士廉。七列：長孫無忌、許敬宗、房玄齡、虞世南、楊行恭、姚士廉、馬周、李大亮、豫章公主。八列：蕭瑀、溫彥博、李靖、豆盧寬、褚亮、孔穎達、裴藝、唐儉、王守安。九列：閻立本、薛收、房仁裕、張後胤、崔安止、薛國忠、蘭陵公主、劉弘〔註255〕基、鄭國夫人。十列：許洛仁、先妃陸氏、李勣、尉遲敬德、周護仁、尉遲寶林、程知節、清河公主、史大奈。十一列：李震、薛□。十二列：房光義、張延師、仇遠古、申進達。西首列：趙國楊氏、長樂公主。次列：安康伯、安康公主。三列：段志玄、王君愕、王愔、邱行恭。四列：姜確、段倫、楊師道、張士貴、劉黑。五列：長孫璿、孫武、那史那缽苾、幹羅真德。六列：李弼、李聲師、長孫敞、梁傲、牛伯、張軍綽。七列：賀拔岩、賀蘭□、阿史那杜氏。」**試入儲藏蘭話堂，**按：蘭話，林氏堂名。**長物何論僉一筍。君家嚴君政不苟，**字立軒，名□□。《禮》：「無苛政。」〔註256〕**至今秦地猶謳歌。年過八十尚健飯，丹砂不餌朱顏酡，兼珍之養樂事多。長生瓦兆本為此，請君一日三摩挲。**

〔註254〕「失」，石印本作「夫」。
〔註255〕「弘」，底本、石印本作「宏」。
〔註256〕《禮記‧檀弓下》。
　　　　另，石印本此句詩無注。

長慶寺噉荔支二〔註257〕首長慶寺即西禪寺。

長慶古僧寺，獨公新道場。《指月錄》：「天台山修禪寺智者禪師居天台二十二年，建大道場一十有二所。」重來疑夢寐，按：先生於壬子六月曾至福州，題名寺中。六月轉清涼。按：《敬業堂集》是日為六月初六日。老喻苦瓜苦，曩客廣州，訪獨禪師於海幢寺。饌進苦瓜，予不食。師言居士少年，不耐苦也。〔註258〕《嶺南雜記》：「苦瓜又名癩葡萄，即錦荔枝也。閩粵皆以為常饌。」渴思香荔香。李商隱詩：「越鳥誇香荔。」〔註259〕七星空有井，不用汲寒漿。《樂府》：「後園作〔註260〕井銀作床，金瓶素綆汲寒漿。」

魚網船船漉，土人伐荔子木浸水，以漉魚網。〔註261〕樵柯歲歲殘。連根移上苑，見卷二《越王臺懷古》。重馬走麄官。《全唐詩話》：「長安舊俗，以不歷臺省出領廉軍節鎮者，率呼為麄官。」〔註262〕再至雙林少，寺中荔子舊有五百株，今只百餘。〔註263〕他時一飽難。山僧會客意，臨別更堆盤。

又聯句

熱客辭三伏，見卷九《刺梅園》。精廬訪一龕。園開小暑後，徑盡側生南。彝尊。見卷二《食龍目》。僧臘嗟頻改，見卷十二《一斗泉》。禪房亦舊諳。茶瓜宜屏卻，梯閣緩登探。吳震方。〔註264〕劇喜青猿捷，陸游詩：「委彎看山無鐵獺，拾樵煎茗有青猿。」注：「鐵獺，梅聖俞馬。青猿，王元之童。」〔註265〕先除石貝貪。荔蠹也。宮友鹿《閩中紀事詩》注：「荔樹生蟲如荔核，一生十二粒，遇閏又多一粒，名石背。荔香時即溺，溺而全枝脫蒂矣。」層層堆玉案，各各滿筠籃。查慎行。露比三霄冷，李商隱詩：「仙人掌冷三霄露。」〔註266〕漿同十酒甘。庾信詩：「落花催十酒。」〔註267〕倒囊元止渴，《荔枝譜》：「葛洪雲躑渴補

〔註257〕四庫本《曝書亭集》未錄第一首，故題中「二首」作「一首」。
〔註258〕此係自注。
〔註259〕《深樹見一顆櫻桃尚在》。
〔註260〕「作」，《淮南王》作「鑿」。
〔註261〕此係自注。
〔註262〕《欽定古今圖書集成·明倫彙編·官常典卷五百八十九》。
〔註263〕此係自注。按：早見《唐詩紀事》卷五十一《王彥威》。
〔註264〕《曝書亭集》作「石門吳震方幼超」。
〔註265〕《秋思》。
〔註266〕《和友人戲贈二首》其一。
〔註267〕「落花」，《詠畫屏風詩二十五首》其六作「定須」。

髓。」勿藥〔註268〕定祛痰。彝尊。朱子詩：「檳榔收得為祛痰。」〔註269〕譜就全勝畫，《遂初堂集》：「勝畫荔名出長樂。」評時忿倚擔。瀘川知不敵，杜甫詩：「憶過瀘戎摘荔支。」〔註270〕珠海較無慚。震方。見卷九《佛手柑》。《嶺南雜記》：「荔枝多不及閩而較早一月，唯新興者過之。新興荔乾美於閩之狀元紅，官其地者亦不可多得。增城荔亦美，掛綠為最，黑葉次之。彼人取荔漿為酒，蓋以荔汁和燒酒為之，香味俱甚美，然難致遠。」〔註271〕鎔蠟思封蒂，《隋書》：「文帝好食柑，蜀中摘黃柑，即以蠟封其蒂獻之。」〔註272〕《敬業堂集》：「未入蜜時，先融蠟封蒂。」〔註273〕磨鉛欲代甀。載歸鄉曲好，終賽一筒柑。慎行。陸龜蒙詩：「玉封千挺藕，霜閉一筒柑。」

汪學使薇鮦楓亭荔字思白，號棣園，江南歙縣人。《圖經》：「荔枝有名狀元紅，惟楓亭為多。」〔註274〕《閩小記》：「興化楓亭，宋徐鐸狀元故居。手植荔枝，名延壽紅，至今尚存。」

香荔誇奇絕，楓亭古驛中。色雖殊掛綠，品已壓輕紅。見卷十九《嗽荔圖》。一種生偏側，千房味不同。重煩故人意，分減及衰翁。

林封君招飲榕庵《敬業堂集》：「次公碧山以五經擢第。門前榕樹二株，丙子七月為大風所拔。」〔註275〕《觚賸》：「康熙丁卯順天鄉試，海寧查嗣韓、侯官林文英皆全作五經題文，以違例不准謄錄。榜發後，御史陸祖修疏二人名以聞，上許其一體會試。戊辰，俱成進士，登詞苑。蓋特典也。」

細泉危石響崢潺，陸龜蒙《引泉詩》：「泉分數十汊，落處皆崢潺。」避暑筵開接款顏。孟浩然詩：「久別思款顏，承歡懷接袂。」〔註276〕祖竹杖多供客借，吳融詩：「祖竹定欺簹雪折。」〔註277〕佛桑花放許吾攀。入門愛坐千年樹，對

〔註268〕按：《周易・无妄》九五：「无妄之疾，勿藥有喜。」孔穎達《疏》：「疾當自損，勿須藥療而有喜也。」
〔註269〕不詳。
〔註270〕《解悶十二首》其十。
〔註271〕《廣東通志》卷五十二。
〔註272〕《曝書亭集》卷二十九《霜葉飛・詠柑同魏禹平作》「個個鎔蠟封蒂」自注。按：《隋書》未見此語。
〔註273〕《敬業堂詩集》卷二十五《以蜜漬生荔支戲成一律》「蠟黃封蒂上方盉」句自注。
〔註274〕《格致鏡原》卷七十五。
〔註275〕《敬業堂詩集》卷二十五《林竹筠封翁招飲榕庵》「雙榕前歲拔風雷」句自注。
〔註276〕《湖中旅泊寄閻九司戶防》。
〔註277〕《送弟東歸》。

酒平臨一朵山。陸龜蒙詩：「欠買桐江一朵山。」〔註278〕**珍重主人投轄意**，見卷一《八月十五》。**留看七塔夜燈還。**《方輿勝覽》：「謝泌《福州即景詩》：『城裏三山千簇寺，夜間七塔萬枝燈。』」〔註279〕

和韻　林皦竹筠

浴鴨泉水坐潺潺，喜接先生有道顏。仄徑崎嶇容駟馬，小園丘壑肯躋攀。吟成白雪真空谷，坐對冰壺見遠山。此日山靈知藉重，鄰鐘未動漫言還。

龔運使招飲園亭龔字榕溪。

烏衣子弟列通官，逸興東山老謝安。見卷二《同謝晉》。**六月開筵花事好，百分勸客酒杯寬。閒輸沼上鯈魚樂，醉任楷前海鶴看。**《三輔黃圖》：「茂陵富民袁廉〔註280〕漢于北山下築園，積沙為洲嶼，激水為波濤，致江鷗海，鶴孕雛產鷇，延漫林池。」**已是晚涼收羽扇，更排高棟俯層欄。**

飲張舍人岩齋字民瞻。

門才風貌阮何間，見卷二《對月》。**官簿重題右史班。**見卷十六《得張舍人》。**三伏尚能留客坐，一瓻相勸借書還。**按：先生寓居去張最近，頻得借書。**濃陰古壁垂虺蔓，**見卷十三《紫藤花下》。**驟雨新苔滑小山。我醉已攙逃席去，更煩香甕出屏彎。**宋徽宗詩：「蘭缸耿耿照屏彎。」〔註281〕

按：是日同集者為龔榕溪、查他山。晚間微雨，先生先歸，兩人復留縱飲，故有「逃席」之語。

江瑤柱《閩小記》：「江瑤柱出興化之涵江，形如三四寸，扁牛角。雙甲薄而脆，〔註282〕界畫如瓦楞。肉不堪食，美只雙柱。所謂柱，亦如蛤中之有丁。蛤小則字以丁，此巨因美以柱也。」〔註283〕

〔註278〕《閒居雜題五首飲岩泉》。

〔註279〕《方輿勝覽》卷十：「夜間七塔萬枝燈。〔謝泌詩：城裏三山千簇寺云云。〕」

〔註280〕「廉」，《三輔黃圖》卷四《苑囿》作「廣」。

〔註281〕《宮詞》其八十。

〔註282〕石印本此處有「其」字。

〔註283〕按：柴小梵《梵天廬叢錄》卷三十七《江瑤柱》（山西古籍出版社1999年版，第1416頁）：「江瑤柱，即江珧，或呼之曰干貝。蚌屬，美稱之竟曰玉珧。殼長而薄，面有鱗片。殼內黑色，有閃光，以足根之細絲附著近海之泥沙中。肉不中食，而前後兩柱，以美味著稱。吾浙東一帶，原本產此，近為日本貨占奪，浙產竟爾銷沉。俗人不知，皆謂江瑤柱是一種蛇肉，何不察之甚。」

　　異味傳方域，嘉名注食經。見卷九《河豚歌》。連江誰布網，獨漉忽登
鉶。《樂府》：「獨漉獨漉，水深泥濁。」〔註284〕劉禹錫《令狐楚先廟碑記》：「低簪委
紳，薦俎登鉶。」〔註285〕遞自三山速，《福州志》：「城中三山：東南曰干山；西南
曰烏石山，一曰道山；北曰越王山，一曰閩山。」風來五月腥。羚羊羸見角，《爾
雅》：「麢，大羊。」《注》：「麢羊似羊而大，角圓銳，好在山崖間。」《本草》：「羚羊有
神，夜宿防患，以角掛樹不著地。但角彎中深銳緊小，有掛痕者為真。」蟣蝨斂同形。
見卷六《風懷》。銳比盆花鋪。皮日休詩：「門留醫樹客，壁倚栽花鋪。」〔註286〕圓
同鈿帶鞓。粵呼為角帶子。〔註287〕探腸先去甲，刮膜止存丁。見《河豚歌》。
凈洗膏猶沃，新烹火莫停。冰簹初掛鐸，雪菌乍抽釘。陸游詩：「冰蔬雪菌
競登盤。」〔註288〕袁桷詩：「壞牆雨透蝸生角，舊灶泥深菌露釘。」〔註289〕白嚼河
豚乳，紅餐荔子廳。《方輿勝覽》：「郡有荔支廳，蔡端明曾為之譜。」誰言分鼎足，
蘇軾《初食荔枝》詩：「似開江鰩斫玉柱，更洗河豚烹腹腴。」〔註290〕自注：「余嘗謂
荔枝厚味高格兩絕，果中無比，惟江鰩柱、河豚魚近之耳。」試倚灶觚聽。見《風懷》。

閩中海物雜詠七首

西施舌一名沙蛤，俗呼西施舌。〔註291〕《詩話雋永》：「福州嶺口有蛤屬，號西施
舌，極甘脆。其出時，天氣正熱，不可遠致。」〔註292〕《敬業堂集》：「沙蛤產吳航
者佳。」〔註293〕

　　吳人輸一錢，思覿西子頰。《孟子疏》：「西施至吳市，觀者各輸錢一文。」
何如得網中，見卷一《閒情》。宵分嚼其舌。

香螺《西河詩話》：「余入閩，食海物甚夥。等其品，則西施舌第一，香螺次之。」

　　鰻魚雖言美，見卷九。祇供漢賊餐。莽、操俱嗜此。〔註294〕蘇軾《鰻魚

〔註284〕《拂舞歌詩三首》其二《獨漉篇》。
〔註285〕原題作《彭陽侯令狐氏先廟碑》。
〔註286〕《二遊詩》其二《任詩》。
〔註287〕此係自注。
〔註288〕《十一月上七日蔬飯騾嶺小店》。
〔註289〕《視草堂歲久傾圮述懷》。
〔註290〕原題作《四月十一日初食荔支》。
〔註291〕此係自注。
〔註292〕《詩話總龜》卷九十七、《漁隱叢話》後集卷二十四。
〔註293〕《敬業堂詩集》卷二十五《西施舌》自注。
〔註294〕此係自注。

行》:「漸臺人散長弓射，初啖鰒魚人未識。西陵衰老繐帳空，肯向北河親饋食。兩雄一律盜漢家，嗜好亦若肩相差。」**詎若香螺潔，日上先生盤**。薛令之詩:「朝日上團團，照見先生盤。盤中何所有，苜蓿長闌干。」〔註295〕

蟳《閩小記》:「一名蝤蛑。」《閩小記》:「閩中虎蟳，蟹之別派，質粗味劣，無足取。獨其殼極類人家戶上所繪虎頭，色亦殷紅斑駁。北人異之，有鑲為酒器者。通州、如皋亦有此種，俗呼為關公蟹。」〔註296〕按:《閩小記》無蝤蛑之文，乃出王懋宣《閩大記》也。〔註297〕

綠蒲包海蟳，味勝蟹胥滑。見卷八《棹歌》。**一笑過江人**，見卷十六《斑魚》。**嘔心為蜞蚏**。吳澄《次楊司業韻》:「只憐郭璞注蟲魚，或誤蔡謨啖蜞蚏。」

鱟魚腹下有十二足，雌雄常相負，取之輒作雙。〔註298〕

尾插茨菰葉，朱放詩:「茨菰葉爛別西灣。」〔註299〕**臍攢螃蟹箝**。劉淵林《〈吳都賦〉注》:「鱟形如惠文冠，青黑色，十二足，如蟹足，悉在腹下。」《埤雅》:「蟹外骨內肉，旁行，故今俚語謂之旁蟹。」**南庖**〔註300〕**驚束手，非止北人嫌**。

花蛤《本草》:「文蛤名花蛤，生東海。」

略識味似螯，寧知化非雀。《禮》:「爵入大水為蛤。」〔註301〕《述異記》:「淮水中黃雀至秋化為蛤，春復為黃雀。」**誰加水族恩，特與繡衣著**。毛勝《水族加恩簿》:「宜授紫暉將軍，甘松左右丞，監〔註302〕甘圓內史。」「繡衣」，見卷十二《驄馬行》。

黃螺

肉縮等蝸角，涎腥過蠣房。《閩小記》:「西施舌既西之舌之矣，蠣房其太真

〔註295〕《自悼》。
〔註296〕（清）周亮工《閩小紀》卷二《虎蟳》。（福建人民出版社1985年版，第36頁）
〔註297〕按:《敬業堂詩集》卷二十五《蟳》題下注:「《閩大記》:『一名蝤蛑。』」
〔註298〕此係自注。
〔註299〕按：非朱放詩，出（唐）張潮《江南行》，「彎」作「灣」。
〔註300〕按：黃庭堅《蕭巽葛敏修二學子和予食筍詩次韻答之二首》其一:「北饌厭羊酪，南庖豐筍菜。」
〔註301〕《禮記·月令》。
〔註302〕「監」，《全唐文》卷八百九十九《水族加恩簿》下有「試」字。

之乳乎？圓真雞頭，嫩滑欲過塞上酥。」〔註303〕憐渠一破殼，也有九迴腸。司馬遷《報任少卿書》：「是以腸一日而九回。」

珠蚶

海物多充庖，珠蚶亦配酒。取禍自有胎，《漢書・枚乘傳》：「福生有基，禍生有胎。絕其胎，禍何自來？」〔註304〕不在深閉口。

題讓竹亭修禊圖卷

今年禊飲負花時，讓竹亭前到恨遲。比似永和應更勝，坐無一客不成詩。見卷十三。

飲陳孝廉學洙烏石山房陳字集斯。《名勝志》：「烏石山在郡城西南隅，唐天寶八載勅名閩山，宋程師孟改名道山。曾子固記略云：『程公謂其可比於道家所謂蓬萊、方丈、瀛洲之山也。』」

旅館苦毒熱，若鳥困樊篊。《廣韻》：「篊，籠屬。」忽聆折簡招，柂車道山阿。此身離炎〔註305〕焦，冰雪投岷峩。《玉海》：「劍南，古梁州，其分鶉首，其山岷峩。」主人頗善病，賓至移藥籮。王禹偁詩：「道院風清響藥籮。」〔註306〕預儲楚筍鞾，見卷十三《梭鞾》。易客深雍鞾。見卷一《阿那瓛》。岩壑不在僻，位置因坡陀。層欄萬井上，三面雲遮羅。俄看魚鱗收，一峰青一螺。雍陶《題君山》詩：「疑是水仙梳洗處，一螺青黛鏡中心。」日永風舒舒，卷慢吹漸多。亭幽倚翠壁，曲磴交荊莎。謝朓詩：「荊莎聊可藉。」〔註307〕涓涓細泉流，擛石注陽坡。黃庭堅《惠山泉》詩：「錫谷寒泉擛石俱。」〔註308〕注：擛「音妥。蓋取井旁數小石置瓶水，澄水令不濁。」誰滋徑寸泥，乃吐雙莖荷。木桃綴華實，查慎行《烏石山房》詩：「木桃正垂實。」注：「木桃似木瓜而有紋，上結一臍，如小桃。」〔註309〕扶荔撈鮮波。瀏覽隨所欣，樂飲日已趦。見卷十《五月丙子》。既無形骸拘，且免監史苛。杯闌見題句，小陸此窩歌。

〔註303〕（清）周亮工《閩小紀》卷二《西施舌》。（福建人民出版社1985年版，第37頁）

〔註304〕卷五十一。

〔註305〕「炎」，《曝書亭集》作「沃」。

〔註306〕《寄獻翰林宋舍人》。

〔註307〕《同羇夜集詩》。

〔註308〕原題作《謝黃從善司業寄惠山泉》。

〔註309〕《敬業堂詩集》卷二十五《飲陳集斯烏石山莊》。

髮髯書策存，陳子出雅坪之門。〔註310〕雅坪，陸荼別號。曾典福建鄉試。《禮》：「先生書策，琴瑟在前。」〔註311〕豈忍輕堊磨。吾鄩物外心，從茲數姿拖。肯於三伏時，禮法繩愆訑。作詩繼小陸，觀者任諧訶。

題汪方伯名楫。小像三首

澂湖小別五年餘，消息頻傳過嶺書。一笑相逢還看畫，故人瀟灑只如初。

薇堂繈子出花前，《〈漢書·宣帝紀〉注》：「緥，即今之小兒繈也。」〔註312〕野老來逢湯餅筵。蘇軾詩：「甚欲作〔註313〕為湯餅客。」料得牽衣添阿𡊨，肯容〔註314〕郎罷賦林泉。見卷十六《乍浦》。

乳毛五鬣拂龍鱗，瘦石多成雨點皴。此景並為君占取，更留何地屬閒人。

壽山石歌毛奇齡《後觀石錄》：「壽山在福建福州城北六十里芙蓉峰下。舊志云：『山產石如璠。』又云：『五花石坑去壽山十里。』宋時故有坑，以採取病民，縣官輦巨石塞之。明崇禎〔註315〕末，有布政謝在杭嘗稱壽山石甚美，堪飾什器，其品以艾葉綠為第一，丹砂次之，羊脂瓜瓤紅又次之。然未之見也。久之，有壽山寺僧於春雨後，從溪澗中拾文石數角，往往摩作印，溫潤無象。顧名不大著。至康熙戊申，閩縣陳公子越山，名日浴，字子盤，故黃門子，忽齎糧采石山中，得妙石最夥。載至京師，售千金。每石兩輒估其等差而較倍其值，甚有直至十倍者。」卞二濟《壽山石記》：「間有類玉者、珀者、玻瓈、玳瑁、硃砂、瑪瑙、犀若象焉者，其為色不同。五色之中，深淺殊姿。別有緗者，緣者，綺者，縹者，蔥者、艾者、黝者、黛者。如蜜，如醬，如鞠塵者，如鷹褐，如蝶粉，如魚鱗，如鷓鴣斑焉者。舊傳艾葉綠為上，今種種皆珍矣。」

無諸城北山青巇，見卷四《東甌王廟》。近郊一舍無楓杉。中間韞石美如玉，陸機《文賦》：「石韞玉而山輝。」南渡以後長封緘。《方輿勝覽》：「於福州土產，首載壽山石。」〔註316〕是誰巧揖蛙蚓窟，陸龜蒙詩：「況余居低下，

〔註310〕此係自注。
〔註311〕《禮記·曲禮上》。
〔註312〕卷八。
〔註313〕「作」，《賀陳述古弟章生子》作「去」。
〔註314〕「容」，四庫本《曝書亭集》誤作「客」。
〔註315〕「禎」，底本、石印本作「正」。
〔註316〕此係自注。

自〔註317〕是蛙蚓窟。」中田忽發蛟龍函。《敬業堂集》:「壽山石產田中者最佳。」
〔註318〕剖之斑璘具五色,《香祖筆記》:「印章舊尚青田石,以燈光為貴。三十年
來,閩壽山石出質溫栗,宜鑴刻,而五色相映,光采四射。紅如絑韎,黃如蒸栗,白
如珂雪,時競尚之價,與燈光石相埒。近斧鑿日久,山脈枯竭,或以芙蓉山石充之,
無復寶色,其直亦不及壽山五之一矣。」〔註319〕他山之石皆卑凡。《詩》:「他山
之石。」〔註320〕郝經詩:「回視鄭衛多卑凡。」〔註321〕我昔南遊甌塘市,對此
不覺潛妙歗。是時楊老善雕琢,楊字玉璿。〔註322〕《後觀石錄》:「楊玉旋名
璿,閩迫師好手。」紐壓羊馬麋霞麤。劉峻《辨命論》:「壓紐顯其膺籙。」兼金
易置白藤笈,〔註323〕胡天遊詩:「小奚藤作笈,長鋏鬋為緱。」〔註324〕不使花
乳求休擾。見卷十三《贈許容》。今來賈索尚三倍,《詩》:「如賈三倍。」〔註325〕
未免瑕漬同梅鱥。見卷六《香奩體》。其初產自稷下里,後乃深入芙蓉岩。
菁華已竭採未歇,惜也大洞成空嵌。《敬業堂集》:「大洞所產,亞於田石。」
「今所用者,皆出芙蓉巖。」〔註326〕非無桃紅艾葉綠,安得好手來鑴劙。韓
愈詩:「造化何以當鑴劙。」〔註327〕桂孫見之不忍釋,按:桂孫字楫師,原名桐
孫。先生有《名孫說》,王漁洋詩所謂「醉憑桐孫稻孫」是也。裹以黃葛白蕉衫。
白居易詩:「晚入東城誰識我,短靴低帽白蕉衫。」〔註328〕伏波車中載薏苡,《後
漢·馬援傳》:「初,援在交阯,嘗餌薏苡。軍還,載之一車。及卒後,有上書譖之者,
以為皆明珠。妻孥惶懼,不敢以喪還。」〔註329〕徒令昧者生譏讒。況今關吏猛
於虎,《禮》:「苛政猛於虎也。」〔註330〕江漲橋近須抽帆。已忍輸錢為頑石,

〔註317〕「自」,《奉酬襲美先輩吳中苦雨一百韻》作「本」。
〔註318〕《敬業堂詩集》卷二十五《壽山石歌》「掘田田盡廢」句自注。
〔註319〕卷十二。
〔註320〕《小雅·鶴鳴》。
〔註321〕不詳。
〔註322〕此係自注。
〔註323〕國圖藏本眉批:李賀《送沈亞之歌》:「白藤交穿織書笈。」
〔註324〕《送佀胡文章修江館》。
〔註325〕《大雅·瞻卬》。
〔註326〕分見卷二十五《壽山石歌》「今之存者大洞蓋已少,別穿巖穴開芙蓉」兩句自
　　　　注。
〔註327〕《酬司門盧四兄雲夫院長望秋作》。
〔註328〕《東城晚歸》。
〔註329〕卷五十四。
〔註330〕《禮記·檀弓下》。

慎勿輕露條冰銜。近凡朝士過關者，苛索必數倍。〔註331〕「條冰」，見卷九《賜藕》。

高斯億為余畫竹以三絕句報之按：斯億名士年，侯官人。此冊計十幅，今藏余兄漢籌水北樓。先生題詩四絕。其三云：「無心插叢棘，隨意間芝蘭。那得螺江水，都教上墨池。」

故人有才子，斯億為老友雲客之子。〔註332〕為我埽叢筠。長帽眉山老，虞集詩：「老卻眉山長帽翁。」〔註333〕看來足亂真。

細似楊无咎，《圖繪寶鑒》：「楊補之，字无咎，號逃禪老人。高宗朝，以不直秦檜，累徵不起。又自號清夷長者。水墨人物學李伯時，梅竹松石水仙筆法清淡閒野，為世一絕。」〔註334〕疎於顧定之。《圖繪寶鑒》：「顧安，字定之。不知何許人。嘗任泉州路判官。善畫墨竹。」〔註335〕清風愛相對，赤日最高時。黃庭堅《新竹》：「清風掠地秋先到，赤日行天午不知。」〔註336〕

舊種南垞竹，圖中勝百分。歸裝無長物，得此即封君。〔註337〕《史記》：「江陵千樹橘，可當封君，此之謂矣。」〔註338〕

以蜜漬生荔支戲成一律

省得紅塵一騎忙，杜牧詩：「一騎紅塵妃子笑，無人知是荔枝來。」〔註339〕輕郵試驗指迷方。亟教爐火煎鉛液，翟楚賢《觀鑄鐘賦》：「煎金膏，鍊鉛液。」更犯巢蜂割蜜房。杜甫詩：「風落收松子，天寒割蜜房。」〔註340〕沃水預愁擔

〔註331〕此係自注。
〔註332〕此係自注。
〔註333〕《題蔡端明蘇東坡墨蹟後四首》其二。
〔註334〕卷四。
〔註335〕卷五。
〔註336〕按：非黃庭堅詩，出陸游《東湖新竹》。
〔註337〕國圖藏本眉批：《漢書·貨殖傳》：「渭川千畝竹，此其人與萬石侯等。」庾信賦：「竹則家封萬石。」
　　　　開林按：所引《漢書》語早見《史記》第六十九《貨殖列傳》。「萬石」，《史記》《漢書》均作「千戶」。
〔註338〕《水經注》卷三十七，稱「太史公曰」。按：「江陵千樹橘」見《史記》卷一百二十九《貨殖列傳》。
〔註339〕《過華清宮絕句三首》其一。
〔註340〕《秋野五首》其三。

僕困，開筵試共酒人嘗。到家翻惹兒童笑，那不圓籠寄海航。徐伯賜詩：
「圓籠嫋嫋掛青絲。」〔註341〕

曝書亭集詩注卷十七　　　　　　　　　　　　　　　　　男　蟠　挍

〔註341〕按：非徐伯賜詩，出（南朝陳）徐伯陽《日出東南隅行》。

曝書亭集詩注卷十八

嘉興　楊　謙　纂

海寧　俞光纂　參

屠維單閼己卯

羅浮蝴蝶歌朱稻孫《中村詩草序》：「歲在著雍攝提格冬，吳江徐先生虹亭歸自南粵，扁舟訪先大父於小長蘆，持贈羅浮蝴蝶繭一，懸之帳中。明年夏四月，破甬出蝶，神光陸離，五彩錯雜。籠以白藤笈，飼以黃葵花，經旬放之，栩栩庭院間。先大父暨先君子賦長歌紀異，因屬中村先生繪圖並詩以傳，一時稱為佳話。」

　　爾雅釋蟲名，蝴蝶置不錄。之蟲豈無知，《莊子》：「之二蟲又何知。」〔註1〕**小大各有族。小者撻末產江東**，《古今注》：「蛺蝶，江東謂之撻末，色白背青者是也。」**大者乃在朱明曜真之天岩洞中。**見卷十二《題過嶺集》。**當其物化初，天與形不同。**《莊子》：「道與之貌，天與之形。」〔註2〕**蠻雲華首紫**，見卷十五《梁吉士》。**海日榑桑紅。**見卷一《董逃行》。**遊禽五色詎敢啄，滿身香霧花濛濛。**見《題過嶺集》。**仙之人兮拍手笑**，《雲溪友議》：「打鐵作門關〔註3〕，鬼見拍手笑。」**愛爾翩翩特娟妙。**杜甫《適江陵詩》：「神女峰娟妙。」〔註4〕**或云葛翁衣，或云麻姑裙**，見卷四《贈沈華》。**二者傳說徒紛紛。入秋倦飛絲乍罥，葉底風搖滿山繭。垂虹亭長手拄即栗條**，《東坡詩集》：「柳真齡寶一鐵拄杖，如即栗木。」〔註5〕**去年逾嶺尋鐵橋。**見卷二《贈張山人》。**歸**

────────────────

〔註1〕《逍遙遊》。
〔註2〕《德充符》。
〔註3〕「關」，《雲谿友議》卷三作「閒」。
〔註4〕《大曆三年春白帝城放船出瞿塘峽久居夔府將適江陵漂泊有詩凡四十韻》。
〔註5〕《鐵柱杖》詩序。

來雪灘才卸馱，范成大《三高亭記》：「邑大夫趙伯虛以故祠為陋，將改作。於是歸來之士鄉老王份獻其地雪灘，左具區，右笠澤，號稱勝絕，乃築堂於其上，告遷於像而奠焉。」**分我蝶繭剛一個。留之十旬鳳子生，曲腰短足相搪撐。**韓愈《月蝕詩》：「翎鬣倒側相搪撐。」〔註6〕**豎雙眉，張兩翅，**蘇軾《鬼蝶》：「雙眉捲鐵絲，兩翅暈金碧。」〔註7〕**輕於吳綃薄於紙。對神光之陸離，**見卷六《香奩體》。《楚辭》：「帶長鋏之陸離兮。」〔註8〕**駮賦質之倜詭。我思此蝶放之四百三十二峰前，**見《題過嶺集》。**餐英嚼蕊忩歡妍，何難大似車輪然。我今縱之出簾枰，**徐陵《玉臺新詠序》：「珠簾以玕瑠為枰。」李商隱詩：「影隨簾枰轉。」〔註9〕**可惜不諳飼花法。雲母扇，**《西京雜記》：「昭陽殿有雲母扇、雲母屏風。」**丹霞衣，嗟爾萬里安得歸。文章枉使負奇色，不及灰黃粉墨野蛾高下東西飛。**《古今注》：「蛺蝶一名野蛾。」

先生《書羅浮蝴蝶歌卷後》：「《爾雅》不釋蝶名，六朝文士不作蝶賦，蝶亦不幸矣。其後滕王湛然畫蝶，下及菜花子、村裏來，皆為調鉛殺粉。臨川謝無逸詠蝶多至三百首，蝶又未嘗無知己也。崇禎〔註10〕間，長山王君岵生知如皋縣事，酷愛蝶，縣民有犯者，籠蝶輸君輒免。暇登廨舍高處放之，以為笑樂。惜其未見羅浮鳳子。使知增城、博羅二縣，致羅浮蝶繭千百縱之萬花谷中，不更愉快乎？里中戴君索予父子書《羅浮蝶歌》，漫綴於後。」〔註11〕

又近體四首

攜來柏葉綴莎蟲，蝶繭多懸烏柏葉底。〔註12〕**物候初溫五月風。**蝶以五月朔破繭出。〔註13〕**幺鳳忽然看倒掛，**見卷六《香奩體》。**仙蠶深恨不同功。**□□〔註14〕：「二蠶同作一繭，謂之同功繭。」**粉香弄玉勻塗後，**《古今注》：「三代以鉛為粉。蕭史與秦穆公鍊飛雪丹第一轉，與弄玉塗之，今之水銀膩粉是也。」〔註15〕

〔註6〕原題作《月蝕詩效玉川子作》。

〔註7〕《雍秀才畫草蟲八物》其八《鬼蝶》。

〔註8〕《九章·涉江》。

〔註9〕《燈》。

〔註10〕「禎」，底本、石印本作「正」。

〔註11〕《曝書亭集》卷五十三。

〔註12〕此係自注。

〔註13〕此係自注。

〔註14〕按：底本作兩空格，石印本作「漢書」。然《漢書》無此語。《爾雅翼·釋蟲一》：「其獨成繭者，謂之獨繭；自二以上，謂之同功繭。」

〔註15〕《御定淵鑑類函》卷三百八十一。

裙色麻姑想像中。離合神光終莫定，畫圖誰信小滕工。《蛺蝶圖》，滕王元嬰子湛然所畫。〔註16〕《宣和畫譜》有滕王元嬰《蛺蝶圖》。《名畫記》：「嗣滕王湛然善畫花鳥蜂蝶。」

藤笈初開且試飛，槳牙牆角見應稀。輕狂忍把霜執撲，高啟詩：「扇撲園中蝶。」〔註17〕愛惜須加繡幕圍。萬里風花香入夢，六朝金粉畫成衣。米芾詩：「不知六朝居士衣。」〔註18〕高啟《蝶》詩：「金粉香痕滿羅扇。」〔註19〕吳娘正要湘裙樣，分付流黃第一機。《宋樂府》有《九張機》，自一至九。見卷一《游仙》、卷十五《積雨》。

籬邊野外舞春駒，《采蘭雜志》：「蛺蝶一名春駒。」認得羅浮種獨殊。眾裏自應呼鳳子，〔註20〕生來只解抱花鬚。鉛華水淨分初日，李白詩：「秋〔註21〕水出芙蓉，天然去雕飾。」「初日」，見卷七《泰安道中》。金縷衣輕颺五銖。《天祿識餘》：「仙女天衣有金縷、單絲、錦縠、銀泥、五暈羅裙。」〔註22〕杜秋詩：「勸君莫惜金縷衣，勸君惜取少年時。」〔註23〕見卷二十四《天女圖》。比似吳人看西子，未貪市上一錢輸。〔註24〕卷十七《西施舌》。

猶記歸裝嶺外齎，炎天二月展金泥。衰年再見真難得，異物初生也不齊。偶落人間休悵望，但留花底莫東西。寄聲為報垂虹長，好配新蛾與並棲。虹亭笥中尚存三繭。〔註25〕

題瞻園舊雨圖二首按：創瞻園者，六岳老人也。

壯年蹤跡任西東，老去諸餘念漸空。韓愈詩：「此外諸餘誰更數。」〔註26〕

〔註16〕此係自注。
〔註17〕《無題》。
〔註18〕《劉涇收得子鷺字帖云是右軍餘恐是陳子鷺薛紹彭亦云六朝書又得像余時在漣漪答以詩云》。
〔註19〕原題作《美人撲蝶圖》。
〔註20〕國圖藏本眉批：《古今注》：「蛺蝶一名野蛾，大者為鳳子，亦名鳳車。」
〔註21〕「秋」，《經亂離後天恩流夜郎憶舊遊書懷贈江夏韋太守良宰》作「清」。
〔註22〕按：此語早見楊慎《丹鉛餘錄》卷三、《升菴集》卷七十三《仙衣》，注「見《許老翁傳》」。
〔註23〕《金縷衣》。
〔註24〕《曝書亭集》有自注：「《孟子疏》：『西施至吳市，觀者各輸錢一丈。』」另，國圖藏本眉批：「一錢輸」下原注不可刪。
〔註25〕此係自注。
〔註26〕《贈劉師服》。

醉地至今猶戀惜，大功坊底小園中。《南畿志》：「大功坊東抵秦淮，西通古御街，中山王第宅在焉。」

花南孔雀翠屏張，共倚新聲八寶裝。誰向井邊歌舊曲，《詞綜》：「葉少蘊云：『嘗見一西夏歸朝官，云：凡有井水飲處，即能歌柳詞。』淳熙半隸幾斜陽。園有井闌，刻淳熙年字。〔註27〕

按：龔蘅圃《和瞻園憶舊》詩云：「孔翠雕闌影不孤，開屏還怯曉寒無。蠻箋十樣分描取，未減邊鸞一幅圖。」注：「余與竹垞、柘西有詠孔雀詞。先生調寄《八寶裝·舞孔雀》詞一闋，即與蘅圃諸君同作也。」

長水曉行

月暗千重樹，風微一葉舟。殘星高太白，《爾雅》：「明星謂之啟明。」《注》：「太白星也，晨見東方為啟明，昏見西方為太白。」重露滴牽牛。菽乳新漿熟，魚標小市收。不知葭葵岸，吠蛤爾何求。

荷花

梁間巢燕幾曾來，灶下貍奴去不回。猶有荷花憐舊雨，年年一為主人開。

七月八日張孝廉大受招高上舍不騫載酒過百花洲索予父子吟橐率賦張字日容，嘉定人。康熙己丑進士。著《清溪集》。高字槎客，華亭人。官翰林院待詔。著《商榷集》。

七夕已過猶蘊蒸，廚船遠發太湖棱。花蕊夫人《宮詞》：「廚船進食簇時新。」王禹偁詩：「郡僚方賀歲，猶宿太湖棱。」〔註28〕攜來瓜果嚼復嚼，《〈後漢·竇武傳〉注》：「《續漢志》曰：『桓帝末，京師童謠曰：茅田一頃中有井，四方纖纖不可整。嚼復嚼，今年尚可後年磽。』」〔註29〕盡此壺餐能不能。舊日詩篇忘甲子，老年書法誤丁朋。陸游詩：「丁字猶恨曲，朋字竟須正。」〔註30〕煩君並向狂兒索，病劇知渠起未曾。

〔註27〕此係自注。
〔註28〕《除夜寄羅評事同年》其三，「歲」作「正」，「猶」作「獨」。
〔註29〕「《續漢志》曰」後之文字，見《後漢書》卷二十三《五行志》。
〔註30〕《寄陳魯山正字》。

李高士延昰墓下作《明詩綜》:「李延昰,初名彥貞,字我生,一字期叔,後更今名,改字辰山,上海人。隱於醫。晚居平湖佑聖宮,自稱道士,有《放鷴亭集》。」〔註31〕先生《高士李君塔銘》:「歲在丁丑冬十有一月,予至平湖,則君已疾革。視之,猶披衣起坐,出所著《南吳舊話錄》暨所撰詩古文曰《放鷴亭集》,並以付予,且命弟子以所儲書二千五百卷畀焉,其餘散去。平居玩好,一瓢、一笠、一琴、一硯,悉分贈友朋。越二日,終。遺命弟子用浮屠法,盛屍於龕,焚其骨,瘞之壙。後二年,訪君葬所,則近在東湖之濆。其友江某實治其藏焉,弟子蔣某、徐某請予銘,以垂之永久。」〔註32〕

慷慨松江別,淒涼桂水還。擔花嘗郭外,賣藥遍人間。野史何由續,遺書尚未刪。空余懷舊淚,一灑柘湖灣。

十月二十一日喪子老友梅君文鼎**歸自閩中**毛際可《梅定九傳》:「己卯冬,先生自閩中北歸。」**扁舟過慰攜別後所著書見示部帙甚富**方苞《梅徵君墓表》:「徵君姓梅氏,諱文鼎,字定九,江南宣城人也。康熙辛未至京師,抱曆算之說,好者甚希。君博覽群書,於天文地理莫不究切,得其所以云之意。所為記序書論,亦有異於人。李文貞以君曆算書進呈。召見,命坐賜食,御書『積學參微』以賜。年八十有九。著《曆算叢書》八十六種。」**余亦以經義考相質**按:先生所纂《經義考》三百卷,蓋仿馬氏《經籍考》之例而推廣之。內分四門,曰存、曰佚、曰闕、曰未見,各著於本書下。康熙間,南巡時,曾以先刻《易》、《書》二種進,蒙賜御書「研經博物」匾額。其後半部近始刻成。內《宣講》、《立學》、《家學》、《自敘》三卷本未屬稿,故闕焉。〔註33〕**並出亡兒摭韻遺稾觀之**按:西畯先生纂《摭韻》,採古今騷詩詞三體雋語依韻分編,凡習見者俱不錄,其書計有五編。**成詩百韻次日送之還宣城兼寄孝廉庚**

老夫初失子,痛若遭鞭刑。《書》:「鞭作官刑。」〔註34〕騷騷理喪具,《禮》:「喪事雖遽,不陵節。騷騷爾則野。」〔註35〕裂布帷兩楹。《禮》〔註36〕:「屍未設飾,故帷堂。小斂而徹帷。」又:「殷人殯於兩楹之間。」本為共命鳥,見卷六《風懷》。卒然翦其翎。韓愈詩:「剪翎送籠中。」〔註37〕天乎獨何罪,《禮》:

〔註31〕卷八十八。
〔註32〕康熙本《曝書亭集》卷七十八,四庫本《曝書亭集》無此篇。
〔註33〕按:《經義考》卷二百八十六為《宣講》、《立學》,卷二百九十九為《家學》,卷三百為《自敘》,有目無文。
〔註34〕《舜典》。
〔註35〕《禮記·檀弓上》。
〔註36〕《禮記·檀弓上》。
〔註37〕《調張籍》。

「子夏喪其子而喪其明，曾子弔之。子夏哭，曰：『天乎！予之無罪也。』」〔註38〕**此禍丁我躬**。姑弘〔註39〕切。《詩》：「寧丁我躬。」〔註40〕**有叟褐裘來**，《禮》：「子游褐裘而弔。」〔註41〕**扶杖叩我扃。袖中出誄辭，書之鵠紋綾**。謝靈運詩：「贈我鵠紋綾。」〔註42〕**既以悼逝者，且用慰頹齡。申言賢聖阨，難免造化憎。西河授詩義**，《禮》：「退而老於西河之上。」〔註43〕**不聞子在鬢**。《後漢·儒林傳序》：「順帝感翟酺之言，乃更修鬢宇。」〔註44〕**尼父成春秋，不聞鯉趨庭。遺恨古則爾，所以尚達生**。《莊子》有《達生》篇。**叟言我瞿然**，《禮》：「公瞿然失席。」〔註45〕**旋收淚一升**。陸游詩：「儲淚一升悲世事。」〔註46〕**延之西窗坐，試話暌離情。與叟別八霜，蹤跡如蓬萍。或淹津門居，或棲皖口城。北書雁翩蒼，南書魚尾頳**。《詩》：「魴魚頳尾。」〔註47〕**茲從閩江至，始獲遂合併。青猨長五尺**，見卷十七《又聯句》。**一袟書手拎**。張雨詩：「一袟字書隨白騾。」〔註48〕《玉篇》：「拎，手懸捥物也。」**持籌計長歷，製器窺圓靈**。謝莊《月賦》：「圓靈水鏡。」**削木驗日晷**，《梅定九傳》：「凡測算之圖與器，一見得其要領。如古者六合三辰四遊之儀，以意約為小制，稱具體焉。西洋簡平渾蓋諸儀器，以意推廣，皆為之中規矩。〔註49〕又自制月道儀，揆日測高諸器，皆自出新意。」**繪圖準方程**。《〈後漢書·鄭玄傳〉注》：「《九章算術》，周公作也。方田一，粟米二，差分三，少廣四，均輸五，方程六，傍要七，盈不足八，鉤股九。」〔註50〕**我思古帝治，七政齊璣衡**。見卷十七《水碓》。**下及周女士，咸知列宿名。束楚抱衾裯**，《詩》：「綢繆束楚，三星在戶。」〔註51〕**觀象**

〔註38〕《檀弓上》。

〔註39〕「弘」，底本、石印本作「宏」，《曝書亭集》作「弘」。

〔註40〕《大雅·雲漢》。

〔註41〕《禮記·檀弓上》。

〔註42〕不詳。

〔註43〕《禮記·檀弓上》。

〔註44〕卷七十九上。

〔註45〕《禮記·檀弓下》。

〔註46〕《得趙若川書因寄》。

〔註47〕《周南·汝墳》。

〔註48〕《讀臨川集》。

〔註49〕「以意推廣，皆為之中規矩」，毛際可《梅定九傳》（按：原題當作《梅先生傳》）作「以意推廣為之，皆中規矩」。

〔註50〕卷六十五。

〔註51〕《唐風·綢繆》。

乃宵征。《詩》:「嘒彼小星,維參與昴。肅肅宵征,抱衾與裯。」〔註52〕畢雨箕風揚,《詩》:「月離于畢,俾滂沱矣。武人東征,不遑他矣。」〔註53〕《樂府拾遺》:「月離於箕,風揚沙矣。」武人解辨形,後世秘其術。張眼同晦盲,瑣瑣靈臺郎。《唐六典》:「魏太史有靈臺丞,主候望郎。隋有天文博士。唐初因之。長安二年,改為靈臺郎。」曷能測穹冥,下學理帖括。《唐書·選舉制》:「楊綰上疏言:為進士者皆誦當代之文,而不通經史,明經者但記帖括。」〔註54〕唐制:帖試士曰試帖,舉人總括經文以應帖試曰帖括。〔註55〕怠棄夏小正,《史記·夏本紀》:「孔子正夏時,學者多傳《夏小正》云。」〔註56〕《索隱》:「《夏小正》,《大戴記》篇名。」百翻兔園冊。見卷九《寄酬張五》。足致公孤卿。昏昏軫蓋中,《周禮》:「軫之方也,以象地也。蓋之圓也,以象天也。」莫辨一點星。居然爕陰陽,見卷十六《九日》。上應中臺明。見卷十二《曹先生輓詩》。三才昧其一,《易》:「兼三才而兩之。」〔註57〕庶績何由凝。《書》:「撫於五辰,庶績其凝。」〔註58〕叟書析微茫,該洽純粹精。《易》:「剛健中正,純粹精也。」〔註59〕惜乎時不用,歲月老笠簦。見卷六《酬潘耒》。我亦志述作,緬懷三代英。《禮》:「大道之行也,與三代之英。」〔註60〕流俗是末師,《漢書·劉歆傳》:「信口說而背傳記,是末師而非往古。」〔註61〕立心壞先型。埽除詩書序,見卷二十《齋中讀書》。區別羲文經。《周易本義》:「有伏羲之易,有文王、周公之易。」客或立異義,黨附紛譏評。恨不漢晉儒,驅納咸陽坑。《史記·秦始皇紀》:「三十五年,使御史悉案問諸生,諸生傳相告引,乃自陳犯禁者四百六十餘人,皆坑之咸陽。」〔註62〕以茲經義廢,勦說徒相承。於焉考史籍,旁綜墓碑銘。下及稗官說,《漢書·藝文志》:「小說者流,蓋出於稗官,街談巷語,道聽途說者之所造也。」〔註63〕

〔註52〕《召南·小星》。
〔註53〕《小雅·漸漸之石》。
〔註54〕《新唐書》卷四十四《選舉志上》。
〔註55〕《御定康熙字典》卷八「帖」。
〔註56〕卷二。
〔註57〕《繫辭下》。
〔註58〕《虞書·臯陶謨》。
〔註59〕《乾·文言》。
〔註60〕《禮記·禮運篇》。
〔註61〕卷三十六。
〔註62〕卷六。
〔註63〕卷三十。

也復掇華菁。百川趨四瀆，導之入滄溟。《法言》：「百川學海而至於海。」
〔註64〕百穀播三農，見卷十一〈嘉禾篇〉。獲之聚坻京。《詩》：「如坻如京。」
〔註65〕先民可不死，身後留名稱。書成五鳳子，來集軒窗櫺。蓮有並蒂
實，蘭有同心莖。先生《綺羅香》注：「康熙丁丑六月，舍南池上紅蓮作並頭花。
年時蕙作同心花，今夏又開並蒂。」〔註66〕按之瑞應圖，《隋書·經籍志》：「《瑞
應圖》三〔註67〕卷。」僉謂斯祥禎。況記洗兒初，熱湯盆中盛。白居易詩：
「洞房門上掛桑弧，香水盆中浴鳳雛。」〔註68〕有文在其背，《左傳》：「成季之生，
有文在其手曰友，遂以命之。」〔註69〕曰壽似可徵。按：昆田小字德壽。云何凶
短折，《書》：「六極：一曰凶短折。」〔註70〕我心滋不平。兒兮洵聰慧，閭鄙
誇寧馨。《晉書·王衍傳》：「何物老嫗，生寧馨兒！」〔註71〕《演繁露》：「寧馨猶
言恁地也。《晉書》『寧』字相傳多作去聲。如張謂詩『家無阿堵物，門有寧馨兒』是
也。劉禹錫詩『為問中原學道者，幾人雄猛得寧馨』，則又作平聲。要之，平仄雖殊，
其意一也。」九齡善學書，楷法工撥鐙。林韞《撥鐙法序》：「盧肇曰：『子學吾
書，但求其力耳。吾昔授教於韓吏部，其法曰撥鐙。今將授子，子勿妄傳。推、拖、
撚、拽是也。』」《唐詩紀事》：「古之善書鮮有得筆法者，陸希聲得之。凡五字，擫、
押、鉤、格、抵，謂之撥鐙。希聲自言昔二王皆傳此法。」《書苑菁華》：「唐林韞《撥
鐙四字法》曰推、拖、撚、拽。鐙，馬鐙也。蓋以筆管著中指〔註72〕名指尖〔註73〕，
令圓活，易轉動。筆管既直，則虎口間空，圓如馬鐙也。足踏馬鐙，淺則易轉運。手
執筆管，亦欲其淺，則易於撥動矣。南唐後主李煜七字法曰：擫、壓、鉤、揭、抵、
導、送。擫者，擫大指骨上節，下端用力，欲直如提千鈞。壓者，捺食指，著中節旁。
鉤者，鉤中指，著指尖，鉤筆令向下。揭者，揭名指，著指爪肉之際，揭筆令向上。抵
者，名指揭筆，中指抵住。導者，小指引名指過右。送者，小指送名指過左。」〔註74〕

〔註64〕《學行卷第一》。
〔註65〕《小雅·甫田》。
〔註66〕《曝書亭集》卷二十八。
〔註67〕「三」，《隋書》卷三十四作「二」。
〔註68〕《崔侍御以孩子三日示其所生詩見示因以二絕句和之》其一。
〔註69〕閔公二年。
〔註70〕《洪範》。
〔註71〕卷四十三。
〔註72〕石印本此處有「及」。
〔註73〕「尖」，底本誤作「大」，據石印本錄。
〔註74〕《欽定古今圖書集成·理學彙編·字學典卷八十三》錄《南唐後主李煜書述》，
　　　　稱「擫壓鉤揭，抵拒導送是也。」其中，「拒者，中指鉤筆，名指拒定」。

《楊升庵集》：「後主撥鐙法。鐙，古燈字。撥鐙畫沙，懸針垂露，皆喻言。撥鐙如挑燈，不急不徐也。楊鐵崖與顧玉山聯句云『書出撥鐙侵繭帖』，可證其音讀。」〔註75〕
十五嫻詞賦，下筆人皆驚。視不眩邪色，聽不惑奸聲。清心薄嗜欲，生產絕勿營。性亦勤著書，席硯〔註76〕希留停。請看所排韻，力欲鬪榛芳。涼花帶風露，哀玉明瓏玲。杜甫詩：「清文動哀玉。」〔註77〕《法言》：「玲瓏其聲者，其質玉乎？」〔註78〕又如食俊味，盡洗官庖腥。比於回溪諷，獵史尤縱橫。宋日鄉人錢諷纂《回溪史韻》。〔註79〕《府圖記》：「邑有錢諷，字正初，撰《附韻類事》，騷壇藝苑以為能。」憶當病少間，黏紙連門屏。儲書八萬卷，見本集《著錄序》。〔註80〕別蠹捎乾螢。杜甫詩：「案頭乾死讀書螢。」〔註81〕陳言委時夫，《南昌志》：「陰幼遇，字時夫，奉新人。登宋寶祐九經科。宋亡不仕。著《韻府群玉》二十卷。」按：本書則為元陰時夫字勁弦所輯。秀句羅元兢。良由深意苦，甘使定命傾。先猶木支廈，《文中子》：「大廈之顛，非一木所支。」俄而綆脫缾。恒幹不久留，《楚辭》：「魂兮歸來！去君之恒幹，何為乎四方些。」〔註82〕所惜目未瞑。吾家太傅公，清德逾冰凌。王父守滇郡，《爾雅》：「父之考曰王父。」得歸賴贈行。先祖知楚雄府事，聞曾祖妣何太夫人訃，奔喪，囊無貫錢，巡按御史贈行，乃得歸。〔註83〕先人失舊業，恥為塵垢攖。負郭無遺田，八口一豆羹。雖嘗役婢僕，五世罷笞搒。《漢書·張耳傳》：「吏搒〔註84〕笞數千。」人言積善家，降殃顧匪輕。《易》：「積善之家，必有餘慶。積不善之家，必有餘殃。」〔註85〕念此腸九回，孤憤氣填膺。江淹《恨賦》：「悲來填膺。」俗傳老婦祭，《禮》：「夫奧者，老婦之祭也。」〔註86〕《注》：「奧讀為爨。」不修禍所嬰。我貧無黃羊，《後漢·陰興傳》：「宣帝時，陰子方者至孝，

〔註75〕《升菴集》卷六十三《撥鐙法》、《丹鉛餘錄》卷十三。
〔註76〕「硯」，《曝書亭集》作「研」。
〔註77〕《奉酬薛十二丈判官見贈》。
〔註78〕《五百篇第六》。
〔註79〕此係自注。
〔註80〕《曝書亭集》卷三十五《曝書亭著錄序》：「於是擁書八萬卷，足以豪矣。」
〔註81〕《題鄭十八著作虔》。
〔註82〕《招魂》。
〔註83〕此係自注。
〔註84〕「搒」，《史記》卷八十九《張耳傳》、《前漢書》卷三十二《張耳傳》作「榜」。此沿江浩然《曝書亭詩錄》之說。
〔註85〕《坤·文言》。
〔註86〕《禮記·禮器》。

有仁恩。臘日晨炊，而灶神形見，子方再拜受慶。家有黃羊，因以祀之。自是暴富。子方常〔註87〕言：我子孫將彊大。至識三世，而遂繁富。故後常以臘日祀灶而薦黃羊焉。」〔註88〕**何以媚灶陘**。《禮》：「其祀灶。」〔註89〕《注》：「東面設主於灶陘。」**或者童男女，讒口上告天**。他經切。灶神有鍿童驕孫六女。〔註90〕《酉陽雜俎》：「灶神名隗，狀如美女。又姓張，名單，字子郭。夫人字卿忌。有六女，皆名察一作祭。洽。常以月晦日上天，白人罪狀。大者奪紀。紀，三百日。小者奪算。算，一百日。故為天帝督使，下為地精。己丑日，日出卯時，上天禺中，下行署。此日祭得福。其屬有天帝嬌孫、天帝大夫、天帝都尉、天帝長兄、硎上童子、突上紫官君、太和君、玉池夫人等。一曰灶神名壞子也。」〔註91〕**又聞道士言，夜必守三彭**。柳宗元《罵三尸文序》：「道士言人皆有尸蟲三，處腹中，伺人隱微失誤，日庚申出讒於帝。」〔註92〕《玉函秘典》：「上尸彭琚，小名阿呵；中尸彭瓆，小名作子；下尸彭矯，小名季細。每庚申夜伺人昏睡，陳其過惡於上帝，減人祿命。故道家遇是夕，輒不睡臥，時左手撫心，呼三尸名，令不敢為害。」〔註93〕《酉陽雜俎》：「凡庚申日，三尸言人過。七守庚申三尸滅，三守庚申三尸伏。」**我嬾動堅臥，屍蟲釋拘圄**。韓愈詩：「守官類拘圄。」〔註94〕**或者請於帝，奪我才子年**。奴京切。**魂筮掌巫陽**，見卷四《于忠肅公祠》。**鬼律著女青**。《通志》：道家符籙有《女青鬼律》十卷。〔註95〕**寧期意所向，務俾才者懲**。將無**太山籙**，見卷五《宋列女行》。**明神未式憑。第假鬼伯權**，《樂府》：「鬼伯一何相催促。」〔註96〕**好惡初無恒。修短雖有定，我心終怦怦**。《楚辭》：「心怦怦兮諒直。」〔註97〕**叟也驗歷數，消息可立成。試為窮九厄**，王湜《太乙肘後備檢》：「凡四百五十六年而一陽九，二百八十八年而一百六。陽九，奇數也，乃陽數之窮。百六，偶數也，乃陰數之窮。皆所謂厄會也。」**因之推八紘**。見卷十四《皇仁綏遠詩序》。**山何戴斷鼇**，《列子》：

〔註87〕「常」，《後漢書》同，石印本作「嘗」。
〔註88〕卷六十二。
〔註89〕《禮記·月令》。
〔註90〕此係自注。
〔註91〕卷十四《諾皋記上》。
〔註92〕原題作《罵屍蟲文并序》。
〔註93〕《御定佩文韻府》卷六十七之八。
〔註94〕《答張徹》。
〔註95〕卷六十七。
〔註96〕《蒿里》。
〔註97〕《九辯》。

「東海有岱輿、員嶠、方壺、瀛洲、蓬萊，根無所連，隨波上下。帝命策疆〔註98〕使巨鼇十五戴之。」《楚辭》：「鼇戴山抃，何以安之？」〔註99〕《史記・三皇紀》：「女媧氏斷鼇足以立四極。」〔註100〕**地何震死鯨。楓何以膠折，**庾信詩：「枯楓乍落膠。」〔註101〕《漢書・晁錯傳》：「欲立威者，始於折膠。」〔註102〕**栗何以芽萌。蓂莢何以落，**見卷十《元日》。**桐葉何以增。**《遁甲書》：「梧桐可知月正閏。歲生十二葉，一邊六葉，從下數，一葉為一月。有閏則十三葉。視葉小者，則知閏何月也。」〔註103〕**律何吹黍轉，**蔡邕《銅龠銘》：「龠，黃鐘之宮，長九寸，空圍九分，容秬黍一千二百粒，稱重十二銖。兩之為一合，三分損益，轉生十二律。」**鐘何應霜鳴。**《山海經》：「豐山有九耳鐘，霜降則鳴。」**此何亡也忽，彼何勃焉興。**《左傳》：「禹、湯罪己，其興也勃焉；桀、紂罪人，其亡也忽焉。」〔註104〕**鄰里皆多男，我何獨孤惸。**蘇軾詩：「誰使掩抑啼孤惸。」〔註105〕**叟宜指我迷，喚我夢魘醒。**《說文》：「魘，夢驚也。」**答云萬品殊，二氣互陶蒸。舒慘物不齊，**張衡《西京賦》：「夫人在陽時則舒，在陰時則慘，此牽乎天者。」**五曹算未能。**《小學紺珠》：「五曹算經：田曹、兵曹、集曹、倉曹、金曹。」〔註106〕先生《五曹算經跋》：「《五曹算經》五卷，唐太史令李淳風注，而博士梁述、助教王真儒等校定之書也。」〔註107〕**呼童開瓷甀，飲叟酒一觥。冬春煮粗飯，**《菽園雜記》：「吳中民家計一歲食米若干石，至冬月舂白以蓄之，名冬春米。聞之老農曰：『春氣動則米芽浮起，米粒亦不堅，此時春者多碎而為秕，折耗頗多。冬月米堅，折耗少，故及冬春之。』」〔註108〕**寒燭燒短檠。卓午詎忍去，徘徊曝書亭。吳船閣三板，送之還宛陵。**見卷九《贈別梅庚》。**我詩倘垂和，兼語猶子庚。**《禮》：「兄弟之子，猶子也。」〔註109〕

〔註98〕「策疆」，《列子・湯問》作「禹疆」。此沿江浩然《曝書亭詩錄》之說。
〔註99〕《天問》。
〔註100〕《三皇本紀》係司馬貞所補。
〔註101〕《園庭詩》。
〔註102〕卷四十九。
〔註103〕（明）徐光啟《農政全書》卷三十八《種植・木部》。
〔註104〕莊公十一年。
〔註105〕《次韻僧潛見贈》。
〔註106〕卷一。
〔註107〕《曝書亭集》卷五十五。
〔註108〕卷二。
〔註109〕《禮記・檀弓上》。

怪鴟行《爾雅》:「怪鴟,梟鴟。」

曩時怪鴟吟嘯池上柳,喪我南村詩人李十九。先生《李君行狀》:「永年申檢討涵昐常語人曰:『聞朱十論詩文,使人心懾,未若李十九之可親也。』」〔註110〕五年不聞汝惡聲,《爾雅疏》:「陸璣云:『鴞大如班鳩,綠色,惡聲之鳥也。入人家凶。賈誼所賦鵩鳥是也。』」東鄰西舍賀太平。今秋胡然忽而至,見之不異眼中刺。吾家阿鏐衾枕間,歎息鴟來命將逝。初猶遠林深處夜半鳴,既乃橫飛不待日晦盲。《荀子》:「列星隕墜,旦晝晦盲。」〔註111〕搖頭鼓翼坐屋角,《蛺蝶行》:「雀來燕,燕子見銜哺來,搖頭鼓翼何軒奴軒。」後咷先笑窺簷楹。見卷十七《御茶園歌》。始知是物本為鬼伯使,見前。如倀導虎山蹊行。《廣異記》:「開元末,渝州多虎暴,設機穽,恒未得之。月夕,人登樹候,見一倀鬼,如七八歲兒,遍身碧色,來發其機。及過,人又下樹正〔註112〕之。須臾,一虎徑來,為陷機所中而死。久之,小兒行歌〔註113〕而返,因入虎口。及明開視,有碧石大如雞子,在虎〔註114〕喉焉。」〔註115〕訓狐賊人梟食母,《酉陽雜俎》:「訓狐,惡鳥也,鳴則後竅應之。」〔註116〕《說文》:「梟食母,不孝之鳥,故冬至捕梟磔之。字從鳥,首在木中。」汝與同輩尤陰獰。梅堯臣詩:「呼集〔註117〕鬼物誇陰獰。」喚人魂魄亦何苦,況擇善者戕其生。嗚呼吾子今死矣,欲不遷怒及汝非人情。聞之周官建有庭氏翨氏哲蔟氏,射以救日之弓救月矢。《周禮》:「庭氏掌射國中之夭鳥,若不見其鳥獸,則以救日之弓與救月之矢射之。翨氏掌攻猛鳥。哲蔟氏掌覆夭鳥之巢,以方書十日之號、十有二辰之號、十有二月之號、十有二歲之號、二十八星之號〔註118〕懸其巢上則去之。」必覆其巢攻其翅,先王有害務盡除。豈若今人昧茲理,吾將斷竹續竹彈以丸,《吳越春秋》:「弩生於弓,弓生於彈,彈起於古之孝子,不忍見父母為禽獸所食,故作彈以守之。歌曰:『斷竹,續竹。飛土,逐宍。』」毋俾惡鳥來林端。月辰二六星四七,《後漢·陳蕃傳》:「夫諸

〔註110〕《曝書亭集》卷八十《徵士李君行狀》。
〔註111〕《賦篇》。
〔註112〕「正」,《太平廣記》作「止」。
〔註113〕「歌」,《太平廣記》作「哭」。
〔註114〕石印本此下有「之」字。
〔註115〕《太平廣記》卷四百二十七《虎二》。
〔註116〕卷十六《廣動植之一》。
〔註117〕「集」,《擬韓吏部射訓狐》同,石印本作「其」。
〔註118〕「二十八星之號」,石印本無。

侯上象四七，垂耀在天。」〔註119〕《注》：「『上象四七』謂二十八宿。」**方書去汝夫何難。**《感應經》：「常騫為齊景公以周禮之法禳梟，梟乃布翼，伏於地死。」

除日二首

　　感念亡兒苦，難收淚兩行。夢中猶定省，《禮》：「昏定而晨省。」〔註120〕**歲杪益淒涼。禿筆堪成冢，**《尚書故實》：「智永禪師取筆頭瘞之，號曰退筆冢。」**遺書尚滿牀。多情酒壚伴，**見卷四《九日》。**作賦比山陽。**上舍顧仲清咸三、文學金介復俊民、戴鏌淑章、李宣景濂俱有挽章。〔註121〕補注：《世說》：「庾亮曰：『感念亡兒，若在初沒。』」〔註122〕

　　典祀先人臘，蕭然魚菽存。《史記・田敬仲世家》：「田乞請諸大夫曰：『常之母有魚菽之祭，幸而來會飲。』」〔註123〕**薦時煩寡婦，拜後止童孫。**《書》：「幼子童孫。」〔註124〕**老分歡娛少，聞將甲子論。知無頌花客，未暝闔蓬門。**

上章執徐庚辰

送窮日作《金谷園記》：「昔顓頊帝時，宮中生一子，性好著浣衣。人作新衣與之，即裂破以火燒穿著，宮人共號窮子。其後以正月晦日死，人葬之曰：『今日送窮子也。』因此相承，號送窮也。」〔註125〕

　　吾家五窮鬼，韓愈《送窮文》：「子之朋儔，非六非四，在十去五，滿七除二，各有主張，私立名字。其名曰智窮，其〔註126〕次名曰學窮，又其次曰文窮，又其次曰命窮，又其次曰交窮。凡此五鬼，為吾五患，饑我寒我，興訛造訕。」**四世推不去。今晨縛車船，**《送窮文》：「結柳作車，縛草為船。」**送往河隄住。水萍風中絮，散作千百身。勿使天壤間，乃有石季倫。**見卷一《無題》。

〔註119〕卷九十六。

〔註120〕《禮記・曲禮上》。

〔註121〕此係自注。

〔註122〕《傷逝第十七》。

〔註123〕卷四十六。又見卷三十二《齊太公世家》。

〔註124〕《呂刑》。

〔註125〕《說郛》卷六十九上。

〔註126〕「其」，底本無，據石印本、《送窮文》補。

君平遺鏡歌為家上舍思贊賦思贊一姓馬，字寒中，號衍齋，海寧華山人。家有道古樓，集書萬卷，兼充秘玩，頗有忘世之樂。

古銅一片漢所治，冷光溶漾符月儀。《南史》：「任昉八歲能屬文，自製《月儀》，辭義甚美。」〔註127〕其背有文繚繞之，由中及外皆銘詩。文或中斷字橫施，《釋名》：「笙，生也。簧，橫也。於管頭橫施於中也。」讀之百過猶囁呢。聲牙齟齒摧髯而，韓愈《進學解》：「佶屈聱牙。」良久始獲通其辭。乃是君平之所持，惜乎未覩書年支。徐寅詩：「生來〔註128〕罷求名與利，一窗書策是年支。」成都卜肆新雨時，見卷一《游仙》。若榴花分槎上枝。《博物志》：「張騫使西域還，得塗林安石國榴種以歸。」手挽織女機中絲，見卷一《游仙》。以之自鑒鸞鶴姿。白居易詩：「永懷鸞鶴姿。」〔註129〕軸簾布卦營神蓍，《漢書·東方朔傳》：「別蓍布卦而對。」〔註130〕陸游詩：「忍草三稜葉，神蓍五色雲。」百錢掛杖足自怡，見《游仙》。《晉書·阮修傳》：「修嘗步行，以百錢掛杖頭，至酒店，便獨酣暢。家無擔石，晏如也。」〔註131〕酒家戶戶招青旗。元稹詩：「賣壚高掛小青旗。」〔註132〕從遊弟子侯芭師，《漢書》：「揚〔註133〕雄從君平遊。」〔註134〕又，《揚雄傳》：「鉅鹿侯芭嘗從雄居。」〔註135〕暇日長定肩相隨。李商隱詩：「長定相逢二月中。」〔註136〕識此奇字當解頤，《揚〔註137〕雄傳》：「劉棻嘗從雄學作奇字。」〔註138〕千年土蝕苔鬙鬙。張衡《西京賦》：「猛毅鬙鬙。」皮日休詩：「山果青鬙鬙。」〔註139〕繡成碧綠丹黃緇，阿誰磨刮無纖疵。《進學解》：「刮垢磨光。」李華《靈濤贊》：「一日再至，洗其纖疵。」吾宗子仲性愛奇，裹以重

〔註127〕卷五十九。

〔註128〕「來」，《北園》作「事」。

〔註129〕《登龍昌上寺望江南山懷錢舍人》。

〔註130〕卷六十五。

〔註131〕卷四十九。按：《世說新語·任誕第二十三》：「阮宣子常步行，以百錢掛杖頭，至酒店，便獨酣暢。雖當世貴盛，不肯詣也。」

〔註132〕《和樂天重題別東樓》。

〔註133〕「揚」，石印本作「楊」。下同。

〔註134〕按：《漢書》無此，出《冊府元龜》卷六百《學校部·師道》。

〔註135〕卷八十七下。

〔註136〕《蜂》。

〔註137〕「揚」，石印本作「楊」。

〔註138〕卷八十七下。

〔註139〕按：援引有誤。皮日休《太湖詩》其十五《銷夏灣》：「山果紅鞦鞮，水苔青鬙鬙。」

錦導長綏，曹植《七啟》：「垂宛虹之長綏。」大笑俗尚蟠蛟螭。杜牧詩：「鏡奩蟠蛟螭。」〔註140〕開奩一照冰雪肌，白居易詩：「不聞姑射上，千歲冰雪肌。」〔註141〕木魅卻走山精馳。見《游仙》。吾聞仙人鏡四規，《述異記》：「日林國有石鏡，方數百里，光明瑩澈，可鑒五藏六府。亦名仙人鏡。國人若有疾，輒照其形，即知病起。」《真誥》：「名在星書者，眼有四規。」澄心定志有所思。方來之事罔弗知。是物度亦神所司，慎莫使近粉漿胰。《黃庭堅集》：「漿胰粉白，無不媚好。」〔註142〕華山精舍春日遲，長廊急溜鳴堦墀，落梅滿地藥甲滋。主人勸飲墨玉卮，相與考古恣遨嬉。古來金石各有宜，其人已往文在茲。金尤易鑠質易虧，昔賢嗜好情不移。錢志小大印官私，洪遵《泉志序》：「余嘗得古泉百有餘品，則又旁考記傳，下逮稗官所紀，擷摭大備，分匯推移，釐為十五卷，號曰《泉志》。」《學古編》：「《宣和印譜》四卷，王厚之《復齋印譜》一卷，顏叔夏《古印譜》二卷，姜夔《集古印譜》二卷。」先生《跋新莽錢範文》：「歲在丁亥夏，觀於衍齋上舍小葫蘆山書屋。範形正方，中央輪廓四。其二有文，曰大泉五十。遍體青綠，詩家所云活碧，庶幾近之。案頭古銅器雖多，當以此居第一矣。」〔註143〕又，《衍齋印譜跋》：「吾宗衍齋，自漢以來，搜羅甚博，而審取其尤者，作譜五冊。以視復齋、嘯堂所收，不啻一粟之比千囷也。」〔註144〕家有款識宋傳貽。七鐘九卣廿鼎彝，鐙槃刀尺別等差，先生《宋拓鍾鼎款識跋》：「宋紹興中，秦相當國，其子熺伯陽居賜第十九年，日治書畫碑刻，是冊殆其所集。秦氏既敗，冊歸王厚之。後轉入趙子昂家。隆慶六年，項子京獲之。尋歸倦圃曹先生。久之，是冊竟歸於予。宗人寒中嗜古，見而愛玩之，因以畀之。冊中所拓，鐘七，鼎二十有一，飲二，爵六，卣四，卣九，敦四，簠一，甗二，壺二，刀一，槃二，鐙一，尺一，漢器一。」〔註145〕何哉鏡銘獨見遺。嘯堂舊篆曾取斯，王球著《嘯堂集古錄》。掛一漏百人交嗤。韓愈《南山詩》：「掛一念萬漏。」吾今對此興不衰，思揚繭紙研隃糜，亟令巧匠為裝池。鏡兮鏡兮爾勿悲，神物遇合信有期。

〔註140〕《杜秋娘詩》。
〔註141〕《同微之贈別郭虛舟鍊師五十韻》。
〔註142〕《跋奚移文》。
〔註143〕《曝書亭集》卷四十六。
〔註144〕《曝書亭集》卷四十三。
〔註145〕《曝書亭集》卷四十六。

春日南垞雜詩七〔註146〕首

入春風雨太連緜，著屐扶筇越陌阡。鄉里兒童莫嘲笑，已過七十杖朝年。七十杖於朝。本《祭義》。〔註147〕

睡起三商未覺遲，見卷六《風懷》。春衣盡典謾嗟諮。杜甫詩：「朝回日日典春衣。」〔註148〕諸公袞袞黃河岸，見卷十三《送吏部侍郎》。正值桃花水上時。見卷十三《送胡參議》。

十年手種池南樹，《史記》：「十歲之計，樹之以木；百歲之計，樹之以德。」〔註149〕今歲才分花白紅。尚有舊遊三叟在，謂繆泳、鄭玥、錢枋。〔註150〕不知更醉幾春風。

舍外青鳩解喚晴，見卷十四《積雨》。籬根玉版漸抽萌。《本草》：「南人淡乾者為玉版筍。」《冷齋夜話》：「子瞻邀劉器之參玉版，和尚至廉泉寺，燒筍食之。器之覺筍殊勝，問何名。子瞻曰：『玉版也。此老師善說法，要令君得禪悅之味。』器之始悟其戲。」〔註151〕無兒可遣修雞柵，杜甫有《催宗文樹雞柵》詩。范成大詩：「兒修雞柵了。」〔註152〕客至生憎腷膊鳴。見卷一《雞鳴》。

瓜頭水綠樹根流，早有活東池上游。見卷三《河豚》。只少故人攜酒榼，醉來新月送行舟。懷徐上舍。〔註153〕

社公小雨不黏沙，瞥見迎風燕子斜。料是東家巢已定，但來花底啄芹芽。

移種盆松六尺強，欲當車蓋蔽斜陽。杜甫《病柏》：「童童狀車蓋。」不知黛色成陰日，此地何人結草堂。

巡撫宋公以新雕蘇詩施注見貽賦謝

邵長蘅《題舊本施注蘇詩》：「《施氏注東坡詩》四十二卷，鏤版於宋嘉泰間，世之學者往往知有其書，而流傳絕少。商丘公購

〔註146〕四庫本《曝書亭集》未錄第二首，故改「七」為「六」。
〔註147〕此係自注。
〔註148〕《曲江二首》其二。
〔註149〕《史記》卷一百二十九《貨殖列傳》：「十歲，樹之以木；百歲，來之以德。」
〔註150〕此係自注。
〔註151〕卷七。
〔註152〕《家人子輩往石湖檢校暮歸》。
〔註153〕此係自注。

之數年，從江南藏書家得此本，又殘闕，僅存三十卷。是書卷端題吳興施氏、吳郡顧氏，而不著名，而序文目錄又闕，故覽者莫得其詳也。其後得陸放翁所作《施注蘇詩序》，有云『施宿武子出其先人司諫公所注數十大編屬某序』，又云『助之以顧子景繁之該洽』。又按《文獻·經籍考》載司諫名元之，字德初，其注詩本末與序合。又參考郡邑志及它書，而三君之名字乃灼然亡疑。商丘公幸是書之存，而惜其殘闕也，乃進毗陵邵長蘅，屬以訂補，為之綴闕正譌，芟蕪省復，而所為四十二卷者犁然復完，可版行。」

元祐罪人編年詩，東坡自寫背面像，題曰元祐罪人。〔註154〕誰其注者施元之。中丞訪得嘉泰本，上客為補由儀辭。《詩序》：「由儀，萬物之生，各得其宜也。有其義而亡其辭。」束皙有《補亡詩》。梅鷟舊箋付醬瓿，王十朋梅鷟有《箋注蘇詩》。見卷十七《觀造竹紙》。傅穉遺楷傳漕司。嘉泰木刻之淮東倉漕司，吳興傅穉漢孺所書也。〔註155〕衰齡撥書反覆讀，笑比黠鼠唧薑時。《寄園寄所寄》：「黃謙工部主事會試時，過書肆，有《菊坡叢話》四冊，持閱之。旁一人從公借閱，視其貌寢甚，調之曰：『老鼠拖生薑』，譏其無用也。」〔註156〕

飲顧孝廉嗣立秀野堂同周吉士彝賦 周字策銘，婁縣人。康熙丁丑進士。先生

《秀埜堂記》：「長洲顧俠君築堂於宅之北、閶丘坊之南，導以迴廊，穿以徑，壘石為山，望之平遠也；捎溝為池，即之蘊淪也。登者免攀陟之勞，居者無塵埃之患。曉則竹雞鳴焉，晝則佛桑放焉。於是插架以儲書，又竿以立畫，置酒以娛賓客，極朋友晜弟之樂。暇取元一代之詩甄綜之，得百家焉，業布之通都矣。俠君乃夢有客愉愉，有客矍矍，一一十十，容色則殊，或俛而拜，或立而盱。覺而曰：『是其為元人之徒與？將林有遺材而淵有遺珠與？』乃借鈔於藏書者，復得百家焉。未已也，博觀乎書畫，旁搜乎碑碣真文梵夾，靡勿考稽，又不下百家，而元人之詩乃大備矣。余留吳下，數過君之堂，俠君請於予作記。思夫園林丘壑之美，恒為有力者所佔，通賓客者蓋寡。所狎或匪其人，明童妙妓充於前，平頭長鬣之奴奔走左右，舞歌或闋，荊棘生焉。惟學人才士著作之地，往往長留天壤間，若文選之樓、爾雅之臺是已。吳多名園，然蕪沒者何限。而滄浪之亭、樂圃之居、玉山之堂、耕漁之軒，至今名存不廢，則以當日有敬業樂群之助，留題尚存也。俠君築斯堂，嬙群雅，將自元而宋、而唐、而南北朝、而漢，悉取以論定焉。吾姑記於壁，用示海內之誦元詩者。」〔註157〕

〔註154〕此係自注。

〔註155〕此係自注。

〔註156〕按：參江浩然《曝書亭詩錄》卷十一《郎中弟儼歸自云居寺留飲春草堂漫賦》「笑人真似鼠唧薑」注。

〔註157〕《曝書亭集》卷六十六。

秀野堂深曲徑通，巡簷始信畫圖工。王給事原祁寫。〔註158〕《查浦詩鈔》：「《秀野草堂圖》為王麓臺學士臨董文敏盧鴻草堂舊本。」小山窠石屋高下，清露戎葵花白紅。已許糟丘成酒伴，《南史》：「「陳暄嗜酒沉湎，兄子秀憂之，致書諷諫。暄答曰：『昔周伯仁渡江三日醒，吾不以為少；鄭康成一飲三百杯，吾不以為多；何水曹眼不識杯鐺，吾口不離瓢杓。汝寧與何同日而醒，與吾同日而醉乎？政言其醒可及，其醉不可及也。速營糟丘，吾將老焉。』」〔註159〕不妨蠹簡借郵筒。入秋準踐登艣約，吟遍江橋兩岸楓。

按：俠君時有元詩二集、三集之選，先生許以家藏元人遺集借刊，故有「蠹簡」句。

偕陳同知昂畢上舍大生李孝廉大中從孫丕戴登澱山寺謁秦女祠分得合字成三十韻

昂字書崖，嘉興梅里人。大中字功載，康熙丙子舉人。丕戴字愷仲，貢生。《松江府志》：「澱山禪寺，薛澱湖中山頂。宋建炎初建。紹興八年，賜額普光王寺。內有會靈祠，祀降聖夫人，今為伽藍神。何松年記云：『秦始皇時，邢氏有三姑，長曰雲鶴夫人，主沈湖；次曰月華夫人，主柘湖；季曰降聖夫人，主澱湖。』即此。」〔註160〕《嘉禾志》：「三姑祠，一在府南七十里柘湖、西北七十二里澱山湖。考證：按《吳地志》，秦時有女子入湖為神，即此祠也。柘湖，今堙塞為蘆葦之場，神亦弗祠。其澱山湖中普光王寺、三姑祠靈甚。湖旁三數十里，田者與往來之舟皆禱焉。故老相傳，秦時姓邢氏，女兄弟三人，謂即柘湖所祠也。」〔註161〕

二百里澱湖，《名勝志》：「薛澱湖，一名澱山湖，以其中有澱山也。在府西北七十二里，其源自長洲白蜆江，經急水港而來，周圍幾二百里，實古來鍾水之地。北由趙屯浦，東由大盈浦，瀉於松江，東南由爛路港以入三泖。」夙與團泖合。《松江府志》：「俗傳近山涇者，為上泖；近泖橋者，為下泖。縣圖以近山涇泖益圓，曰團泖。近泖橋，泖益闊，曰大泖。自泖橋而上縈繞百餘里，曰長泖。此三泖之異也。」茲丘崎其隅，麼眇等贏蛤。柳宗元《答問》：「卓詭偲儻之士用智慧顯功烈而麼眇連蹇，固其所也。」《史記·貨殖傳》：「果隋贏蛤不待價而足。」〔註162〕想當在中流，《農田餘話》：「澱山昔在澱湖中，有道人登禪師者，始結屋於岩山。下多漁家。自道人結庵以來，採捕竟日不得魚。因就師問故。師曰：『但以爾舟載土，能詣山，當遂所願。』既而果然。積

〔註158〕此係自注。
〔註159〕卷六十一。
〔註160〕《欽定古今圖書集成·方輿彙編·職方典卷六百九十八》。
〔註161〕《至元嘉禾志》卷十二《宮觀》。
〔註162〕卷一百二十九。

累久之，因以建寺。」川氣互翁匐。漁商恒惴恐，波浪恣礁磕。愛此一簀山，表以千花塔。《名勝志》：「澱山今在平陸，接機山之西北。山形四出，如黿，頂建浮圖，下有龍洞，雲通太湖。此山屹立湖中，傍有小山，初僅兩席許，久之寢長。」《松江府志》：「山中所有曰黿峰塔，今寺法堂地。」風帆走四面，烏鵲繞三帀。傳聞秦女神，於焉沉錦蹋。庾信《鏡賦》：「朱開錦蹋，黛蘸油檀。」大姑鶴背騎，白居易詩：「曾犯龍鱗容不死，欲騎鶴背覓長生。」〔註163〕仲姑蟾背踏。季也鞭青虬〔註164〕，《楚辭》：「駕青虬〔註165〕兮驂白螭。」〔註166〕履用五絲緞。力能役鬼工，見卷八《櫂歌》。地戶信捭闔。《鬼谷子》：「捭闔者，天地之理。捭闔者，以變動陰陽，四時開閉，以化萬物。縱橫反出，反覆反忤，必由此矣。」〔註167〕忽怳靈旗翻，飛雨響修颯。江總《江心賦》：「風引蜩而嘶噪，雨鳴林而修颯。」物換改桑田，祠宇儼蘭閤。柳惲詩：「歎息下蘭閤。」〔註168〕月簷搖綵幡，見卷六《風懷》。煙帳薰紫蠟。陳許廷《崔貞姑廟》詩：「雲〔註169〕衣金粉蝕，煙帳薰蘭銷。」至今千歲蛟，不犯青苔榻。許尚《三姑廟》詩注：「廟在湖中，群蛟兢鬥，水為不入廟中。」其西鑿井泉，《松江府志》：「通靈泉在山巔，宋慧燈禪師鑿石十六丈得此。初名寒穴。錢野人袞以名襲金山，且下有龍洞，因易今名。」與湖暗呵欱。王安石詩：「氣力足呵欱。」〔註170〕粳餅都棄實，猶幸蘭未塌。循徑入寺門，虛廊屏囂雜。土灰掩法王，《法華經》：「法王無上尊。」無復辨魚鴿。一童啟荒扉，一老補敗衲。既免禮數煩，且喜朋簪盍。岩幽足眺聽，鴞下乃潛盧。張衡《南都賦》：「潛盧洞出。」《注》：「盧，山傍穴也。」言是龍子蟠，《松江府志》：「潛龍洞在山陰。」黑雲時出納。何年湧山根，若頤咯噬嗑。《易》：「頤中有物曰噬嗑。」〔註171〕鴨腳樹兩株，不知幾僧臘。柯條神所護，孰敢肆摧拉。潘尼《火賦》：「林木摧拉，沙粒並靡。」試驗縱橫陰，誰與量玉銟。陸龜蒙詩：「芝臺曉用金鐺煮，星度閒將玉銟量。」〔註172〕南有修竹林，冷翠壓簾箑。疏籬野薔薇，綠

〔註163〕《酬贈李鍊師見招》。
〔註164〕「虬」，石印本誤作「蚪」。
〔註165〕「虬」，石印本誤作「蚪」。
〔註166〕《九章・涉江》。
〔註167〕《捭闔第一》。
〔註168〕《長門怨》。
〔註169〕「雲」，《崔貞姑廟》作「靈」。
〔註170〕《韓持國從富幷州辟》。
〔註171〕《噬嗑・象》。
〔註172〕《南陽廣文博士還雷平後寄》。

刺見斜搭。見卷十二《一斗泉》。坐久山鳥鳴，惜哉少酒榼。何處星星鐘，岑
參詩：「昨夜山北時，星星聞此鐘。」〔註173〕隔浦遠相答。

徐檢討釚紙扇讀修上人詩愛其清逸上人時訪余放鶴洲余留吳不值卻寄以詩

少年上人足佳句，清似玉壺一段冰。鮑照詩：「清如玉壺冰。」〔註174〕
絕倒垂虹舊亭長，見前《羅浮蝴蝶歌》。來尋放鶴老詩朋。迂辛短李許誰和，
白居易《代書》詩：「笑勸迂辛酒，閒吟短李詩。」〔註175〕癩可瘦權知不能。《西
清詩話》》：「詩僧祖可身被惡疾，人號癩可。善權者，亦能詩，人物清腴，人目為瘦
權。」何日扁舟攜白籦，聯吟竹屋夜窗燈。

澱湖陳氏書齋觀吳仲圭為陶九成畫竹居圖冊

《明詩綜》：「陶宗儀，字九
成，黃岩人。少舉進士，不中，即棄去。僑居松江。至正間，累辭辟舉。張氏開闔，
闢軍諮，亦不就。洪武六年舉人，才至京，以病固辭，得放歸。有《滄浪棹歌》、《南
村集》。緝評：九成畫《天台山圖》，自題云：『予挈家避地雲間，杜樹之北，背負九峰，
皆平衍無奇。每憶故山，為作此圖。』所謂杜樹之北，在松江府治東北十餘里，即今
泗涇，南村草堂之址在焉。又名小栗里，倪元鎮、王叔明俱為之寫圖。」〔註176〕

吾鄉梅花衲，見卷八《棹歌》。畫竹如箭槀。馬融《長笛賦》：「特箭槀而莖
立兮。」但留煙雨叢，不必定娟好。一艘南村來，沈鉉《南村草堂記》：「南村
草堂者，陶君九成先生隱居之所也。先生性沖澹，不樂仕進，厭囂塵湫隘，徙家南村
焉。」〔註177〕林泉互幽討。為寫徑尺圖，籬落皆意造。兩書至正年，其
體近章草。《書苑》：「杜操善草書，章帝愛之，謂之章草。」題句十一翁，一一
盡遺老。我友澱湖湄，竹居等鄰保。蘇軾詩：「絲竹鬧鄰保。」〔註178〕真蹟
儲篋中，啟示藉文繰。韓琦詩：「秘若英瑤藉文繰。」〔註179〕孟夏風始薰，新

〔註173〕《冬夜宿仙遊寺南涼堂呈謙道人》。
〔註174〕《代白頭吟》。
〔註175〕《代書詩一百韻寄微之》。
　　　　另，國圖藏本眉批：白詩自注：「辛大立度性迂嗜酒。」
　　　　《唐書・李紳傳》：「為人短小精悍，於詩最有名，時號短李。」
〔註176〕卷十二，緝評原作「高二鮑雲」。
〔註177〕見《珊瑚網》卷三十五「王叔明南村草堂圖」條，另有錢雲《南村賦》（有序）、
　　　　吳全節《南村記》等。
〔註178〕《過雲龍山人張天驥》。按：（唐）王梵志《詩並序》其三：「錢財鄰保出。」
〔註179〕《答陳舜俞推官惠詩求全瓦古硯》。

篁小亭抱。髣髴秋聲聞，道人述松雪詩，有「歸聽秋聲」之句，故及之。〔註180〕
可以除熱惱。白居易詩：「何以除熱惱。」〔註181〕

題納涼圖按：為陳書崖題。

愛伴雲根坐，還留羽扇揮。休添一星燭，便惹麥蛾飛。《古今注》：「飛
蛾善拂燈火也。」

陳君緘寄普光王寺二碑索余遊記復成三十韻兼寄錢上舍栢齡高處士不驕

我聞千佛名，《摭言》：「張倬落第，捧《登科記》頂戴，曰：『此千佛名經也。』」
〔註182〕載在三車書。見卷七《同劉侍郎》。惟茲普光王，梵夾乃忽諸。《佛說
無普光王經》：唐中宗時，僧伽建寺，請名普照王寺。中宗以照字是天後諱，乃改為普
光王寺，親書其額賜焉。茲寺蓋襲其名。〔註183〕《資治通鑒》：「唐懿宗於禁中設講
席，自唱經，手録梵夾。」《注》：「梵夾，貝葉經也。以板夾之，謂之梵夾。」〔註184〕
《左傳》：「臧文仲聞六與蓼滅，曰：『皋陶庭堅不祀忽諸。』」〔註185〕流傳南渡日，
有僧棲山岨。莫儔《澱山建塔記》：「有僧慧悟禪師義燈，主雲間施水禪院，邂逅京
師僧寶覺大師法道，出釋迦佛牙示之，於是設供。累夕懇祈舍利，獲二十許枚。道謂
燈曰：『子其選地建塔藏之。』燈邀道抵澱山。至紹興四年十有二月，宮成。八月壬午，
奉舍利瘞焉。」〔註186〕危榜兆吉夢，初地開精廬。《澱山建塔記》：「七年十月，
營塔纔三級。一夕，夢菩薩諸天，瑞像滿室，雲中有榜，題曰普光王寺。既寤，不懈
益虔。聞者喜，舍林集。明年春燈如行在，得普光王寺額以歸，符其夢焉。」〔註187〕
要知法王子，《藥師經》：「曼殊室利法王子。」信者意所如。劉伶《酒德頌》：「幕
天席地，縱意所如。」偶然占高座，即事傳方輿。束晳《補亡詩》：「漫漫方輿，
回回洪覆。」當其始經營，入定走魅魖。結成多寶塔，梁元帝《揚州梁安寺
碑》：「地湧神翕，皆成多寶之塔。」倒景浴修渠。見卷三《大閱圖》。摯虞《槐賦》：

〔註180〕此係自注，《曝書亭集》原在詩末。
〔註181〕《贈韋處士六年夏大熱旱》。
〔註182〕卷十《海敘不遇》。
〔註183〕此係自注。
〔註184〕卷二百五十。
〔註185〕文公五年。
〔註186〕《欽定古今圖書集成·博物彙編·神異典卷一百二十三》。
〔註187〕《欽定古今圖書集成·博物彙編·神異典卷一百二十三》。

「上拂華宇，下臨修渠。」莊嚴水晶域，見卷十二《喬侍讀》。瀟灑青豆居。見卷十《秋杪》。有若爛銀盤，中湧翠芙蕖。過者停畫橈，清辭琢雕璵。四明吳文英過此，題《滿江紅》詞。〔註188〕陳跡歲三百，鼓簫歇巫胥。花宮縱蕪沒，《松江府志》：「今山在平田，去湖益遠。亭宇塔院蕩為飛灰，僅存數棟耳。」臨眺興有餘。波潮息廣澤，禾麥交平畬。《爾雅》：「田三歲曰畬。」導水固有術，泄之以尾閭。《莊子》：「尾閭泄之。」〔註189〕忽念淮泗沖，濁河苦填淤。見卷六《渡駱馬湖》。誼誼禱璧馬，見卷五《臺駘廟》。折柳沉薪樗。《詩》：「采荼薪樗。」〔註190〕至尊日焦勞，群公但躕躇。千艘未得轉，何以實倉儲。《魏書·皮豹子傳》：「漢川、武興運米甘泉，皆置倉儲。」〔註191〕芻蕘效末喻，《詩》：「詢於芻蕘。」〔註192〕西北水易疏。沽有七十二，見卷九《河豚歌》。可以通沮洳。澱有九十九，見卷十《題雪中垂釣圖》。可以興耰鉏。《周禮·地官》：「遂人治田墅，以興鉏利甿。」蘇軾《稼說》：「耰鉏銍艾相尋於上者如魚鱗，而地力竭矣。」俾之納穩秷，《書·禹貢》：「百里賦內總，二百里內秷。」亦得收蒲魚。《周禮》：「河東曰兗州，其利蒲魚。」天庾既以充，河患不待袪。焉用萬斛舟，見卷十六《漕船》。缿口紛牽挐。誰能急先務，草莽徒欷歔。良辰且游衍，藻景方舒徐。悔不抽帆檣，悉留心相於。左拍高生肩，右攬錢叟袪。誅茅此山麓，耦耕晞溺沮。陶潛《勸農》詩：「沮溺結耦。」

近來二首

近來文人愛標榜，不慮旁觀嘲笑工。但架廬陵屋下屋，《世說》：「王隱論楊雄《太玄》雖妙，非益也，古人謂之屋下架屋。」〔註193〕瓣香誰解就南豐。《捫虱新語》：「陳後山學文於曾子固，學詩於黃魯直。嘗有詩云：『向來一瓣香，敬為曾南豐。』然此香獨不為魯直，何也？」

近來論詩專序爵，不及歸田七品官。直待書坊有陳起，江湖諸集庶齊刊。《瀛奎律髓注》：「寶慶初，史彌遠專權〔註194〕之際，錢唐書肆陳起宗之能詩，

〔註188〕此係自注。

〔註189〕《秋水》。

〔註190〕《豳風·七月》。

〔註191〕卷五十一。

〔註192〕《大雅·板》。

〔註193〕《文學第四》「庾仲初作《揚都賦》成」條劉孝標《注》。

〔註194〕「專權」，《瀛奎律髓》卷二十劉克莊《落梅》作「廢立」。

凡江湖詩人皆與之善，宗之刊《江湖集》以售。」《讀書附志》：「《江湖集》九卷，錢唐陳思彙本朝人之詩。又刊《六十家小集》，皆南宋人。」〔註195〕

原缺一行。〔註196〕

陸秀才競烈南田書屋圖

《嘉興府志》：「陸競烈，字懶真，平湖人。為諸生有名。避跡南田，栽花累石，以賓客詩酒為樂。著有《停雲擷影集》。晚忽棄家，結廬墓，傍曰松在往來雲林佛。日自作生瘞詞。後兵革，叉手吟詠而逝。」《洛如詩社》：「德衛字高遷，原名陸競烈。」

近郭一丘一壑，《世說》：「謝幼輿曰：『一丘一壑，自謂過之。』」〔註197〕到門有橋有船。白居易《池上篇》：「有堂有庭，有橋有船。」主人著書簷下，不入城市經年。

送李司訓琇之括州

字補山，梅里人。貢生。官處州府學訓導。有《道南堂集》。

我聞括州洞天福地有其四，近在縉雲麗水青田間。《本教龜山白玉上經》：「第二十九洞仙都山，周迴三百里，名祁仙之天。在處州縉雲縣，黃帝上昇處。第三十洞青田山，周迴四十里，名青田玄鶴之天，在處州青田縣，葉天師所居。」□□□□〔註198〕：「南田山在青田，古稱七十二福地，此其一也。石門山在青田，道書謂玄鶴洞天。仙都山在縉雲，道書謂玄都洞天。括蒼山在縉雲，道書十八洞天之一。」廣文先生此去主郡學，芙蓉〔註199〕面面峰迴環。毋嫌篋程遠，毋憚行旅艱。揚帆七里瀨，舍櫂雙溪灣。我昔逢雨雪，冰膠磴滑不易攀。子今乘清秋，一日可以超重關。惡溪亦不惡，「七里瀨」、「惡溪」，並見卷四。終年水潺潺。隘口亦不隘，終日車班班。見卷九《鄭州題壁》。青衿胄子載酒至，《詩》：「青青子衿。」〔註200〕《書》：「夔，命汝典樂，教胄子。」〔註201〕往往剝啄鳴樞欞。龍泉碧盌蛛絲斑，《輟耕錄》：「處州龍泉縣窯質頗粗厚。」〔註202〕《格古論要》：「古龍泉窯，今曰處器、青器。古青器土脈細且薄，翠青色者貴。」香

〔註195〕吳焯《南宋雜事詩》卷二「柴柵牽名何太迂，詩編著錄號江湖。鶴山跋語題鴻寶，鍾鼎能凌薛氏無」注。

〔註196〕底本為空一行，據石印本錄此四字。

〔註197〕《品藻》。

〔註198〕「□□□□」，石印本作「處州府志」。

〔註199〕「蓉」，《曝書亭集》作「葉」。

〔註200〕《鄭風‧子衿》。

〔註201〕《堯典》。

〔註202〕卷二十九。

菇菜筍飯赤穅。《集韻》：「赤穅，稻名。」全家志在潔白養，見卷九《題畫》。
三簞之祿足以怡慈顏。《莊子》：「曾子再仕而心再化，曰：『吾及親仕，三釜而心
樂；後仕，三千鍾不洎，吾心悲。』」〔註203〕陸游詩：「三釜昔傷貧藉祿。」〔註204〕
況聞此地僻且閒，有腰免使陶潛彎。見卷九《和田郎中》。沈遼詩：「強來為吏
腰少彎。」〔註205〕熱官何如冷官〔註206〕好，《北齊・王晞傳》：「非不愛熱官，
但思之爛熟耳。」〔註207〕宴坐但看門前山。新詩相憶肯相寄，老夫為子方
便刪。「闢詞方便刪」，元微之句也。〔註208〕

東湖曲八首《檇李詩繫》：「當湖在平湖縣治東三百步。《吳地記》云：『隆安五年，
改東武湖。』俗呼東湖。元末於金山海濱得一碑，曰鸚鵡洲界，又名小瀛洲。今建塔
於其上，水有九派，東南通故邑，西南近海鹽，東則廣陳，北則華亭，舟楫便利，為
一邑之勝。」〔註209〕

　　弄珠樓外月輪明，見卷八《櫂歌》。九派寒潮一夜生。董其昌《寄題蕭使
君弄珠樓》詩：「山連秦望三神近，湖似潯陽九派消。」〔註210〕怪道漁榔爭入市，
白鰕青鯽滿東城。

　　十里湖光一葉舟，五層塔火浴中流。曉來寺寺霜鐘急，李東陽《當湖
十景詠》有二寺兩鐘。驚起啼烏掠渡頭。

　　吳娃蕩漿濕輕紈，西浦菱歌聽未殘。當湖十景有西浦魚罾。路入板橋舟
去遠，遊人尚擁赤闌干。

　　博陸祠東畫舫開，《括異志》：「金山忠烈王，漢博陸侯，姓霍氏。吳孫權時，
一日致疾，黃門小豎附語曰：『國主封界華亭谷極西南有金山咸塘湖，為民害，民將魚
鱉食之，非人力能防。金山，故海鹽縣，一旦陷沒為湖，無大神護也。臣，漢之功臣
霍某也。部黨有力，能鎮之，可立廟於山。』吳王乃立廟。建炎間，建行宮於當湖，

〔註203〕《寓言》。
〔註204〕《題齋壁》。
〔註205〕《走筆奉酬正夫即次元韻》。
〔註206〕杜甫《醉時歌》：「諸公袞袞登臺省，廣文先生官獨冷。」
〔註207〕卷三十一，「愛」下有「作」字。
〔註208〕此係自注。
〔註209〕卷三十九《鵡湖春色》附考。
〔註210〕原題作《題平湖弄珠樓呈蕭象林使君二首》其一《弄珠漢水遺事使君漢陽人
　　　　而平湖亦有漢塘又稱鸚鵡湖於弄珠差合》。

賜名，顯應尤著，鄉民祈禱輒應。」〔註211〕**兩頭簫管勸交杯。城門緩鎖銅魚鑰**，見卷十《禁中騎馬》。**坐待三更月出回。**

黃雀披綿出葦苔，白居易詩：「看人刈葦苔。」〔註212〕**花雞剖腹露紅椒。**見卷八《欀歌》。**不煩蘆瀝晶鹽糝，米汁船娘手自調。**見卷二十《東禪寺》。

鱸鄉蟹舍說豐年，秔稻當湖熟最先。一雨新晴才幾日，家家門外送租船。白居易詩：「家家門外泊舟航〔註213〕。」張籍詩：「今年為人送租船。」〔註214〕

化城香刹嫋幡竿，《檇李詩繫》：「化城菴在當湖東岸。舊為邑令化城羅公生祠，遂以名菴。」〔註215〕《漢書·郊祀志》：「為伐南越，以牡荊畫幡日月北斗登龍，以象太一三星，為泰一鏠旗。」《注》：「以牡荊為幡竿。」〔註216〕**五髻如來石作壇。乍浦南風潮兩信**，見《櫂歌》。周匡物詩：「錢塘江口無錢過，又阻西陵兩信潮。」〔註217〕**新黃柚子滿堆盤。**《本草》：「閩中、嶺外、江南皆有柚，比橘黃白色而大。」

夾岸笆籬麛眼麅，近船花草錦茵鋪。湖邊漸少閒田地，隄上宜添賣酒壚。

題趙方伯勸農圖《浙江通志》：「趙申喬，字松伍，江南武進人。康熙庚戌進士，以刑部員外郎里居。辛巳春，召授浙江布政使。受事三日，首革南糧布袋之弊。他若加平餽、獻兵餉、掛發，一切禁止。時屆編審，下令均山陰坊鄉田畝，以絕差徭偏枯。寧波黠民倡照地派丁之說，與巨室相持，申喬草片檄諭之，無敢嘩者。未逾年，特升浙江巡撫。自藩遷署，器什惟襆被一肩、書數簏而已。」

三農播百穀，原隰各有宜。《周禮》：「太宰九職，一曰三農生九穀。」鄭氏曰：「三農，原隰及平地。」賈公彥《疏》：「謂農民於原隰及平地三處營種，故云三農。」**匪特因地利，又必循天時。**《書》：「司空掌邦土，居四民，時地利。」《傳》：「使

〔註211〕《欽定古今圖書集成·曆象彙編·歲功典卷四十七》、《博物彙編·神異典卷三十》。

〔註212〕《渭村雨歸》。

〔註213〕「航」，白居易《登閶門閒望》同，石印本誤作「船」。

〔註214〕《促促詞》。

〔註215〕卷四十一《宿化城庵》附考。

〔註216〕卷二十五上。按：早見《史記》卷十二《孝武本紀》、卷二十八《封禪書》。

〔註217〕（唐）周匡物《應舉題錢塘公館》。

順天時，分地利。」民生務在勤，豈可惰四肢。耘耨一不力，苗莠豆為萁。
見卷六《風懷》。炎暑尤可憐，秧馬苦蹲跊。蘇軾《秧馬歌引》：「予昔遊武昌，
見農夫皆騎秧馬。以榆棗為腹，欲其滑；以楸梧為背，欲其輕。腹如小舟，昂其首尾；
背如覆瓦，以便兩髀雀躍於泥中。係束稾其首以縛秧，日行千畦，較之傴僂而作者，
勞佚相絕矣。」《博雅》：「蹲跊，廛啟，肆踞。」晨蟓夕飛蟊，《爾雅》：「蟓衒入耳。」
一一嚙頑肌。劉子翬〔註218〕詩：「凍粟消頑肌。」及其登場圃，《詩》：「九月築
場圃。」〔註219〕手足盡皴胈。《韓詩外傳》：「子路曰：『有人於斯，手足胼胝。』」
〔註220〕皮日休《古杉》詩：「突兀方相脛，鱗皴夏氏胈。」〔註221〕磨礱且簸揚，
《詩》：「不可以簸揚。」〔註222〕然後供一炊。《會稽典錄》：「陳修遷豫太守，十日
一炊。」黃庭堅詩：「蓋世功名忝一炊。」〔註223〕云何不愛惜，等之稊稗為。
盈倉飽雀鼠，百斛飯僧尼。國奢當示儉，《禮》：「國奢則示之以儉。」〔註224〕
先務宜在茲。我後省耕斂，蠲租起瘡痍。《後漢‧王朗〔註225〕傳》：「元元瘡
痍，已過半矣。」作繪耕織圖，賜予先保釐。《書》：「命畢公保釐東郊。」〔註226〕
公復篹質言，勸農書也。〔註227〕鏤版下有司。遠邇七十城，戶誦比書詩。
齊民諳要術，《隋書‧經籍志》：「《齊民要術》十卷，賈思勰撰。」〔註228〕風俗公
所移。《禮》：「其感人深，其移風易俗。」〔註229〕吾衰受一廛，僻在長水湄。
披圖媿善頌，《禮》：「君子謂之善頌善禱。」〔註230〕對此豁雙眉。

　　按：趙恭毅公《勸農圖》暨所篹《質言》，《通志》闕而不書。余與公玄孫懷玉交，
得盡閱其家乘行述，均未之載。幸是詩存，可免舊聞之放失矣。

〔註218〕按：出（宋）劉子翬《負暄》，作「翬」誤。
〔註219〕《豳風‧七月》。
〔註220〕卷九。
〔註221〕原題作《虎丘寺殿前有古杉一本形狀醜怪圖之不盡況百卉競媚若妒若媚娟唯
　　　　此杉死抱奇節骰然闃然不知雨露之可生也風霜之可瘁也乃造化者方外之材
　　　　乎遂賦三百言以見志》。
〔註222〕《小雅‧大東》。
〔註223〕按：非黃庭堅詩，出（宋）周孚《次韻朱德裕見贈時予病初起》。
〔註224〕《禮記‧檀弓下》。
〔註225〕《後漢書》卷四十二《王昌傳》，稱「王昌一名郎」。此處作「王朗」，誤。
〔註226〕《畢命》。
〔註227〕此係自注。
〔註228〕卷三十四。
〔註229〕《禮記‧樂記》。按：早見《荀子‧樂論》。
〔註230〕《禮記‧檀弓下》。

南浦歸舟圖為李上舍宗渭作字秦川，號稔卿。康熙癸巳舉人。官韓昌知府。

已別東湖夜月，《名勝志》：「志雲湖在城內東南隅，即東湖也，周廣五里，沿隄植柳，名萬金隄。按：東湖今又分為西北二湖，故豫章城中有三湖九津之說。九津者，三湖水所派泄也。」將挐南浦歸舟。《名勝志》：「南浦在城南章江之上游也。其始別為支流，沿城南阪而復合，中裂三洲，民居其上，為石橋以濟。」好占日色風色，直泝饒州信州。

西湖

十三亭子景平分，銀牓昭回天漢文。破除水墨馬一角，馬遠有水墨西湖十景冊，畫不滿幅，人稱為馬一角。姚東雲〔註231〕詩「宋家內院馬一角」是也。〔註232〕《珊瑚網》：「世〔註233〕評馬遠畫多殘山剩水，不過南渡偏安風景耳，又稱為馬一角。」界畫金碧王孤雲。《續弘〔註234〕簡錄》：「王振鵬，永嘉人。工畫山水人物，尤精界畫。文宗詔繪殿壁，稱旨，欲官之，不受賜。號孤雲居士。」裏湖外湖煙樹接，瞿宗吉《西湖竹枝詞》：「裏湖外湖波渺茫。」斷竹續竹山泉聞。見卷十八《怪鷗行》、卷十七《崇安》。承恩父老衣黃絹，芸鼓鼕鼕報夕曛。

臨平道中是日立春

老矣孤蹤尚棲泊，小除日近始來還。且沽市中缸面酒，臥看雲後攀頭山。谿雨移時泥滑滑，《邐齋閒覽》：「白蟻聞竹雞之聲化為水。今在處山林皆有之。聲自呼為泥滑滑者是也。」舟人上岸腰環環。見卷一《捉人行》。安平泉源一叢樹，《臨安志》：「安平泉在安仁西鄉安隱寺，有池名安平泉。」早有春鳥鳴其間。

虎山橋夜泊見卷十五《雨舟》。

薛家車子十四，見卷六《人日》。白傅歌童一雙。白居易詩：「菱角執笙簧，谷兒抹琵琶。紅綃信手舞，紫綃隨意歌。」〔註235〕注：「菱、穀、紫、紅，皆小臧獲名也。」《容齋隨筆》：「紅綃、紫綃，二女奴名。」風定虎山橋水，月明蠡殼船窗。

曝書亭集詩注卷十八　　　　　　　　　　　　　　　男　蟠　挍

〔註231〕「東雲」，《曝書亭集》作「雲東」。

〔註232〕此係自注。

〔註233〕石印本此下有「間」字。

〔註234〕「弘」，底本、石印本作「宏」。

〔註235〕《詠興五首》其五《小庭亦有月》。

曝書亭集詩注卷十九

嘉興　楊　謙　纂
烏程　金大鯤　參

重光大荒落辛巳

二月朔查山探梅集六浮閣分韻得覃字先生《六浮閣記》：「六浮閣在查山之陽，具區浸其右。六浮者，一曰長浮，二曰白浮，三曰箬浮，四曰苧浮，五曰茅浮，六曰箭浮。其崇卑小大形殊，或斷或續，迤邐限隩之外。方閣之未成也，嘉定李流芳長蘅過而樂之，思以十千錢構草閣，踞梅林之上，寫圖以告其友，兼題長句。覘其經營，而終不果也。後八十年，長洲張翁買此山，始為建閣，且治生壙，背阜面湖，周樹石楠栝柏以為藩。閣峙其南，當春梅放，拓西窗俯視，繁花百萬，若密雪之被原隰。遊人詫勝絕焉。未幾，翁沒。翁子士俊從而補葺之，有徑有堂，有庖有湢，於是四方名士牽拂相招來會。歲在辛巳二月己未朔，予登是閣，覘漁帆出沒，浦樹清疏，山鳥喧喧拂簾，鳴旦暮。愛之不忍去，遂留信宿。士俊以記為請，將刻之坐隅。」

　　查山一卷石，《姑蘇志》：「玉遮山，在陽山之南，橫列如屏，今但呼為遮山。《舊志》：『為查山。』」太湖匯西南。梅花幾百萬，亂插如著簪。我來微雨後，盡圻霜苞含。橫披谷錦繡，白居易《廬山草堂記》：「春有錦繡谷花，夏有石門澗雲。」倒映天蔚藍。杜甫詩：「上有蔚藍天，垂光抱瓊臺。」〔註1〕高臨銅官井，〔註2〕《入蜀記》：「過繁昌縣。隔港即銅陵界，遠山嶄然，臨大江者即銅官

〔註1〕《冬到金華山觀因得故拾遺陳公學堂遺跡》。
〔註2〕國圖藏本眉批：銅官井當即鄧尉之銅井。若銅陵縣之銅官井，遠在數百里外，與查山何涉耶？

—813—

山，太白所謂『我愛銅官樂，千年未擬還』是也。」〔註3〕**下者菖蒲潭。**〔註4〕《茅山志》：「顧況居菖蒲潭，自號華陽真逸。」**麂眼編疎籬，鹿胎穆空崦。**《洛陽牡丹記》：「鹿胎花者，多葉，紫花。有白點，如鹿胎之紋。」**卑枝或壓帽，瘦蔕恒飄彬。粉蜨羽翻飛，白龍鬚鬖鬖。**韓維詩：「白龍垂須正鬖鬖。」〔註5〕**曩時李先輩，**《國史補》：「舉子互相推稱，則曰先輩。」**丘壑性所耽。過之不能去，思結小圓庵。**秦觀詩：「道人為作小圓菴。」〔註6〕**點筆寫為圖，**李長蘅《六浮閣歌序》：「買一小丘於鐵山下，盡覽湖山之勝，尤於看梅為宜。久欲作一閣，名曰六浮。六浮之名滿人耳，而閣竟不就。鄒孟陽每欲代為經營，因作六浮閣圖，兼題一詩，冀無忘此盟也。」**買山付虛談。**《世說》：「支道林因人就深公買印山。深公答曰：『未聞巢、由買山而隱。』」〔註7〕**清河有一老，於此開徑三。詩壘黃篾樓，**《名勝志》：「赤山埠浴鵠灣，張雨寓居，有水軒、黃蔑樓。」**生壙金粟龕。**《元詩選》：「顧瑛自稱金粟道人，自為壙誌，戒其子以紵衣、桐帽、棕鞵、布襪纏裹入土。」〔註8〕**偶占絕勝地，戶戶圍重嵐。**米芾詩：「春歸戶戶嵐。」〔註9〕**漁洋峙厥左，**《吳縣志》：「法華山在元墓山南，一名缽盂。其東有橫山、漁洋山，迤邐數里，與周山聯屬。」**層波激淆沛。**淆，七笑切。沛，土含切。木〔註10〕華《海賦》：「淆沛濜而為魁。」**其右浮者六，一一同眠䲶。所憾瀲浦隔，未得窮幽探。徒羨漁子艇，揚帆捉蠃蚶。**蘇軾《東湖》詩：「深有魚與龜〔註11〕，淺有螺與蚶。」**張郎敬愛客，託契來僑郯。**蘇軾詩：「猶復訪僑郯。」〔註12〕**園蔬進香飯，家釀發新坩。**劉弇詩：「興未〔註13〕發新坩。」**蟛鮞列瑣細，橙橘分酸甘。**《山海經》：「其味酸甘。」**主賓迭相勸，力飲忘身酖。是夕陰復晴，淨洗雪曇曇。**鮑照《遊思賦》：「望波際兮曇曇。」**花光暝逾蒸，四坐聞醃醰。**音菴。醰，香氣也。**牽吟共鬮韻，語笑吳越參。酬和繼沈範，**見卷六《壽何侍御》。**少長齊**

〔註3〕卷二。

〔註4〕國圖藏本眉批：菖蒲潭疑亦在查山之麓，須考《姑蘇志》。注引《茅山志》，亦遠不相涉。志愒注。

〔註5〕《孔先生以仙長老山水略錄見約同遊作詩答之》。

〔註6〕《處州水南庵二首》其一。

〔註7〕《排調第二十五》。

〔註8〕《元詩選初集》卷六十四「玉山主人顧瑛」。

〔註9〕《甘露寺悼古》。

〔註10〕「木」，石印本誤作「本」。

〔註11〕「魚與龜」，《鳳翔八觀》其五《東湖》作「龜與魚」。

〔註12〕「魚與龜」，《鳳翔八觀》其五《東湖》作「龜與魚」。

〔註13〕「未」，劉弇《黃魚鮓寄狄復之因佐以詩》作「來」。

羅唎。謂甘羅、老聃也。**禮從野人野，嗜比貪夫貪。昴參橫醉後**，《詩》:「維參與昴。」〔註 14〕**各各猶研覃**。孔安國《尚書序》:「研精覃思，博考經籍。」**回憶平生遊，斯集樂且湛**。《詩》:「和樂且湛。」〔註 15〕**擬留信宿居，懶上白竹籃**。陳與義詩:「孫子白木杖，富子黑油笠。我獨白竹籃，差池復相及。」〔註 16〕

初二夜月聯句

二月哉生明，高不騫。〔註 17〕《書》:「厥四月哉生明。」〔註 18〕**曆象古無易**。顧嗣協。〔註 19〕字迂客，長洲人。**云何期未屆**，徐釚。〔註 20〕**忽露一鉤白**。張大受。〔註 21〕**纖纖玦兩頭**，彝尊。**遠遠眉半額**。顧紹敏。〔註 22〕字嗣宗，長洲人。古語:「趙王好大眉，民間闊半額。」**驟剖老蚌胎**，徐葆光。〔註 23〕字亮直，吳縣人。何遜《七召》:「剖胎豹腹。」高適《望海》詩:「日出見魚目，月圓知蚌胎。」〔註 24〕**乍吐妖蟇魄**。朱甫田。〔註 25〕字襲遠，秀水人。盧仝《月蝕詩》:「臣心有鐵一寸，可刳妖蟆癡腸。」**拉折金臂環**，徐昂發。〔註 26〕繁欽《定情詩》:「何以致拳拳，綰臂雙金環。」**屈曲玉牙尺**。顧嗣立。〔註 27〕**仄痕浸湖波**，張士俊。〔註 28〕字籲三，長洲人。**初輝澹林隙**。鄭鉽。〔註 29〕字季雅，長洲人。**趁霞射東崦**，蔣深。〔註 30〕字樹存，長洲人。**逐景度西磧**。張士琦。〔註 31〕字天申，嘉定人。**偃蹇桂樹枝**，不騫。虞喜《安天論》:「俗傳月中仙人桂樹，今視其初生，見

〔註 14〕《召南・小星》。
〔註 15〕《小雅・常棣》。
〔註 16〕《與季申信道自光化復入鄧書事》其一。
〔註 17〕《曝書亭集》作「華亭高不騫查客」。
另，國圖藏本眉批:「注內人名俱應照原集。」
〔註 18〕《武成》。
〔註 19〕《曝書亭集》作「長洲顧嗣協迂客」。
〔註 20〕《曝書亭集》作「吳江徐釚電發」。
〔註 21〕《曝書亭集》作「嘉定張大受日容」。
〔註 22〕《曝書亭集》作「長洲顧紹敏嗣宗」。
〔註 23〕《曝書亭集》作「吳縣徐葆光亮直」。
〔註 24〕原題作《和賀蘭判官望北海作》。
〔註 25〕《曝書亭集》作「秀水朱甫田襲遠」。
〔註 26〕《曝書亭集》作「崑山徐昂發大臨」。
〔註 27〕《曝書亭集》作「長洲顧嗣立俠君」。
〔註 28〕《曝書亭集》作「長洲張士俊籲三」。
〔註 29〕《曝書亭集》作「長洲鄭鉽季雅」。
〔註 30〕《曝書亭集》作「長洲蔣深樹存」。
〔註 31〕《曝書亭集》作「嘉定張士琦天申」。

仙人之足漸已成形，桂樹後生焉。」**蹉跼仙人跡**。嗣協。**匝**〔註32〕**看越鳥將，**釚。**喘笑吳牛亦**。大受。《風俗通》:「吳牛苦於日，故望月而喘。」**於焉拓風簾，**彝尊。**恰喜映瑤席**。紹敏。**玲瓏閣外梅，**葆光。**淨若曳霜帛**。甫田。班婕妤賦:「卷霜帛而下庭。」〔註33〕**暗水流其間，**昂發。**積素影活碧**。嗣立。劉弇詩:「春江活碧染衣濃。」〔註34〕**廣寒八萬戶，**士俊。魏了翁句。〔註35〕《唐逸史》:「明皇與申天師八月十五夜遊月宮，見榜曰廣寒清虛之府。」《酉陽雜俎》:「太和中，鄭仁本表弟遊嵩山，見一人枕襆，呼之。其人曰:『君知月乃七寶合成乎？月勢如丸，其影乃日爍其凹處也〔註36〕，常有八萬二千戶修之。』因開襆，有斧鑿數事、兩裹玉屑焉。」〔註37〕**料愛惜花客**。鉽。**預使千里光，**深。**冷沁凍蛟脊**。士琦。**亟催簫譜修，**不騫。**恣把鉼泥坼**。嗣協。**或舉深杯邀，**釚。李白詩:「舉杯邀明月。」〔註38〕**或持紺法測**。大受。**維衡運疾遲，**彝尊。**猶人命通厄**。紹敏。**先時天不違，**葆光。《易》:「先天而天弗違。」〔註39〕**翕者耆焉闢**。甫田。**勝引樂自今，**昂發。**庶徵考疇昔**。嗣立。《書》:「八庶徵。」〔註40〕**多耀由政平，**士俊。《禮斗威儀》:「政太平則月圓而多輝，政升平則月清而明。」**寖和駸寒革**。鉽。梅堯臣詩:「寒革春寖和。」〔註41〕**金樞落不知，**深。見卷五《曉發東光縣》。**爛醉參橫夕**。士琦。

雲溪草堂圖為徐進士永宣題二首

蔆葉荷花蓼草磯，鶴巢深樹客來稀。主人且莫貪高臥，合試新涼柳汁衣。《三峰集》:「李固言未第時，行古柳下，聞有彈指聲。固言問之，曰:『吾柳神九烈君也。已用柳汁染子衣矣，科第元擬〔註42〕固得藍袍，當以棗糕祀我。』固言許之。未幾，狀元及第。」〔註43〕

〔註32〕「匝」,《曝書亭集》作「帀」。
〔註33〕《擣素賦》。
〔註34〕《送廷允決曹解官舟行赴闕》其二。
〔註35〕《中秋領客》。
〔註36〕「也」，底本作空格，據石印本補。
〔註37〕前集卷一。
〔註38〕《月下獨酌四首》其一。
〔註39〕《乾・文言》。
〔註40〕《洪範》。
〔註41〕《和李廷老家會飲》。
〔註42〕「元擬」，石印本、《白孔六帖》作「無疑」。
〔註43〕《白孔六帖》卷一百。

江城過雨不開雲，百里洮湖一曲分。比似玉河隄上望，見卷六《瓊華島》。柯亭劉井總輸君。見卷十《送徐中允》。

上巳後三日顧孝廉之斑招同諸公泛舟西湖即事分韻得交字顧字摺玉，杭州人。

獨櫂花陰入，重湖柳色交。斷橋亭蓋瓦，曲院水通坳。楚雀簧猶澀，江蓮葉尚包。宸遊留翠墨，車馬隘春郊。

吳越武肅王祠觀表忠觀碑得潛字《西河詩話》：「有言表忠觀碑在錢王祠者，因過觀之。考表忠觀在龍山之麓，觀毀，遷其碑來祠。然碑皆露立，且有僕者。及觀畢，欲憩。祠右一廢寺，不得入。按是地當湧金門外，為錢王故苑。苑曾產靈芝，因舍苑宅作靈芝寺。南渡後，建祠寺傍。新進士放榜訖，每題名於寺而開宴焉。真勝地也。今祠止三楹，坐錢氏三世五王，而寺已頹然，不可問矣。」

一王三節返，武肅王《還鄉歌》：「三節還鄉兮掛錦衣，碧天朗朗兮愛日暉。功臣道上兮列旌旗，父老遠來兮相追隨。家山鄉眷兮會時稀，今朝設宴兮舩散飛。斗牛無字兮民無欺，吳越一王兮駟馬歸。」〔註44〕龍德半飛潛。《易》：「潛龍勿用。」〔註45〕又：「飛龍在天。」〔註46〕尚有豐碑在，能摹活筆鍐。劉子翬詩：「豐鐫辨活筆。」〔註47〕花開仍陌上，見卷二《表忠觀》。廟古逼城尖。霸業餘陳跡，思繙舊史添。予注歐陽子《五代史》未就。〔註48〕

八日汪上舍日祺〔註49〕招同諸公夜泛五首

青驄斜日盡回鞭，錦瑟中流罷合絃。誰似汪郎苦留客，夜深猶放總宜船。先生《說舟》：「總宜船取東坡居士『澹妝濃抹總相宜』之句名焉。李宗表詩『總宜船中載酒波』，凌彥猷詩『幾度湧金門外望，居民猶說總宜船』是也。」〔註50〕

〔註44〕原題作《巡衣錦軍制還鄉歌》。

〔註45〕《乾》初九。

〔註46〕《乾》九五。

〔註47〕《雲岩竹源二禪俱與招客三月二十一日遂飯於竹源庵謀諸野則獲也劉奇仲有約不至吳周寶遊德華劉致中暨公望劉才仲陳聖叔某會焉從容辯論懷抱甚適因賦詩以紀之》。

〔註48〕此係自注。

〔註49〕「日祺」，底本、石印本無。據康熙本《曝書亭集》補。四庫本《曝書亭集》注「闕」。

〔註50〕《曝書亭集》卷六十《說舟示戴生鎣》。

湘湖遺老毛甡奇齡。〔註51〕舊清狂，白髮相逢筍蕨鄉。蘇軾詩：「又入東南筍蕨鄉。」〔註52〕已分今宵共沉頓，不妨跋扈少年場。見卷一《贈諸葛丈》。

西泠橋外柳娟娟，見卷四《湖上》。宿霧迷蒙月一弦。陌上花鈿如可拾，王世貞《詞評》：「高宗在德壽宮，遊聚景園，偶步入酒肆，見素屏有俞國寶書《風入松》一詞，嗟賞之。誦至『明日重攜殘酒，來尋陌上花鈿』，曰：『未免酸氣。』改『明日重扶殘醉』。仍即日予釋褐。此詞之遇者也。」〔註53〕安知老子定無緣。

蠟燈何處送歸艖，一道萍開燕尾香。張思廉詩：「斜日輕風燕尾船。」〔註54〕寄語紅窗休度曲，隔船回顧有周郎。見卷十六《耳疾》。

湖心亭子靜無塵，《西湖志》：「湖心亭在全湖中，舊有湖心寺，寺外三塔鼎峙。」劉子伯《湖心亭》：「湖心亭子枕澄波。」更上層樓算酒巡。好趁三潭涼月色，白銀盤裏採香蓴。劉禹錫詩：「白銀盤裏一青螺。」〔註55〕

十日周上舍崧字層岩，杭州人。丙子舉人。**招飲晨過昭慶僧舍**田汝成《西湖志》：「昭慶律寺，晉天福間吳越王建。」**雨霽偕諸君登舟循孤山**《浙江通志》：「孤山在裏外湖之間，一峰獨立，為湖山〔註56〕絕勝處。」**沿蘇公堤至定香橋**《錢塘縣志》：「定香橋在裏六橋第六橋之西。」**尋杖策歷大小南屏觀磨崖家人卦舟回席上賦六十韻**《臨安志》：「南屏山在興教寺後，上有石壁，若屏障然。小南屏山在廣教院後，怪石玲瓏，亦類屏障。」〔註57〕《宋鑑》：「紹興六年十一月庚辰，上諭大臣曰：『』司馬光隸字真似漢人，近時米芾輩所不能彷彿。朕有光隸字五卷，日夕置之座右，每取展玩。又所書乃《中庸》與《家人》卦，皆脩身治國之道，不特玩其字而已。」《四朝聞見錄》：「南屏山興教寺磨崖《家人》卦、《中庸》、《大學》篇，司馬溫公書，新圖經不載。」〔註58〕《武林舊事》：「南屏興教寺，舊名善慶，有齊雲亭、清曠樓、米元章書琴臺，及唐人磨崖八分《家人》卦、《中庸》、《樂記》篇，後人於石傍刊『右司

〔註51〕此係自注。

〔註52〕按：蘇軾《與參寥師行園中得黃耳蕈》「蕭然放箸東南去，又入春山筍蕨鄉。」

〔註53〕《弇州四部稿》卷一百五十二《藝苑卮言附錄一》。

〔註54〕按：非張思廉詩，出（宋）章憲《松江謁王文孺令宰》：「秋風小浪鴨頭水，斜日輕帆燕尾船。」因上句已有「秋風」，此處引作「輕風」亦誤。

〔註55〕《望洞庭》。

〔註56〕「山」，石印本作「中」。

〔註57〕（宋）潛說友《咸淳臨安志》卷二十三。

〔註58〕卷一《南屏興教磨崖》。

馬溫公書」，其實非也。」〔註59〕《經義考》：「篆書《家人》卦，今在淨慈寺之西。歲在辛丑，予與同里曹侍郎秋岳山行見之。其旁題名尚多，惜未克摹拓。卦後書《樂記》『禮樂不可斯須去身』至『舉而措之』一段，又《中庸》『道不遠人』至『無入而不自得焉』一段。泗水潛夫謂非涑水書，然以《宋鑑》證之，似屬公所書矣。」〔註60〕

山行有前期，晨起風雨惡。周郎沖泥過，促赴開沽約。車從酒庫來，航近寺門泊。同調六七人，畢來踐宿諾。俄頃濕雲收，周遭露岩崿。韓愈詩：「秦關東岩崿。」〔註61〕統如津鼓動，見卷七《夢硯歌》。解我青絲絆。見卷一《採蓮曲》。隄緣水仙祠，見卷四《西湖竹枝》。柁轉巢居閣。《杭州府志》：「林處士居有巢居閣。」已枯宅邊梅，《浙江通志》：「孤山多梅，為林逋放鶴地。」何況墓上鶴。徐集孫《謁林和靖墓》詩：「高風留塑鶴，殘雨暗荒碑。」〔註62〕《詩話總龜》：「林逋隱於武林之西湖，不娶無子，所居多植梅畜鶴，泛舟湖中。客至則放鶴致之，因謂梅妻鶴子云。」舍之度西泠，見卷三《湖上》。椒壁乍圬堊。歐陽修詩：「金釭〔註63〕瑩椒壁。」長廊面積水，華搆織新箔。云何丹粉外，團焦用絢索。見卷十七《紫溪道中》。得毋法堯階，茅茨罷剗削。《帝皇世紀》：「堯階三尺，茅茨不剗。」循此溯上洞，尋復步蘅薄。曹植《洛神賦》：「步蘅薄而流芳。」雙樹繚簷楹，層樓敞櫨欂。司馬相如《長門賦》：「施塊木之櫨欂。」倒影碧重巒，殘英紅一萼。抽梭白魚跳，杜甫詩：「翻藻白魚跳。」〔註64〕拂鏡翠羽掠。十亭此為最，奇豈緣棧壑。同遊興未闌，我心亦有託。思訪磨崖書，剔蘚試摹拓。篙師檥舟誤，失道墮蕭藋。俄聞南屏鐘，扶杖強趍趞。《類篇》：「趍趞，謂疾走。」到院風滿林，松栝雜楊柞。客過僧不迎，去疾走矍矍。此輩廢耕畬，安坐享齋鑊。王安石詩：「虹垂齋鑊午還晴。」〔註65〕何不勒歸農，驅使荷銚鎛。馬祖常詩：「銚鎛每親荷。」〔註66〕夕曛斷塔明，見卷四《夏日西湖》。仰見飛鳥霍。《說文》：「霍，飛聲也。」起行十畝間，柔桑已沃若。《詩》：「桑之未落，其葉沃若。」〔註67〕修修綠筠竿，濕粉

〔註59〕卷五。

〔註60〕卷二百九十一《刊石》。

〔註61〕按：「東」字誤。韓愈《晚秋郾城夜會聯句》：「魏闕橫雲漢，秦關束岩崿。」

〔註62〕此係自注。

〔註63〕「釭」，《和聖俞聚蚊》作「釭」。此沿江浩然《曝書亭詩錄》之說。

〔註64〕《絕句六首》其四。

〔註65〕《北山三詠》其三《道光泉》。

〔註66〕《錄囚太興府公廳書事》。

〔註67〕《衛風·氓》。

脫鮮籜。曲木橫為橋，中以石填廓。苔磴側未安，賴有藤婁絡。韓愈詩：「有藤婁絡之。」〔註 68〕頹齡苦足繭，十步九引卻。賈勇始一登，履險漸寬綽。石經早淪亡，見卷九《贈鄭簠》。餘者日銷鑠。家人卦六爻，何年此鏨鑿。曩偕鉏菜翁，曹侍郎溶。〔註 69〕相攜共盤礴。彈指四十春，按：先生於辛丑歲同倦翁觀磨崖碑，至是四十一年矣。重過感今昨。流傳迂叟題，《聞見後錄》:「司馬公在洛陽，自號迂叟。」所喜未闕落。威鳳臆騰騫，乖龍爪拏攫。張衡《西京賦》:「熊虎升而拏攫。」亟宜響搨回。悔失攜竹膜，梅堯臣詩：「斜封一幅竹膜紙，上有文字十七行。」〔註 70〕字仿婁機箋，洪邁《漢隸字源序》:「《漢隸字源》，槜李婁君彥發所輯，合蔡中郎諸人筆力。通神之妙，皆聚此編。」手學蔡邕摸。《後漢・蔡邕傳》:「邕讀《曹娥碑》，後能手摸其文讀之。」〔註 71〕坐久暝色催，出谷下危彴。梅堯臣詩：「危彴獨行時。」〔註 72〕平湖水悠悠，遠岫山漠漠。喚渡無緩聲，舉醻有逸爵。廚勅江庖烹，盤飣海物錯。《玉篇》:「飣貯食。」《書》:「海物惟錯。」〔註 73〕紛綸算鯢籌，稠疊進羹臛。見卷六《食鐵腳》。吾衰僅兩齒，韓愈詩：「憶昔太公仕進初，口含兩齒無贏餘。」〔註 74〕注：「太公兩齒，事見古本《荀子》。」笑比牛軟嚼。韓愈詩：「合口軟嚼如牛呞。」〔註 75〕於禮去煩苛，既醉忘嘔噱。《〈魏志・鍾繇傳〉注》:「執書嘔噱，不能離手。」〔註 76〕邇來數近遊，束皙有《近遊賦》。今日樂上樂。樂府句。〔註 77〕雖殊梓澤敘，《晉書・石崇傳》:「崇有別館在河陽之金谷，一名梓澤。」〔註 78〕合繼蘭渚作。見卷四。於焉迭觴詠，詩排硬語各。且當柅我車，《易》:「繫于金柅。」〔註 79〕入市趁櫻酪。《高齋詩話》:「牧之《和裴傑新櫻桃詩》云：『忍用烹騂酪，從將玩玉盤。』知唐人已用櫻桃薦酪也。」〔註 80〕主人洵好奇，語客君且莫。茲遊縱可

〔註 68〕《示兒》。
〔註 69〕此係自注。
〔註 70〕《得王介甫常州書》。
〔註 71〕卷六十下《蔡邕列傳》未見此語。
〔註 72〕《送蟾上人遊南嶽》。
〔註 73〕《禹貢》。
〔註 74〕《贈劉師服》。
〔註 75〕《贈劉師服》。
〔註 76〕《三國志》卷十三。
〔註 77〕《豔歌》。
〔註 78〕卷三十三。
〔註 79〕《姤》初六。
〔註 80〕《詩話總龜》卷七十五、《漁隱叢話》卷二十三。

娛，所見但塗膉。《書》：「惟其塗丹膉。」〔註81〕詎足契真情，要必遠城郭。須為裹飯交，見卷一《曹三秀才》。選勝窮寂寞。兩峰躡晨梯，《浙江通志》：「西湖十景，一曰兩峰插雲。」九鎖開夜鑰。《浙江通志》：「餘杭縣有九鎖山，縈紆凡九折，曰天關，曰藏雲，曰飛鸞，曰凌虛，曰通真，曰龍吟，曰洞微，曰雲璈，曰朝元。」行逢鹿銜花，梅堯臣詩：「銜花鹿女香。」〔註82〕臥聽禽搗藥。見卷十五《洞霄宮》。暇看樗子棊，見卷十五《冬日》。雄對仙人博。見卷一《董逃行》。子言我獨哂，其奈筋力弱。後遊倘可陪，閉戶養腰腳。《梁書·何胤傳》：「但比腰腳大，惡此心不遂也。」〔註83〕

顧十一孝廉嗣立載酒寓樓遂同夜泛三首按：是日為三月十三。同遊者，馮文子、吳寶崖、周層〔註84〕岩也。

近郭新晴穀雨，故人載酒僧樓。商略今宵月色，一艘小舫中流。

白鷺鷥拳一足，李白詩：「白鷺拳一足。」〔註85〕綠楊柳散千條。誰唱彎彎月子，楊萬里《竹枝歌序》：「有云『張哥哥，李哥哥，大家著力一齊拖』；又云『一休休，二休休，月子彎彎照幾州』。其聲淒婉，一唱眾和。因檃括之，為《竹枝》云。」赤闌干第四《西湖志》作「三」。橋。

蘇學士隄芳草，水仙王廟寒泉。蘇軾詩：「不然配食水仙王，一盞寒泉薦秋菊。」〔註86〕正好當頭明月，莫緣半醉回船。

偕諸君過靈隱寺雨宿松籟山房限韻二首《杭州府志》：「景德靈隱禪寺在武林山之陰。晉咸和九年，梵僧慧理建，名靈隱。宋景德四年，改景德靈隱禪寺。」先生《靈隱寺題名》：「康熙辛巳三月，同遊七人：長洲顧嗣立俠君、秀水朱彝尊錫鬯、杭州馮念祖文子、吳陳琰寶崖、顧之挺掎玉、周崧層岩〔註87〕。期而不至者，蕭山毛奇齡大可也。」《樊榭山房續集》：「松籟二字扁，朱竹垞太史八分書。」〔註88〕

〔註81〕《梓材》。

〔註82〕《依韻和昭亭山廣教院文鑒大士喜予往還》。

〔註83〕卷五十一《處士列傳》。

〔註84〕「層」，石印本作「重」。

〔註85〕《賦得白鷺鷥送宋少府入三峽》。

〔註86〕《書林逋詩後》。

〔註87〕《曝書亭集》卷六十八《靈隱寺題名》此下有「汪日祺無已」，方符「同遊七人」之數。

〔註88〕卷二《松籟山房》「八分門榜百金直」注。

湖雲乍合山雨微，平岡細路風吹衣。過橋幾處甎塔湧，到寺一道岩泉飛。《府志》：「寺前冷泉亭在飛來峰下。」斬新白花蕊照眼，杜甫詩：「斬新花蕊未應飛。」〔註89〕依舊青竹園開扉。攀蘿捫葛信公等，我與僧彌暫息機。

正喜餘霞射東谷，何期簷溜滴階頻。且貪是夕剪燈話，判作來朝著屐人。慧遠酒邊能發興，見卷五《華陽精舍》。周顒肉罷詎生嗔。《南史·周顒傳》：「太子又問顒：『卿精進何如何胤？』顒曰：『三塗八難，共所未免，然各有累。』太子曰：『累伊何？』對曰：『周妻何肉。』」〔註90〕貓頭之筍一飽足，況有青青鴨腳芹。

松籟山房六詠

四松徑

松子落五粒，見卷五《太玉洞》。松釵橫十尋。我來凡幾宿，夜夜警皋禽。

山茶院

二十四春風，《荊楚歲時記》：「二十四番花信風者，小寒三信：梅花、山茶、水仙；大〔註91〕寒三信：瑞香、蘭花、山礬；立春三信：迎春、櫻桃、望春；雨水三信：菜花、杏花、李花；驚蟄三信：桃花、棣棠、薔薇；春分三信：海棠、梨花、木蘭；清明三信：桐花、菱花、柳花；穀雨三信：牡丹、荼蘼、楝花。」一百五寒食。自開雪中花，至今好顏色。

清籟居

一夜雨鳴樹，不知雲幾重。推窗看曉色，對面北高峰。《方輿勝覽》：「北高峰在靈隱山後。」

西磵

山僧斸茯苓，陸游詩：「憑君為買金鴉觜，歸去秋山斸茯苓。」洗此西磵水。宛轉流樹根，涓涓鳴不已。

〔註89〕《三絕句》其一《楸花》。
〔註90〕《南史》卷三十四。按：早見《南齊書》卷四十一《周顒傳》。
〔註91〕「大」，死因本誤作「太」。

栗園

布葉密如櫟，結實小於榛。時有裊尼至，見卷六《風懷》。翻飛不露身。

杜甫詩：「黃鸝不露身。」〔註92〕

竹筧

流泉半嶺來，續以青竹管。穿過白花籬，忽注僧廚滿。

吳氏山莊牡丹歌

牡丹三本異凡骨，紫囊紅襮爭暄新。見卷十二《一峰草堂》。山家種此有方法，陳根淨洗無纖塵。徐量淺土壓深墢，旋摘芹芽除苔茵。要令植物生意足，不因得地長於人。我來恰值穀雨後，愛三百朵濃香勻。朱竿卓立張翠幔，遊蜂舞蝶皆逡巡。日長狸奴慣癡坐，有時抱子來优优。《楚辭》：「豺狼縱目，往來优优些。」〔註93〕分明橫幅趙昌畫，《宣和畫譜》：「趙昌，字昌之，廣漢人。善畫花果，名重一時。有《牡丹戲貓圖》。」〔註94〕對此豁眼開心神。盧陵譜就種漸黟，歐陽修《花品序》：「余居府中，時嘗謁錢思公，於雙桂樓下見一小屏立坐後，細書字滿其上。思公指之曰：『欲作花品，此是牡丹名，凡九十餘種。』余時不暇讀之。然余所經見而今人多稱者，纔三十許，不知思公何從而得之多也。計其餘，雖有名而不著，未必佳也。故今所錄，但取其特著而次第之。」或自曹亳移吳闉。郭巨源詩：「巧媛出吳闉。」〔註95〕夭紅淺白僅盈尺，安得有此一丈身。〔註96〕來朝未必風不起，白居易《惜牡丹》詩：「明朝風起吹應盡，夜惜衰紅把火看。」〔註97〕亟呼酒伴澆以甕頭春。

三潭採蓴聯句

明湖一鏡平，際曉光汎汎。彝尊。見卷十七《入九曲》。三月抽香蓴，纖纖裹柔苗。馮念祖。吳儂戀鄉味，少小能識察。顧嗣立。《古詩》：「一心抱區區，懼君不識察。」〔註98〕擬荷錢未圓，杜甫詩：「點溪荷葉疊青錢。」〔註99〕比

〔註92〕《柳邊》。
〔註93〕《招魂》。
〔註94〕卷十八。
〔註95〕按：（南朝齊）丘巨源《詠七寶扇詩》：「妙縞貴東夏，巧技出吳闉。」
〔註96〕按：《曝書亭集》此處有「我思」。
〔註97〕《惜牡丹花二首》其一。按：李清照《玉樓春》：「明朝未必風不起。」
〔註98〕《古詩十九首》其十七（孟冬寒氣至）。
〔註99〕《絕句漫興九首》其七。

荇帶尤滑。周敬。杜甫詩：「水荇牽風翠帶長。」〔註100〕《埤雅》：「蓴逐水性滑。」差遜雉尾長，見卷十一《輓曹先生》。頗類蠶絲軋。吳陳琰。燕釵股夭斜，《草木蟲魚疏》：「荇一名接余，白莖，葉紫赤色，正圓，徑寸餘，浮在水上，根在水底，與水深淺等。大如釵股，上青下白。鬻其白莖，以苦酒浸之，脆美可案酒。」鳧葵莖藻刷。周崧。《圖經》：「蓴性似鳧葵。」入掌溜蜿蜒，逆毛掩鶺鴒。馬翌贊。見卷六《諷懷》。杜甫詩：「天寒鶺鴒呼。」〔註101〕當其採摘時，得一走七八。彝尊。韓愈《征蜀聯句》：「中離分二三，外變迷七八。」幾番誑漁童，百過回櫓窢。念祖。元稹詩：「櫓窢動搖妨作夢。」〔註102〕匪直手拮据，《詩》：「予手拮据。」〔註103〕更在眼明點。嗣立。元稹詩：「客心本明點。」〔註104〕貯之老瓦盆，杜甫詩：「莫笑田家老瓦盆。」〔註105〕戢戢小魚頡。敬。見卷十六《斑魚》。揚雄《甘泉賦》：「魚頡而鳥䀮。」亟須下鹽豉，見卷一《渡黃浦》。曾不費椒楸。陳琰。《爾雅》：「椒楸，醜莍。」《注》：「椒楸子，今茱萸，亦謂之楸。」即此足解酲，饞扠忩交戛。崧。杜牧詩：「煙院松飄蕭，風廊竹交戛。」〔註106〕卻笑張季鷹，見卷三《鮆魚》。苦待秋風刮。翌贊。韓琦詩：「正值高秋天氣寒，塞場霜重嚴風刮。」〔註107〕補注：周敬，一名悐，字柯雲，海寧諸生。

雨宿大仁院陳宜中《佛閣記》「南山大仁院，廣運中吳越王錢氏建。有洞曰石屋，因即為名。元祐二年改今額。」

　　徑轉雙林下，窗分半壁隈。築牆防虎穴，登閣儼鼇臺。宿鳥翻風去，驚雷觸石回。明當凌絕頂，導我一僧來。

石屋《名勝志》：「九曜山在南屏之西，又西南過太子灣，折而南為石屋洞，高敞虛明，衍迤二丈六尺，狀如軒榭，可布几筵。其底邃窄通幽。又南過為煙霞嶺，嶺下有水樂洞。」

　　大仁院北岩，窪中若廬旅。《詩》：「于時廬旅。」〔註108〕傾崖滴石髓，

〔註100〕《曲江對雨》。
〔註101〕《纜船苦風戲題四韻奉簡鄭十三判官》。
〔註102〕《南昌灘》。一作武元衡詩。
〔註103〕《豳風‧鴟鴞》。
〔註104〕《估客樂》。
〔註105〕《少年行二首》其一。
〔註106〕《池州送孟遲先輩》。
〔註107〕《答孫植太博後園宴射》。
〔註108〕《大雅‧公劉》。

白日掠仙鼠。鑿佛大小軀，《錢塘縣志》：「石屋洞內舊鐫羅漢五百十六身。」先生《靈隱寺題名》：「今煙霞洞羅漢六，石屋羅漢一百一十六。」〔註109〕莓苔色黯沮。蘇舜欽詩：「黯沮在離〔註110〕別。」置身井谷中，《易》：「井谷射鮒，甕敝漏。」〔註111〕窺天可倚杵。東方朔《客難》：「語云：『以管闚天。』」《河圖挺佐輔》：「千歲之後，天可倚杵，泃泃隆隆，莫知其終。」剔蘚辨留題，各自命儔侶。試觀咸淳書，《咸淳石屋題名》：「咸淳三年九月二十八日，賈似道領客束元嘉、史有之、廖瑩中、黃公紹、王庭來遊，子德生、諸孫蕃世侍。」案：此段摩崖，賈名漫滅，後人惡賈而毀之。筆縱字尤巨。白雁雖未來，《玉堂嘉話》：「宋末下時，江南謠云：『江南若破，白雁來過。』當時莫喻其意。及宋亡，蓋知指丞相伯顏也。」〔註112〕邊烽已先舉。奈何平章賈，《宋史·賈似道傳》：「度宗三年，除太師、平章軍國重事，賜第葛嶺。」〔註113〕志不在疆圉。貪領狎客遊，子弟共容與。嫉惡性所同，見者費薰煮。蘇軾詩：「草木〔註114〕困薰煮。」不覩眉山翁，《熙寧石室題名》：「陳襄、蘇頌、孫奕、黃顥、曾孝章、蘇軾同遊，熙寧六年二月二十一日。」案：《咸淳臨安志》，蘇公題名，黨禁時已鐫去。今摩崖朗然，後人重公之名而補刊也。拂石埽雞距。蘇軾詩：「掃殘雞距紫毫芒。」〔註115〕愛惜爭摩挲，響搨硬黃楮。洞門石扇開，幽探少樺炬。陸游詩：「夾道吹煙樺炬香。」〔註116〕慮拔千歲蛟，嶷然不敢語。山南殷其靁，《詩》：「殷其靁，在南山之陽。」〔註117〕驟雨沒沙渚。偶坐贊公房，杜甫有《宿贊公房》詩。夕陽滿平楚。

南山雜詠十七首

水樂洞《夢粱錄》：「杭城外南高峰有煙霞洞，下有水樂洞。其洞前四望，林巒聳秀，巖石蟠峙。洞虛窈渟，涵如淵泉，味且清甜可掬。洞中有水聲，如金石之音。」

　　蒼山入夏寒，一泉自溫谷。《穆天子傳》：「天子西濟於河，爰有溫谷樂部。」

〔註109〕《曝書亭集》卷六十八。
〔註110〕「離」，《高山別鄰幾》作「為」。
〔註111〕《井》九二。
〔註112〕卷四。
〔註113〕《宋史》卷四百七十四《姦臣列傳四》。
〔註114〕「草木」，《端午遊真如遲適遠從子由在酒局》作「糟曲」。
〔註115〕《文與可有詩見寄雲待將一段鵝溪絹掃取寒梢萬尺長次韻答之》。
〔註116〕《下元日五更詣天慶觀寶林寺》。
〔註117〕《召南·殷其靁》。

注：「溫谷言冬煖也。」其流浸蘭蕙，其音喻琴築。白居易《廬山草堂記》：「堂東有瀑布，瀉階隅，落石渠，如環珮琴築聲。」䂮然石扇開，飛出白蝙蝠。《臨安志》：「蝙蝠洞在石屋洞後，內多蝙蝠，故名。」

虎跑泉 見卷十一《輓曹先生》。

山泉可用汲，酌以長頸匏。庾信《小園賦》：「連珠細菌，長柄寒匏。」虎跡久已湮，深穴猶廖𥶡。廖，古交切。𥶡，郎交切。馬融《長笛賦》：「廖𥶡巧老，港洞坑谷。」《注》：「『廖𥶡巧老』，深空之貌。」松陰轉三面，未肯回秋鞘。見卷十一《重九》。

煙霞寺 《臨安志》：「《祥符志》云：『晉開運元年，有僧彌洪結庵洞口，遇一神人，指此山後有聖蹟，何不顯之。洪尋至山後，見一洞內有石刻羅漢六尊。洪既卒，吳越王錢氏夢僧告云：『吾有兄弟一十八人，今方有六，王可聚之。』夢覺，訪得煙霞洞，有六羅漢。遂別刻一十二尊，以符所夢。』」

澀磴上招提，不知幾十級。入廚筧泉枯，過雨佛身濕。石乳滴空嵌，髣髴龍象泣。杜甫《山寺》詩：「如聞龍象泣，足令信者哀。」

風篁嶺 《名勝志》：「風篁嶺在赤山西北，林壑深沉，淙流活活，簹簹篠蕩，風韻凄清，故名。宋元豐中，僧辨才自龍井送蘇東坡至此。左右驚曰：『遠公過虎溪矣。』辨才笑曰：『杜子美云：與子成二老，來往亦風流。』遂作亭嶺上，曰過溪。嶺上有一片石，高丈許，青潤玲瓏，工緻萬狀，俗呼一片雲。清泉一泓，是名龍泉。」

斷崖橫一嶺，穉竹何娟娟。時有山禽拂，新粉墮我前。欲尋岩下寺，揮我風中絃。

過溪亭

一亭四無鄰，棟壞柱已折。山僧慣迎賓，不忍過溪別。偶語莎草間，夕曛信明滅。

楊梅塢 《臨安志》：「楊梅塢，《古蹟事實》：『在南山，近瑞峰。石塢內有一老嫗，姓金。其家楊梅甚盛，俗稱楊梅塢，所謂金婆楊梅是也。』」

我行楊梅塢，惜是孟夏初。是時果未熟，但見柯葉舒。思包綠荷飯，柳宗元詩：「綠荷包飯趁虛人。」〔註118〕五月來精廬。

龍井 秦觀《龍井記》：「龍井舊名龍泓，距錢塘十里。吳赤烏中，方士葛洪嘗煉丹於此。

〔註118〕《柳州峒氓》。

事見《圖記》。其地當西湖之西、浙江之北，風篁嶺之上，實深山亂石之中泉也。每歲旱，禱雨於他祠不獲，則禱於此，其禱輒應，故相傳以為有龍居之。」

一泓渟山坳，過者不敢唾。雖然龍窟宅，亦許鬭茶坐。《湖壖雜記》：「龍井產茶，作荳花香，與香林寶雲石人塢垂雲亭者絕異。採於穀雨前者尤佳。」〔註119〕起摹襄陽碑，《臨安志》：「秦少遊觀為記，米元章芾書。」惜為僧所浣。

片雲石

峰頭石縹緲，豈異一片雲。有時風雨過，獨立雲中君。安得五丁手，見卷三《送王援》。移置長水濆。

薩埵石

揭來給孤園，見卷十三《九日》。玩此薩埵石。《臨安志》：「過歸隱橋，入壽聖院，山有獅子峰薩埵石。」石上生莓苔，千年暈濃碧。不見飤虎人，楊傑《薩埵石》詩：「解虎錫常閒，飼虎石常在。」〔註120〕王達善詩：「今作山中飤虎人。」〔註121〕且鋪苴草席。《齊書·崔祖思傳》：「三齊苴草〔註122〕。」

納翠山房

溪回凡幾折，早已滌塵慮。靜看三樹松，深陰且箕踞。客去鶴飛來，客來鶴飛去。

九溪見卷十三《杭州水利》。

尋遍十五寺，九溪鳴淙淙。下無一寸魚，上有百尺松。緣流思濯足，奈此菖蒲茸。

十八澗見《杭州水利》。

暮經南山南，曲澗一十八。山橋往而復，韓愈《送李愿序》：「如往而復。」〔註123〕山路块兮圠。夕曛漸催人，延首望香刹。

玉鉤橋《武林紀〔註124〕事》：「玉鉤橋近靈石山。」《西湖遊覽志》：「靈石山有張伯雨墓，地近玉鉤橋，蓋伯雨賣玉鉤所建也。」

〔註119〕（清）陸廷燦《續茶經》卷下之一。
〔註120〕《詠南山諸勝·薩埵石》。
〔註121〕不詳。
〔註122〕「草」，《南齊書》卷二十八作「席」。
〔註123〕原題作《送李愿歸盤谷序》。
〔註124〕「紀」，石印本作「記」。

　　句曲一道士，《堯山堂外紀》：「張雨，一名天雨，字伯雨，錢塘黃冠，號真居。九成之裔。後入華陽洞，自號句曲外史。」**愛住山之幽。褰裳慮深涉**，《詩》：「濟有深涉。」〔註125〕**賣彼白玉鉤。築橋訪詩侶，茲事宜千秋。**

翁家山《錢塘縣志》：「在南高峰南，群山包絡，石磴參差，星廬數百，竹木掩映。地宜桂，秋時如入眾香國焉。」

　　岧岧翁家山，松花滿深塢。村民高下居，少長齊捕虎。但誇弓弩強，不識耕耰苦。

桂隖

　　桂樹花不實，見卷一《董逃行》。**何年種山椒。良由山中人**，見卷四《桂山》。**歲暮不自聊。**見卷一《送十一叔》。**殷勤與我期，秋日來逍遙。**

理安寺《錢塘縣志》：「理安寺，古湧泉院，舊名法雨寺。五代時，有伏虎逢禪師棲息於此。吳越王建。宋理宗時，以祝國泰民安，改為理安寺。」《西湖志》：「在南山十八澗。」

　　三家村里人靜，劉克莊詞：「今向三家村送老，身如罷講吳僧。」〔註126〕**獨木橋邊路叉。竹響驚回鼬鼠**，《爾雅》：「鼬鼠。」注：「今鼬似貂，赤黃色，大尾，噉鼠，江東呼為鼪。」**泉香流出松花。**

冬花廠按：冬花廠去理安三里，四圍皆枇杷，故名。

　　我愛僧房亂石堆，短籬笆護妙香臺。不貪夏果楊梅熟，恣看冬花盧橘開。

馮孝廉念祖招飲北園分韻即送其同周絿入吳

　　故人襆被下吳淞，且復官泥坯酒封。主客不知何者是，《襄陽記》：「諸葛孔明每至德公家，獨拜床下，德公初不令止。司馬德操嘗詣德公，值其渡沔上先人墓，德操徑入其室，呼德公妻子，使速作黍，徐元直向云當來就我與德公談。其妻子皆羅拜於堂下，奔走共設。須臾德公還，直入相就，不知何者是客也。」**登臨未覺老夫慵。池邊灌木陰千尺，郭外晴山翠幾重。有約谿亭宜避暑，回船試共採芙蓉。**

〔註125〕《邶風·匏有苦葉》。
〔註126〕《臨江仙·戊申和實之燈夕》。

酬洪昇〔註 127〕《香祖筆記》：「洪昇昉思，余門人，以詩有名京師。遭家難，流離窮困。歸杭，年餘五十矣。甲申自苕雪歸，落水死。」〔註 128〕

　　金臺酒坐擘紅箋，雲散星離又十年。海內詩家洪玉父，《宋史》：「汪炎玉父。」禁中樂府柳屯田。《後山詩話》：「柳三變遊東都南北二巷，作新樂，骪骳從俗，天下詠之，遂傳禁中。仕至屯田員外郎。」〔註 129〕梧桐夜雨詞淒絕，《涵虛子》：「元群音樂府各有其目，白仁甫《梧桐雨》等十七本如朝陽鳴鳳。」先生《白蘭谷天籟集序》：「予少時避兵練浦，村舍無書，覽金元院本，心賞仁甫秋夜梧桐雨劇，以為出關、鄭之上。」〔註 130〕白居易《長恨歌》：「春風桃李花開夜，秋雨梧桐葉落時。」毛奇齡《西河集‧洪昉思長生殿院本序》：「暨余出國門，相傳應莊親王世子之請，取唐人《長恨歌》事作《長生殿》院本，一時勾欄多演之。越一年，有言日下新聞者，謂長安邸第每以演《長生殿》曲，為見者所惡。會國恤止樂，其在京朝官大紅小紅已浹日，而纖練未除。言官謂遏密讀曲，大不敬，賴聖明寬之，第褫其四門之員而不予以罪。然而京朝諸官則從此有罷去者。」〔註 131〕薏苡明珠謗偶然。白髮相逢豈容易，津頭且纜下河船。

題春郊浴馬圖

　　兩頭纖纖騂角弓，半白半黑浮雲驄。李白詩：「歸時日已〔註 132〕晚，躞蹀浮雲驄。」酒壚未醉莫歸去，最好春郊楊柳風。

題初白庵主小像　查慎行《偷存集‧出都時，屬禹司賓之鼎作初白庵圖，取東坡「身行萬里半天下，僧臥一庵初白頭」詩意也》。〔註 133〕

　　玉臺舊鏡已塵昏，見卷一《簡陳秀才》。何處驚看雪鬢痕。頗似琅山查長老，新涼可有副衣存。查龍圖寓居常州琅山寺，躬事薪水給眾，人稱為長老。嘗與程宿留旅舍，盜取其衣，呼宿曰：「衣有副乎？當奉假。」盜聞之，棄去。〔註 134〕

〔註 127〕四庫本《曝書亭集》未錄。

〔註 128〕卷九。

〔註 129〕《後山集》卷二十三。

〔註 130〕《曝書亭集》卷三十六。

〔註 131〕《西河集》卷四十七。

〔註 132〕「日已」，《效古二首》其一作「落日」。

〔註 133〕《敬業堂詩集》卷二十八。

〔註 134〕按：（宋）王君玉《國光談苑》卷二：「查道罷館陶尉，與程宿寓於逆旅中。夕有盜取其衣。既覺，呼宿曰：『衣有副乎？翌日當奉假。』盜聞之，棄獲而去。」

菴主近泊葑門外，為盜所刻，故及之。查慎行《偷存集序》：「辛巳四月，舟過吳門，遇盜。」〔註135〕

題丁明府秋江垂釣圖

秋原兮蕭條，秋雨兮漂搖。西風悴兮梧葉，南山落兮豆苗。見卷六《風懷》。園無棗兮纂纂，潘岳《笙賦》：「詠園桃之夭夭，歌棗下之纂纂。」田有莠兮驕驕。《詩》：「無田甫田，惟莠驕驕。」〔註136〕之子兮移家，寄情兮雲壑。爰理兮釣綸，蔽之以〔註137〕漁箔。陸龜蒙詩：「鷗巢卑兮魚箔短。」〔註138〕衣獨速兮青蓑，見卷十一《題東浦》。笠夭斜兮黃篛。蘇轍詩：「青蓑黃篛可纏包。」〔註139〕一艘兮雖小，亦足兮載書。采風兮媜雅，暇得酒兮烹魚。信斯圖兮可樂，惜榛蕪兮西湖之居。

寄樂平石明府為嵩《名勝志》：「樂平縣在饒州府東百二十里。」石字五中，如皋人。

天開彭蠡潴南邦，見卷二《望湖亭》。石墨峰連羊角雙。《鄱陽記》：「石墨山在樂平縣西三十八里，其山出石似墨。」《名勝志》：「舊經云：餘干山在餘干治東南，曲轉相向，狀若羊角，舊名羊角山。」近說循聲過朔郡，明府舊宰靈丘。〔註140〕定知詩派壓西江。見卷十二《題王給事》。晝簾茗莢香聞灶，〔註141〕《名勝志》：「羊角山下為煮茶亭，相傳唐陸羽每汲水煮茶於此，今石灶猶存。」夜閣琴絲月滿窗。望眼側身非一度，相思聊復採蘭茳。

題李上舍騎牛圖

騎牛恣所適，不在郭椒與丁櫟。見卷十六《九日》。試看圖中人，出郊穩踏芳草春。春風暖拂堤上柳，柳外青旗定應有，可惜偏提不在手。見卷十三《紫藤花下》。南鄰朱老倘見尋，勸爾沙頭一壺酒。

〔註135〕《敬業堂詩集》卷二十八。
〔註136〕《齊風·甫田》。
〔註137〕「以」，四庫本《曝書亭集》作「兮」。
〔註138〕《迎潮送潮辭》其一《迎潮》。
〔註139〕《乘小舟出筠江二首》其一。
〔註140〕此係自注。
〔註141〕國圖藏本眉批：「晝簾」句空說，與對句一例。注引陸羽羊角山煮茶事，似牽合。蓋羊角屬餘干，本非樂平境內地，故第二句用一「連」字，極有斟酌。

玄〔註142〕黓敦牂壬子

小宛堂按：趙凡夫有寒山小宛堂。

　　小宛堂階梅兩枝，疎花點點映清池。分明馬遠圖中見，只少楊家妹子詩。《銷夏記》：「馬遠在畫院中最知名。余有紅梅一枝，菁豔如生，楊妹子題一詩於上，字亦工。」《四部稿》：「馬遠在光、寧朝後，先待詔寧後楊氏。楊娃即後妹也，以藝文供奉內庭。凡遠畫進御及頒賜貴戚，皆命楊妹子署題。」〔註143〕

題洪上舍傳奇《後村詩話》：「范文正公為《岳陽樓記》，用對語說時景。尹師魯讀之，曰：『傳奇體爾。』《傳奇》，唐裴鉶所著小說也〔註144〕。」〔註145〕

　　十日黃梅雨未消，破窗殘燭影芭蕉。還君曲譜難終讀，莫付尊前沈阿翹。《杜陽雜編》：「文宗時，有宮人沈阿翹，為上舞河滿子，聲詞風態率皆宛暢。曲罷，上賜金臂環，即問其從來。阿翹曰：『妾本吳元濟之妓。』上因令阿翹奏涼州曲，音韻清越，聽者無不愴然。」〔註146〕

水帶子歌為喬孝廉崇烈賦〔註147〕

　　水帶子，環外虛其中。九州以內製器不及此，得非來自日本東。《唐書·日本國傳》：「日本，古倭奴也。去京師萬四千里，在海中。隋開皇末，始與中國

〔註142〕「玄」，底本、石印本作「元」。
〔註143〕《南宋雜事詩》卷五「芙蓉並蒂豔清江，小妹邀憐羡一雙。筆底芳蘭嬌阿母，為裁宮體譜新腔」注。
〔註144〕「小說也」，《後山詩話》同，石印本作「之小說是也」。
〔註145〕《後山集》卷二十三。
〔註146〕卷中。
〔註147〕四庫本《曝書亭集》未錄。
　　　　另，喬崇烈《水帶子歌和竹垞先生》：「淮陰市門頭白翁，壁掛一物環無終。象則釐屬茊肖空，枵然而遊歡市蒙。試叩是何器，翁言厥用壺樽同，御之不慮投驚漎。我昔浮大河，畏作惡劇跋扈風。一舟掀簸暴力不得施，春爾崩濤滅頂瞀若瞥與聾。顛倒下上間，方寸餘悝恌。恍惚一擲再擲落貝闕，臨綃宮親聞貙京，號令龜使驅羊工。涼波一勺入我口，泠泠直下黃庭中。覆舟如覆盂，摸索忽得逢。攀援而出幸不死，距今十有七載更得稱。梟公當時自恨致此晚，令我水底從喰喁。可知岩壑平生屬吳越，揚子茫茫戒朝發。錢江潮汐尤怖人，往往臨之羨翩鵊。況是我里門，歲歲並受黃淮岔。饑驅散者日已眾，燕雀何以籌存生。老翁索錢才幾貫，我幸得之肯以三公換。幾回滄海歎橫流，南北東西鎮相伴。公無渡河公渡河，囊來覆溺何其多。從此致用應無訛，吾師長水先生新作歌。」

通。」〔註148〕杜甫詩:「巴陵洞庭日本東,赤岸水與銀河通。」〔註149〕**刮磨者匠鬃者工**,《周禮》:「刮磨之工五。」**惟智創物變乃通**。《周禮》:「知者創物。」**置之兩腋下,絡頸雙青綬。中流踏浪如御風,過涉不愁滅頂凶**。《易》:「過涉滅頂,凶。」〔註150〕**勝壺千金樽五石**,《鶡冠子》:「中河失船,一壺千金。」〔註151〕《遁齋閒覽》:「傳云:『中流失船,一壺千金。』乃今所謂浮環者。凡渡江海,必預備浮環,以虞風濤覆溺之患。其形如環而空中,以帛為帶,掛之頸上,出兩手以按之,則浮而不溺,可以待救。至今浙人呼為壺。」《莊子》:「今子有五石之瓠,何不慮以為大樽,而浮乎江湖,而憂其瓠落無所容?」〔註152〕**溺人一笑可以生我躬。**《左傳》:「溺人必笑。」〔註153〕**喬生手攜是物訪我梅會里**,《嘉禾志》:「大彭鄉管里四,曰朱塔、力林、陳浦、梅會。」**自言來自射陂水**。見卷七《送喬舍人》。**黃梅時雨水稽天**,《莊子》:「大浸稽天而不溺。」〔註154〕**甓社湖流人罷市。無朝無暮慮覆舟,且喜今朝得到此。掛之駝鉤壁上懸**,元積詩:「格子碧油糊,駝鉤紫金鍍。」〔註155〕**與論往事增淒然。初聞淮南減水壩開設**,李必恒《乙丑紀災詩序》:「令河臣於沿隄一帶設立減水諸埧,又令每歲增堤土三尺。」**天子謂是一壩一口決。俄而僉謀滋異同,爾考直前奏事真剴切**。潘耒《喬君墓誌》:「淮揚郡縣瀕漕河者,舊有堤以捍水。河臣某某設減水壩,瀉水東流,灌民田廬,被其災者七邑。臺臣有請濬海口出積水者,上遣官行視,還奏,當如御史言。河臣冀董其役,而上以命安徽按察使于成龍,非河臣意,乃別創一議,為疏上之。上意不決,命訊淮揚人官京師者。淮揚士夫群集君邸,君慷慨言曰:『今日之事,當以死爭之,功名不足顧,身家不足惜矣。』乃籌燈草議。明日,君入直起居注。上顧問君,君敷奏百餘言,剴切詳明。上大悅。於是河臣議遂寢。」〔註156〕**迄今黃流泛濫軫,帝情雁戶豈得安其生。桃花春水縱不發**,見卷十三《送胡參議》。**河隄使者毋遽誇平成。吁嗟乎河伯不仁亦無害**,《史記·河渠書》:「為我謂河伯兮何不仁,泛

〔註148〕《新唐書》卷二百二十。
〔註149〕《戲題畫山水圖歌》。
〔註150〕《大過》上六。
〔註151〕《學問》。
〔註152〕《逍遙遊》。
〔註153〕哀公二十年。
〔註154〕《逍遙遊》。
〔註155〕《夢遊春七十韻》。
〔註156〕原題作《翰林侍讀喬君墓誌》。

濫不止兮愁吾人。」〔註157〕準備家家蓄水帶。

送張士琦令永新《名勝志》:「永新在吉安府西二百里。」

　　春草烏斯道,鄭梁《烏春草傳》:「名斯道,字繼善,慈谿人。洪武四年,應
徵辟之詔。明年,知化之石龍。乙卯考滿,調吉之永新。所著有《春草齋集》。」長
洲陸子餘。《明詩統》:「陸粲,字子餘,長洲人。嘉靖丙戌進士,選翰林庶吉士。
張桂繼相,子余抗疏劾其奸,謫貴州都勻驛丞,稍遷永新令。」由來循吏傳,《史
記·自序》:「奉法循理之吏,不伐功矜能,百姓無稱,亦無過行。作《循吏列傳》。」
〔註158〕頻見永新書。送爾之官去,牽絲製錦初。謝靈運《初去郡詩》:「牽
絲及元興。」《注》:「牽絲,初仕也。」《左傳》:「子產曰:『子有美錦,不使人學制
焉。大官大邑,身之所庇也,而使學者制焉。其為美錦,不亦多乎?』」〔註159〕秋
山日蒼翠,《廣輿記》:「秋山上有七十二峰,崖間溪水清澈。顏真卿題曰龍溪。」
詩卷共清疏。

為宋巡撫犖題李營丘古柏圖《春明退朝錄》:「五代營丘李成字咸熙,尤妙畫山
水。」〔註160〕

　　毘陵董啞子,不畫山畫水。《圖畫見聞志》:「董羽,毘陵人。有鄧艾之疾,
語不能出,俗號董啞子。善畫龍水海魚。」淮陰龔高士,不畫人畫鬼。《續弘
〔註161〕簡錄》:「龔開,字聖與,號翠岩,淮陰人。宋兩淮制置司監官。入元不仕。
工山水人馬,尤喜作墨鬼鍾馗。」王庭珪詩:「徐生畫人不畫鬼。」〔註162〕乃知負
絕藝,落筆恒自矜。獨立萬古意,恥與時爭能。試觀營丘畫中柏,宛似
青牛道士井邊植。庾信《謝賜絲帛等啟》:「青牛道士更延將盡之命。」一株足敵
一百株,數尺看成數千尺。樹根有泉亦有石,樹旁有草亦有棘。當時畫
柏不畫松,檜葉樅身更奇特。《爾雅》:「樅,松葉柏身。檜,柏葉松身。」商丘
副相寶之久,是日從容出娛客,滿堂觀者齊動色。杜甫《雙松圖歌》:「滿堂

〔註157〕卷二十九。
〔註158〕卷一百三十。
〔註159〕襄公三十一年。
〔註160〕按:《宣和畫譜》卷十一:「李成,字咸熙。其先唐之宗室。五季艱難之際,
　　　　流寓於四方,避地北海,遂為營丘人。……凡稱山水者,必以成為古今第一,
　　　　至不名而曰李營丘焉。」
〔註161〕「弘」,底本、石印本作「宏」。
〔註162〕出王庭圭《贈寫真徐濤》。

動色嗟神妙。」〔註163〕**濃香亟就棐几薰，韋偃畢宏畫不得。**《宣和畫譜》:「韋偃能工山水松石。」又:「畢宏不知何許人，善工山水，乃作《松石圖》於左省壁間，一時文士皆有詩稱之。」**此樹不知凡幾年，童童有若車蓋然。**《西陂類稿》作「此樹不知壽幾千，或與黃帝兄同年」。**吟窩東北池西偏，玉鴉又掛逾清**〔註164〕**妍，**見卷十五《光孝寺》。**期我體物賦長篇。**《西陂類稿》「清妍」下作「彷彿素壁生蒼煙，公方體物賦長篇，格高調逸信可傳。我見近來文官惟公不要錢，寄興自有珊瑚鐵網珍珠船」。**往年文康公，**邵長蘅《文康宋公神道碑》:「諱權，字雨恭。召拜內翰林國史院大學士，贈少保兼太子太保，諡文康。」**晚作孝陵輔。**《世祖實錄》:「康熙二年六月初六日壬寅，葬孝陵。」**君臣相悅邁羲古，和調文武致太平。賜予圖書出內府，**《筠廊偶筆》:「順治三年七月二日，上出大內歷代珍藏書畫賜廷臣，先文康以大學士蒙賜。」**郭熙范寬真蹟存，**《宣和畫譜》:「郭熙，河南溫縣人。為御畫院藝學。善山水寒林，得名於時。」「范寬」，見卷十二。**猶載香廚舊時譜。**《隋·經籍志》:「《香廚四部目錄》四卷。」〔註165〕**公今鑒賞多逾精，暗中以手摸絹可辨宋元明。**見卷十五《論畫》。**閒來論詩兼論畫，過庭才子迭品評。**顧嗣立《題宋山言學詩圖》注:「漫堂先生新刻《說詩》一卷，內云:『庚申歲，舟泊鄱湖，月夜望匡廬，與山言共作詩話。』」**三吳開府近一紀，**《水經注》:「吳後分為三，世號三吳，吳興、吳郡、會稽也。」**盡收江表詩人作弟子。**宋犖《江左十五子詩選序》:「予不敏，建節撫吳且一紀，休養以無事。既久，而民安樂之，則日以多暇，乃得振興風雅，後先賞識名人才士於大江南北間，凡十五子，著於篇。」〔註166〕**只如舅也**《類稿》作「二客」，自注:「謂朱、馮二子。」**亦是詩中豪，家石泉明府載震。**〔註167〕**惜我和歌今老矣。**

何應作「顧」。**孝廉啖荔圖**按:顧孝廉嗣立有《自題啖荔圖》十絕句。顧係長洲人，所謂「吳中才子」者是也。「何」字之誤無疑。

吳中才子過閩中，扶荔園開曲曲通。小榼都籃餐不盡，惜無人為擘輕紅。杜甫詩:「輕紅擘荔支。」〔註168〕蘇軾詩:「輕紅釀〔註169〕白，雅稱佳人纖手擘。」

〔註163〕原題作《戲為雙松圖歌》。
〔註164〕「清」，石印本作「青」。
〔註165〕卷三十三。
〔註166〕《西陂類稿》卷二十四。
〔註167〕此係自注。
〔註168〕《宴戎州楊使君東樓》。
〔註169〕「釀」，《減字木蘭花·西湖食荔支》作「釅」。

觀劇四首

四照亭開桂樹叢，夜涼風細蠟燈紅。人間亦有霓裳曲，《廣德初異錄》：「葉法善嘗引上游於月宮，因聆其天樂。上自曉音律，默記其曲而歸傳之，遂為《霓裳羽衣曲》。」絕倒吳趨老樂工。

三徑秋花裛露新，重攜酒伴過城闉。只應夜夜西江月，留照筵前舊舞人。李白《蘇台覽古》：「只今惟有西江月，曾照吳王宮里人。」

燭下清歌楊叛兒，《唐書‧樂志》：「《楊叛兒》。齊隆昌時，女巫之子楊旻，少時隨母入宮。及長，為何後寵妾〔註170〕。謠云：楊婆兒共戲來所歡。語訛，遂成楊叛兒。」手中團扇謝芳姿。見卷六《風懷》。勝他幅幅纏頭錦，《御覽》：「舊俗，賞歌舞人，以錦綵置之頭上，謂之纏頭。」賺得張郎拜月詞。謂孝廉大受也。〔註171〕按：唐張夫人有《拜新月》詞。

歷歷羊燈樹杪樓，庾信《七夕賦》：「兔月先上，羊燈次安。」恣修簫譜散觥籌。龍鍾莫怪尊前客，韓愈詩：「東野不得官，白首誇龍鍾。」〔註172〕《廣韻》：「龍鍾，竹名。年老者如竹枝葉搖曳，不自禁持。」弟子梨園也白頭。見卷八《權歌》。孟遲《過驪山》詩：「霓裳一曲千門鎖，白盡梨園弟子頭。」〔註173〕

題家廣文端鄧尉尋梅圖濡須人。

村村梅底鬧壺餐，莫笑先生苜蓿盤。見卷十七《香螺》。桃李漫山都不戀，蘇軾詩：「嫣然一笑竹籬間，桃李漫山總粗俗。」〔註174〕冷香合讓冷官看。

慧慶僧房雪中聯句三首《蘇州府志》：「慧慶禪寺在閶門外白蓮涇西，元延祐間建。」

柏

寺門柏二株，高不騫。〔註175〕老榦等鐵石。我來七月留，彝尊。蒼翠陰日夕。今晨啟窗牖，徐永宣。〔註176〕忽訝冷光射。漫天雲萬里，到地雪

〔註170〕「妾」，《舊唐書》卷二十九作「童」，屬下讀。
〔註171〕此係自注。
〔註172〕《醉留東野》。
〔註173〕按：一作趙嘏詩，題為《冷日過驪山》。
〔註174〕《寓居定惠院之東雜花滿山有海棠一株土人不知貴也》。
〔註175〕《曝書亭集》作「華亭高不騫槎客」。
〔註176〕《曝書亭集》作「武進徐永宣學人」。

一尺。不騫。庶物齊癡肥，彝尊。此樹獨寒瘠。疊葉剩鏤青，永宣。交枝巧剔白。盤拗挺鴉叉，不騫。庾信賦：「乃有拳曲臃腫，盤拗反覆。」瑟縮傴蛟脊。根封雪窖銀，彝尊。見卷二《岳忠武王墓》。身曳全匹帛。夫豈本性然，永宣。偶為造化役。空廊立移時，不騫。目眩肌瘆俗痒字。森上聲。痍。同瘠。皮日休詩：「枕下聞澎湃，肌上生痒痍。」〔註177〕牀頭倒餘醯，彝尊。相對且酣適。扁舟泛未能，永宣。悵望遠行客。不騫。是日汪份、張大受、汪鈞公車北上，欲送未果。〔註178〕份字武曹。鈞字右衡。

玉蘭

雪後玉蘭樹，彝尊。《學圃雜疏》：「玉蘭花，古不經見，即宋人所名迎春也。其花經冬而苞，至二三月苞脫而花，千幹萬蕊，不迭而開，可稱為玉樹〔註179〕。」二本何勻停。居然華林闢，不騫。梁元帝《纂要》：「春木曰華樹，亦曰華林。」卑鉢羅滿庭。《酉陽雜俎》：「菩提樹出摩伽陀國，一名思維〔註180〕樹，莖榦黃白，枝葉青翠，經冬不凋。高四百尺。《西域記》謂之卑鉢羅。」〔註181〕雖無裂鼻香，永宣。照眼光瓏玲。重重傳璃粉，彝尊。寸寸排銀釘。有時風吹墮，不騫。素影逾娉婷。交枝露線靁，永宣。千苞壓繩櫺。謝朓詩：「飛雪天山來，飄聚繩櫺外。」〔註182〕色殼辛夷紫，彝尊。苕溪漁隱：「《感春》詩：『辛夷花高最先開。』注：『辛夷高數丈。初發如筆，北人呼為木筆。其花最早，南人呼為迎春。』予觀木筆、迎春，自是兩種。木筆色紫，二月方開。迎春色白，立春已開。然則辛夷，乃紫花也。」〔註183〕一名候桃，一名新雉。體變珊瑚青。杜甫詩：「腰下寶玦青珊瑚。」〔註184〕因憶虎丘北，〔註185〕不騫。《蘇州府志》：「虎丘寺玉蘭，宋南渡後

〔註177〕《太湖詩》其一《初入太湖》。

〔註178〕此係自注。

〔註179〕石印本此下有「也」字。

〔註180〕「維」，《酉陽雜俎》作「惟」。

〔註181〕卷十八《廣動植之三・木篇》。

〔註182〕《答王世子詩》。

〔註183〕按：《苕溪漁隱叢話》後集卷十：「苕溪漁隱曰：《感春》詩：『辛夷花高開最先。』洪慶善《注》云：『辛夷高數丈，江南地暖，正月開；北地寒，二月開。初發如筆，北人呼為木筆。其花最早，南人呼為迎春。』余觀木筆、迎春，自是兩種。木筆色紫，迎春色白。木筆叢生，二月方開；迎春樹高，立春已開。然則辛夷，乃此花耳。」
其中，韓愈《感春五首》其一：「辛夷高花最先開。」

〔註184〕《哀王孫》。

〔註185〕國圖藏本眉批：虎丘後山有玉蘭一本，百餘年物也。應查圖經補注。

植。明天啟初為風所摧。今復高三尋。」斜柯倚岩局。歲久呺其腹，永宣。吐蕚猶豐馨。王粲賦：「揚豐馨於西裔兮。」〔註186〕此時更奇絕，彝尊。乘興思開舲。庾信詩：「開舲望月華。」〔註187〕惟愁凍塗滑，不騫。況復密霰零。不知雙樹底，永宣。見卷七。淡坐憐忪惺。彝尊。

山茶

海紅亦嘉樹，永宣。《類書〔註188〕》：「新羅國多海紅，即淺紅山茶而小。自十二月開，至二月與梅同時，一名茶梅。」恰與小窗對。十月已試花，不騫。娟娟良可愛。孤根託招提，彝尊。冷豔免簪珮。曉起雪漸深，永宣。我心始焉瘵。《詩》：「使我心瘵。」〔註189〕既慮苞蘀摧，不騫。兼恐顏色退。孰知歲寒姿，彝尊。凜冽性所耐。譬蒙縞素衣，永宣。嫣然逞餘態。畫師貪此景，不騫。往往入圖繪。或描江梅並，彝尊。《宣和畫譜》：「趙昌有《梅花山茶圖》一、《早梅山茶圖》一。」或取水仙配。分明黃趙筆，永宣。只少鶉雀隊。《宣和畫譜》：「黃筌，字要叔，成都人。以工書早得名於時。有《山茶鶉雀圖》一、《山茶雪雀圖》二。」又：「趙昌有《山茶雙鶉圖》一。」寫生貌遜真，不騫。《宣和畫譜》：「易元吉，字慶之，長沙人。有《寫生山茶圖》一。」〔註190〕比調朔繼晦。芳菲正有時，彝尊。改歲遊可再。永宣。

聯句題王處士畫折枝紅豆圖並序

東禪寺紅豆，一本結為連理枝，高至三丈。花時，沈啟南、見卷十五《論畫》。文徵仲、《明詩綜》：「文徵明，初名璧，以字行，更字徵仲，長洲人。以歲貢入京，用薦授翰林待詔。卒，私諡貞憲先生。有《甫田集》。」〔註191〕唐子畏、見《論畫》。湯子重《明詩綜》：「湯珍，字子重，長洲人。以歲貢生除石門〔註192〕縣丞，遷唐府奉祀，不赴，致仕歸。有《小隱堂詩草》。」諸君恒修文酒之會。後為疾風所拔，王處士武以水墨渲染作圖，妙奪天真。適有餉束筍者，並繪之樹底。圖今歸張孝廉，掛之橋下小軒。孝廉屬題，興到聯句，

〔註186〕《迷迭香賦》。
〔註187〕《舟中望月詩》。
〔註188〕見《御定佩文齋廣羣芳譜》卷二十四，作《類林》。
〔註189〕《衛風·伯兮》。
〔註190〕國圖藏本眉批：「寫生」句承上「畫師」六句來，不必更引易元吉圖。
〔註191〕卷四十三。
〔註192〕「石門」，《明詩綜》卷四十三作「崇德」。

兼憶亡友惠吉士周惕，成十二韻。康熙壬午塗月秀水朱彝尊錫鬯識。

吳赤烏年寺，張大受。〔註193〕《名勝志》：「東禪寺在蘇州府治東南。孫吳赤烏間，陳丞相宅。因池生瑞蓮，遂舍為寺。」相思子一叢。葉參雙塔外，高不騫。〔註194〕花豔八門東。許渾詩：「共醉八門回畫舸。」〔註195〕注：「蘇州也。」照影清溪水，彝尊。寺舊有清溪堂。〔註196〕楊維楨《清溪亭記》：「吳之東禪寺僧文友，自號松岩道人。嘗築亭寺之西偏。然亭不以松岩名，而必名清溪者，蓋清溪其師正一之號也。」〔註197〕題詩白石翁。甌香茶灶熟，徐昂發。〔註198〕徑轉麴車通。結實收新雨，大受。見卷十一《送少詹》。調禽付短童。李咸用詩：「短童應捧杖。」〔註199〕經行消晝日，不騫。開謝幾春風。惠子居相近，彝尊。見卷十一《題紅豆書莊圖》。王郎畫最工。偶然濡淡墨，昂發。率爾變輕紅。破萼夭桃似，大受。披圖束筍同。韓愈詩：「深藏篋笥時一發，戢戢已多如束筍。」〔註200〕已無枯樹在，不騫。《吳志》注：「李衡於武陵作宅，種橘千株。晉咸康中，其宅上枯樹猶在。」〔註201〕長恨舊壚空。見卷四《九日》。賴有淋漓筆，彝尊。能移造化功。李賀詩：「筆補造化天無功。」〔註202〕祇應懸素壁，昂發。吟賞小軒中。大受。補注：《蘇州府志》：「雙塔禪寺在城東南隅。」

雜詩二十〔註203〕首

淮陰一登壇，《史記·淮陰侯傳·贊》：「相國深薦，策拜登壇。」〔註204〕風雲色寥闊。囊沙齊遂破，見卷六《濰水》。立幟趙斯拔。《淮陰侯傳》：「選輕騎二千，人持一赤幟，從間道萆山而望趙軍，誡曰：『趙見我走，必空壁逐我，若疾入趙

〔註193〕《曝書亭集》作「嘉定張大受日容」。
〔註194〕《曝書亭集》作「華亭高不騫查客」。
〔註195〕《送元畫上人歸蘇州兼寄張厚二首》其二。
〔註196〕此係自注。
〔註197〕《東維子集》卷二十。
〔註198〕《曝書亭集》作「崑山徐昂發大臨」。
〔註199〕《訪友人不遇》。
〔註200〕《贈崔立之評事》。
　　　　國圖藏本眉批：「披圖」句即序所謂「適有鉤束筍者，並繪之樹底」也，不應復引韓詩作比喻解。
〔註201〕《吳書》三《孫休傳》注。
〔註202〕《高軒過》。
〔註203〕四庫本《曝書亭集》錄十五首，故改「二十」為「十五」。
〔註204〕卷九十二。

壁，拔趙幟，立漢赤幟。」羽也縱英雄，氣盡豈得活。大統歸赤帝，《高祖紀》：「嫗曰：『吾子，白帝子也。化為蛇，當道，今為赤帝子斬之。』」〔註205〕鴻溝因罷割。《高祖紀》：「割鴻溝以西為漢，以東為楚。」〔註206〕何哉雲夢遊，《淮陰侯傳》：「高祖用陳平計，偽遊雲夢，會諸侯於陳。楚王信迎謁，因執之。」〔註207〕一旦真王奪。《淮陰侯傳》：「大丈夫定諸侯，即為真王耳，何以假為！」始焉將百萬，目中無布越。謂黥布、彭越。既與噲等伍，見卷六《灤水》。國士已羞殺。見卷四《送曾司理》。寧知論元功，見卷十二《詠古》。後乃及蠱達。《漢書·功臣表》：「曲成圉侯蠱達，以西城戶將三十七人從起碭。至霸上，為執金吾。五年，為二隊將，屬周呂侯。入漢，定三秦，以都尉破項籍陳下，侯，四千戶。以將軍擊燕、代。」〔註208〕

焚香戶庭中，逐臭者在外。彼自海畔行，《呂氏春秋》：「昔有人身大臭，妻妾親戚無能與居。此人自居於海畔，有人悅其臭，晝夜隨之。」〔註209〕於我尚無害。所嗟蘭蕙鉏，盈要服蕭艾。《楚辭》〔註210〕：「戶服艾以盈要兮，謂幽蘭其不可佩。」又：「今直謂此蕭艾也。」荀揚世所賤，《昌黎集》：「荀與揚也，擇焉而不精，語焉而不詳。」〔註211〕孔孟乃饑退。無鹽入齊宮，《列女傳》：「宣王於是停漸臺，罷女樂，招進直言，立太子，進慈母，拜無鹽為王后，而國大治。」〔註212〕明妃去漢塞。見卷五《明妃曲》。物理固自殊，時運寧有待。愛者終莫憎，憎者不復愛。

含沙難匿影，《搜神記》：「有物處於江水，其曰蜮，一曰短狐。能含沙射人。」《毛詩義疏》：「蜮，短狐，一名射影。」貝錦無停機。《詩》：「成是貝錦。」〔註213〕

〔註205〕《史記》卷八。

〔註206〕《史記》卷八。

〔註207〕《淮陰侯列傳》：「漢六年，人有上書告楚王信反。高帝以陳平計，天子巡狩會諸侯，南方有雲夢，發使告諸侯會陳：『吾將遊雲夢。』實欲襲信，信弗知。高祖且至楚，信欲發兵反，自度無罪，欲謁上，恐見禽。人或說信曰：『斬眛謁上，上必喜，無患。』信見眛計事。眛曰：『漢所以不擊取楚，以眛在公所。若欲捕我以自媚於漢，吾今日死，公亦隨手亡矣。』乃罵信曰：『公非長者！』卒自剄。信持其首，謁高祖於陳。上令武士縛信，載後車。」

〔註208〕卷十六《高惠高后文功臣表》。

〔註209〕《文選》卷四十二曹植《與楊德祖書》「而海畔有逐臭之夫」李善注。

〔註210〕《離騷》。

〔註211〕《原道》。

〔註212〕又見劉向《新序·雜事第二》。

〔註213〕《小雅·巷伯》。

一為讒言中，聽者弗復疑。我欲指天陳，畏見南有箕。《詩》：「成是南箕。」〔註214〕小雅七十四，見卷九《題吳徵君》。感彼青蠅詩。〔註215〕

芳蘭生當門，《蜀志》：「先主曰：『芳蘭當門，不得不鋤。』」託根豈能久。嘉禾徑寸苗，拔萃讓莨莠。蘇軾《石鼓歌》：「濯濯嘉禾秀稂莠。」蛾眉一入宮，謠詠但言醜。見卷六《風懷》。匪畏妒人工，所憎二五耦。《左傳》：「驪姬嬖，欲立其子，賂外嬖梁五與東關嬖五。二五卒與驪姬譖群公子而立奚齊，晉人謂之『二五耦』。」〔註216〕

雕陵有飛鵲，《莊子》：「莊周遊於雕陵之樊，覩一異鵲自南方來者。翼廣七尺，目大運寸，感周之顙，而集於栗林。」〔註217〕定巢上林枝。李義甫詩：「上林多少樹，不借一枝棲。」〔註218〕不愁風雨漂，寧慮矰繳施。雄鳩特佻巧，《楚辭》：「雄鳩之鳴逝兮，余猶惡其佻巧。」側目從旁窺。一朝逐鵲墮，公然來居之。《詩》：「維鵲有巢，維鳩居之。」〔註219〕搖頭鼓翼鳴，見卷十八《怪鴟行》。喚婦舖其兒。身無鳳凰德，飲啄鳳凰池。見卷五。非所據而據，《易》：「非所據而據焉。」〔註220〕終為百鳥嗤。〔註221〕

紅亦不復花，白亦不復花。堂前雙梅樹，但有枝杈枒。杜甫《雕賦》：「突杈枒而皆折。」春風吹戶外，好鳥鳴鄰家。嗟我寂寞人，故里同天涯。

淮王昇天日，對帝稱寡人。《列仙傳》：「劉安昇仙見上帝，誤稱寡人，謫守天府。」始焉帝心眷，既乃帝怒嗔。謫歸小山中，桂樹枝輪囷。《招隱士序》：「淮山小山之所作也。桂樹叢生兮山之幽，偃蹇連卷兮枝相繚。」居然盜帝書，意欲垂千春。《漢書·淮南王傳》：「招致賓客方術之士數千人，作為《內書》二十一篇，《外書》甚眾，又有《中篇》八卷，言神仙黃白之術。」〔註222〕河間禮最古，《漢書·河間獻王傳》：「獻王所得書，皆古文先秦舊書，《周官》、《尚書》、《禮記》、《孟子》、

〔註214〕《小雅·巷伯》。
〔註215〕按：四庫本《曝書亭集》未錄此篇。
〔註216〕莊公二十八年。另，四庫本《曝書亭集》未錄此篇。
〔註217〕《山木》。
〔註218〕《詠烏》。
〔註219〕《召南·鵲巢》。
〔註220〕《繫辭下》。
〔註221〕按：四庫本《曝書亭集》未錄此篇。
〔註222〕卷四十四。

《老子》之屬。」〔註 223〕**楚元詩亦醇**。《漢書‧楚元王傳》:「元王好詩,諸子皆讀詩,申公始為詩傳,號魯詩。元王亦次之詩傳,號曰元王詩,世或有之。」〔註 224〕**區區服食方**,見卷九《河豚歌》。**咄汝非其倫。九師招不至**,《漢書‧藝文志》:「《淮南道訓》二篇。淮南王安聘明《易》者九人,號九師說。」〔註 225〕**且與雞犬親**。《神仙傳》:「八公與淮南王昇天,餘藥器,雞犬舐啄之,盡升,故雞鳴天上,犬吠雲中也。」

夷羿射十日,其九落高穹。《左傳》:「伯明後寒棄之,夷羿收之。」〔註 226〕《注》:「夷昇之氏也。」《淮南子》:「堯命羿仰射十日,中其九,烏皆死,墮羽翼。」**如何此神術,乃以授逢蒙**。《孟子注疏》:「逢蒙,羿之家眾也。《春秋傳》曰:『羿將歸自田,家眾殺之。』」**支左與詘右**,《戰國策》:「養由基曰:『人皆善子,乃曰可教射,子何不代我射之也?』客曰:『我不能教子支左屈〔註 227〕右。』」〔註 228〕**於技無不通。一朝突反射,人鮮克有終**。《詩》:「靡不有初,鮮克有終。」〔註 229〕**嗚呼在三義**,《國語》:「人生於三事之如一,父生之,師教之,君食之。」韋昭曰:「三:君、父、師也。」**有若日在中。六經各有師,不及斷梡工**。《禮》:「俎用梡嶡。」〔註 230〕**昔賢服心喪**,《禮》:「心喪三年。」〔註 231〕**期與生我同**。《史記》:「生我者父母。」〔註 232〕**薄者無不薄,奚事鳴鼓攻**〔註 233〕。

秋蓬本在下,吹噓送上天。杜甫詩:「揚雄更有河東賦,惟待吹噓送上天。」〔註 234〕**回風崇朝至,過我門梁邊。假令一者來,何妨暫周旋。奈何捨我去,轉向斜徑穿。不如楊柳花,相近猶纏綿。涼燠有定候,冰炭毋乃偏**。《韓非子》:「冰炭不同器而久。」〔註 235〕

〔註 223〕卷五十三。
〔註 224〕卷三十六。
〔註 225〕卷三十。
〔註 226〕襄公四年。
〔註 227〕「屈」,石印本作「詘」。
〔註 228〕卷二《西周》。
〔註 229〕《大雅‧蕩》。
〔註 230〕《禮記‧明堂位》。
〔註 231〕《禮記‧檀弓上》。
〔註 232〕卷六十二《管仲列傳》。
〔註 233〕按:《論語‧先進》:「季氏富於周公,而求也為之聚斂而附益之。子曰:『非吾徒也,小子鳴鼓而攻之可也。』」
〔註 234〕《贈獻納使起居田舍人》。
〔註 235〕《顯學第五十》。

　　昔有池仲魚，移居城門下。《風俗通》：「城門失火，禍及池魚。舊說池仲，魚人姓氏也。居宋城門。城門失火，延及其家，仲魚燒死。」城門設重關，際夜上銀鎖。徐安貞詩：「銀鎖重關聽未闢，不如眠去夢中看。」〔註236〕既無穿窬患，兼有擊柝邏。自謂智慮周，乃藏殺身禍。烈焰已具揚，撲滅勢不果。呼嗟骨用朽，前事資驗左。《唐書‧嚴郢傳》：「驗左不存。」〔註237〕處世多危機，沖波少安柁。桑海詎難幹，《神仙傳》：「麻姑謂王方平曰：『自接待以來，見東海三為桑田。』」杞天亦可墮。《列子》：「杞國有人憂天崩墮，身無所寄，廢於寢食。」宋鄭四國災，《左傳》：「鄭裨竈言於子產曰：『宋、衛、陳、鄭將同日火，若我用瓘斝玉瓚，鄭必不火。』子產弗與。宋、衛、陳、鄭災。」〔註238〕《穀梁傳》：「是火也，同日為四國災也。」〔註239〕咸秦三月火，《史記‧項羽紀》：「屠咸陽，燒秦宮室，火三月不滅。」〔註240〕達人殷遠憂。朝市足恒裹，《史記‧李斯傳》：「使天下之士退而不敢西向，裹足不入秦。」〔註241〕逍遙十畆間，《詩》：「十畝之間兮。」〔註242〕為樂無不可。

　　華山有小鳥，自名寒號蟲。見卷十一《簡宋觀察》。翻飛必自卑，毛羽恒不豐。《戰國策》：「毛羽不豐滿者不可以高飛。」〔註243〕物微免弋獲，幸得過凜冬。一朝條風至，《史記‧律書》：「條風居東北，主出萬物。」〔註244〕自詡時命通。洗頭玉女盆，《集仙錄》：「明星玉女者，居華山。服玉漿，白日昇天。玉女祠前有石臼，號曰玉女洗頭盆。」〔註245〕鼓翼白羊峯。謂鳳不如我，見《簡宋觀察》。聽者誰汝容。鳳兮翔千仞，覽輝下梧桐。見卷九《古意》。《毛詩疏》：「鳳凰非梧桐不棲，非竹實不食，非醴泉不飲。」〔註246〕一鳴音節節，《說文》：「鳳鳴節節足足。」再鳴聲噰噰。孫綽《遊天台山賦》：「聽鳴鳳之噰噰。」雖言德之衰，物理豈終窮。

〔註236〕《聞鄰家理箏》。
〔註237〕《新唐書》卷一百四十五。
〔註238〕昭公十七、十八年。
〔註239〕昭公十八年。
〔註240〕卷七。
〔註241〕卷八十七。
〔註242〕《魏風‧十畝之間》。
〔註243〕卷三《秦一》。
〔註244〕卷二十五。
〔註245〕《欽定古今圖書集成‧博物彙編‧神異典卷二百五十》。
〔註246〕按：《莊子‧秋水》：「南方有鳥，其名鵷鶵，子知之乎？夫鵷鶵，發於南海而飛於北海，非梧桐不止，非練實不食，非醴泉不飲。」

千佛各有經，翻譯滿禪圍。山花木葉文，《太平廣記》：「貝多出摩伽陀國，長六七尺，經冬不凋。此樹有三種。一者多羅婆刀義多，二者多梨婆刀義貝多，三者部婆刀義多羅多梨。並書其葉，部圍一色，取其皮書之。貝多是梵語，漢翻為葉。貝多婆刀義者，漢言樹葉也。西域經書用此三種皮葉，若能保護，亦得五六百年。」〔註247〕繁重苦難括。自從達磨來，《傳燈錄》：「二十八祖達磨自天竺國泛海見梁帝，不契，潛上嵩山少林寺，面壁九年。」一葦當津筏。《釋氏通鑒》：「達磨折蘆渡江。」韓愈詩：「開張篋中寶，自可得津筏。」〔註248〕聰明主妙悟，指授在呵喝。《五燈會元》：「僧問明辨禪師：『如何是一喝，如金剛王寶劍？』師曰：『古墓毒虵頭戴角。』曰：『如何是一喝，如踞地師子？』曰：『虛空笑點頭。』曰：『如何是一喝，如探竿影草？』師曰：『石人拍手笑呵呵。』曰：『如何是一喝，不作一喝用？』師曰：『布袋裏豬頭。』曰：『四喝已蒙師指示，向上還有事也無。』」〔註249〕不讀一字書，猊坐立可奪。戴叔倫《禪寺讀書》詩：「猊坐翻蕭瑟，皋比喜接連。」〔註250〕奈何君子儒，語錄效緇褐。陸游《跋兼山先生易說》：「郭立之從程先生遊最久，程先生病革，猶與立之有問答語，著於《語錄》。」〔註251〕劉子翬詩：「幅巾緇褐誦楞伽。」〔註252〕讀古喻玩物，《近思錄》：「明道先生以記誦博識為玩物喪志。」《癸辛襍識》：「道學之名，起於元祐，盛於淳熙。凡治財賦者，則目為聚斂；開闔捍邊者，則目為麄材；讀書作文者，則目為玩物喪志；留心政治〔註253〕者，則目為俗吏。其所讀書者，止《四書》、《近思錄》、《通書》、《太極圖》、《東西銘》、《語錄》之類。」〔註254〕斯言太拘閡。按：「閡」字無入聲，疑「閡」字之誤。〔註255〕聖人述六藝，反正亂可撥。《史記·太史公自序》：「是故禮以節人，《樂》以發和，《書》以道事，《詩》以達意，《易》以道化，《春秋》以道義。撥亂世，反之正。」〔註256〕豈惟身獨善，言動必迂闊。《史記·孟子傳》：「梁惠王不果所言，則見以為迂遠而闊於事情。」〔註257〕張口雲霧中，昏暗

〔註247〕卷四百六《草木一·木·貝多樹》。
〔註248〕《送文暢師北遊》。
〔註249〕卷二十《南嶽下十五世·龍門遠禪師法嗣·安吉州道場正堂明辯禪師》。
〔註250〕《寄禪師寺華上人次韻三首》其二。
〔註251〕《渭南文集》卷二十七。
〔註252〕《有懷十首》其四《鄭尚明》。
〔註253〕「治」，《癸辛襍識》作「事」。
〔註254〕續集卷下《道學》，稱「嘗聞吳興老儒沈仲固先生云」。
〔註255〕國圖藏本眉批：《集韻》：「閡，紇則切。礙也。」注謂無入聲，失考。
〔註256〕卷一百三十。
〔註257〕卷七十四。

何由豁。庶幾經濟才，寇虐乃能遏。《詩》：「式遏寇虐。」〔註258〕

有酒斯鼓缶，見卷一《夏至日》。吹塤必和篪。《詩》：「伯氏吹塤，仲氏吹篪。」〔註259〕同調定見憐，一心不相離。古人重久要，隙末非所宜。朱穆《廣絕交論》：「張、陳所以凶終，蕭、朱所以隙末。」谷風思小怨，大德反棄遺。《詩・谷風》〔註260〕：「棄予如遺。」又：「忘我大德，思我小怨。」新交不如故，竇玄妻《古怨歌》：「衣不如新，人不如故。」君子當三思。請看蘇子卿，《漢書・列傳》：「武字子卿。」〔註261〕豈絕李騫期。劉琨《扶風歌》：「惟昔李騫期。」《注》：「《周易》：『歸妹愆期，遲歸有時。』王肅曰：『愆，過也。騫與愆通也。』」〔註262〕徐渭《路史》：「李騫期疑是李陵官名，或是其字。」

蘇秦六國印，見卷二《贈張五》。主父五鼎食。《漢書・主父偃傳》：「丈夫生不得五鼎食，死則五鼎亨耳！吾日暮，故倒行逆施之。」〔註263〕積金已成穴。《東觀漢紀》：「京師號郭況家為金穴，言其富貴。」多方猶採獲，人壽無百年。子豈神仙籍，蜉蝣語蟪蛄。我今日將夕，《爾雅》：「蜉蝣，渠略。」《注》：「蜉蝣聚生糞中，朝生暮死。」春秋爾易邁。《莊子》：「蟪蛄不知春秋。」〔註264〕不樂良可惜。

衡必錙銖爭，《說文》：「權十分黍之重也。八銖為錙，二十四銖為兩。」錢必子母權。《搜神記》：「南方有蟲，其形若蟬而大，名曰青蚨。其子著草葉如蠶種。得子以歸，其母飛來就之。殺其母以塗錢，以其子塗貫，用錢貨市，旋則自還。」佳李鑽及核，《晉書・王戎傳》：「家有好李，常出貨之，恐人得種，恒鑽其核。」〔註265〕曲防遏其泉。不屑一毛拔，《列子》：「禽子問楊朱曰：『去子體之一毛以濟一世，汝為之乎？』楊子曰：『世固非一毛之所濟。』」〔註266〕而況千金捐。舉世皆楊朱，方思墨翟賢。

〔註258〕《大雅・民勞》。
〔註259〕《小雅・何人斯》。
〔註260〕《小雅・谷風》。
〔註261〕卷五十四。
〔註262〕《文選》卷二十八。
〔註263〕卷六十四上。按：《史記》卷一百一十二《平津侯主父列傳》：「且丈夫生不五鼎食，死即五鼎烹耳。吾日暮途遠，故倒行暴施之。」
〔註264〕《逍遙遊》。
〔註265〕卷四十三。按：《世說新語・儉嗇第二十九》：「王戎有好李，賣之恐人得其種，恒鑽其核。」
〔註266〕《楊朱第七》。

飛蟲揚其羽，乃為蛛網得。《論衡》：「蜘蛛結絲，以網飛蟲。人之用計，安得過之？」〔註267〕白鹿遊上林，難免射工食。見卷十《鹿尾》。君〔註268〕子慎所趨，毋以貪自賊。不見冥冥鴻，寧受弋者弋。《法言》：「鴻飛冥冥，弋者何篡焉。」〔註269〕

佛法西域來，見卷九《佛手柑》。道里實遼遠。《穆天子傳》：「西王母歌：『道里遼遠，山川間之。』」其徒祇比丘，馬馱經數卷。《四十二章經注》：「昔世尊入滅，經一千載，後漢永平年中，明帝因夢金像，乃知佛教將被東夏。遣蔡愔使西國，遇摩騰、竺法二梵僧，白馬馱貝葉梵文，屆止洛都，譯梵成漢，首出此經。」至晉始有尼，《靜志居詩話》：「象教東流，比丘、比丘尼當一時俱集矣，而尼至晉建興中始有之。莊嚴寺僧寶唱撰《比丘尼傳》，以洛陽竹林寺尼稱首焉。《天祿識餘》：『漢劉峻女出家，又洛陽婦阿潘出家，乃見尼姑之始。又何充捨宅安尼，乃尼寺之始焉。』」入梁俗莫挽。此輩僧易狎，為態亦婉娩。《禮》：「婉娩聽從。」〔註270〕一入富家門，內言出於梱。《禮》：「內言不出於梱。」〔註271〕挾伴湖山遊，積金寺塔建。精舍累百區，《經律異相》：「須達多長者白佛言：『弟子欲營精舍，請佛住，惟有祇〔註272〕陀太子園廣八十頃，林木鬱茂，可居。』白太子。太子戲曰：『滿以金布，便當相與。』須達出金布八十頃，精舍告成，凡千三百區。」有司豈能限。宣淫青豆房，《楞嚴經注》：「寂音論：如寶蓮香比丘尼妄言行婬無報，即於女根節節焚然，墮無間獄。」飽食香積飯。《維摩經》：「維摩居士遣八菩薩，往眾香國禮佛，於是香積如來以眾香鉢盛飯。」〔註273〕因之壞風俗，詎可偕息偃。《詩》：「或息偃在床。」〔註274〕婦人有婦功，蠶織乃其本。《詩》：「婦無公事，休其蠶織。」〔註275〕如何水田衣，《善覺要覽》：「佛住王舍城，經行見稻田畦畔，語阿難曰：『諸佛衣相是從，今依此作衣相。記：『田畦貯水，生長嘉苗。』法衣之田，潤以四利之水，增其三善之苗，以養法身，自惠命也。』」《藝林伐山》：「裟裟一名水田

〔註267〕《文選》卷三十一張景陽《雜詩十首》「蜘蛛網四屋」李善《注》。

〔註268〕「君」，四庫本《曝書亭集》誤作「居」。

〔註269〕《問明篇》。

〔註270〕《禮記·內則》。

〔註271〕《禮記·曲禮》。

〔註272〕「祇」，底本、石印本誤作「祇」。

〔註273〕石印本無「維摩居士遣八菩薩，往眾香國禮佛，於是香積」。

〔註274〕《小雅·北山》。按：石印本無此注。

〔註275〕《大雅·瞻卬》。

衣。唐詩：『裁衣學水田。』〔註276〕」姿拖出袛〔註277〕苑。梁昭明《同泰僧正講詩》：「舒金起袛〔註278〕苑。」跪拜學男兒，《清波雜志》：「嘗聞海上之國，僧尼婦人皆作男子拜，拜尚不以為異，則跪宜有之。」〔註279〕對客不自忖。誰修鳳樓識，絕此毋往返。《新唐書‧藝文志》：「《鳳樓新誡》二十卷。」〔註280〕

先王設庠序，專以明人倫。校官為人師，《漢書‧文翁傳》：「景帝末，為蜀郡守，修起學官於成都市中，招下縣子弟以為學官弟子，為除更繇，高者以補郡縣吏，次為孝悌力田。常選學官僮子，使在便坐受事。每出行縣，益從學官諸生明經飭行者與俱，使傳教令，出入閨閣。縣邑吏民見而榮之，數年，爭欲為學官弟子。至武帝時，乃令天下郡國皆立學校官，自文翁為之始云。」〔註281〕必先順乎親。入貲稱博士，《通典》：「唐府郡置經學博士各一人，掌以五經教授。」〔註282〕母也情所欣。雖有祿三籝，見卷十八《送李思訓》。莫具膳兼珍。見卷三《還家即事》。九品流未入，自詡為王臣。板輿道豈遠，見卷十三《次查上舍韻》。忍自柅其輪。彼心誠泰然，我見翻愴辛。〔註283〕

東京厚風俗，士行本學校。必先親其親，使民知則傚。《詩》：「視民不恌，君子是則是傚。」〔註284〕於時重喪紀，期功相答效。至或自解官，居憂立名教。奈何今之人，母死不作孝。捨爾苴経制，《儀禮》：「苴経，麻之有蕡者也。」〔註285〕有靦酒肉貌。《詩》：「有靦面目。」〔註286〕首丘死者狐，《禮》：「狐死正丘首，仁也。」〔註287〕首山死者豹。《廣志》：「狐死首丘，豹死首山，不忘本也。」鮮民之不奔，《詩》：「鮮民之生。」〔註288〕《禮》：「奔喪之禮。」〔註289〕

〔註276〕王維《過盧四員外宅看飯僧共題七韻》。
〔註277〕「袛」，底本、石印本誤作「祇」，據康熙本《曝書亭集》改。
〔註278〕「袛」，底本、石印本誤作「祇」。
〔註279〕卷二。
〔註280〕卷五十八。
〔註281〕卷八十九《循吏傳》。
〔註282〕卷三十三《職官十五》。
〔註283〕按：四庫本《曝書亭集》未錄此篇。
〔註284〕《小雅‧鹿鳴》。
〔註285〕《喪服第十一》。
〔註286〕《小雅‧何人斯》。
〔註287〕《禮記‧檀弓上》。
〔註288〕《小雅‧蓼莪》。
〔註289〕《禮記‧奔喪》。

曷月掩泉窑。韓琦詩：「齎恨掩泉窑。」〔註290〕誰哉生厲階，《詩》：「誰生厲階。」
〔註291〕仕路巧騰踔。〔註292〕

　　先生《書曼寄軒集後》：「東漢風俗之厚，期功之喪，咸得棄官持服。如賈逵以祖
父喪〔註293〕，戴封以伯父，西鄂長楊弼以伯母，繁陽令楊君以叔父，上虞長度尚以
從父，渤海王郎中劉衡以兄，思善侯相楊著以從兄，太常丞譙玄、槐里令曹全以弟，
廣平令仲定以姊，王純以妹，馬融以兄子，皆以憂棄官輕舉。至晉而嵇紹拜徐州刺史，
以長子喪去職；陶潛以程氏妹喪自免，作《歸去來辭》。自是而後，古之道莫之行也。
先伯祖君輿公掌銓東曹，聞先文恪公之訃，請於朝，乞歸持服。德陵允焉。當時典禮
者不以為過，斯國史所當附書於禮樂志者。〔註294〕」按：古人於期功之喪棄官持服
者，尚有數人。如韋義以兄順喪去官，楊仁以兄喪去官，陳實以期喪去官。范滂父，
字叔矩，博士徵，以兄喪不行。《圉令趙君》：「司徒楊公闢，以兄憂不至。」陳重當遷
會稽太守，遭姊憂去官。《通典》云：「安帝初，長吏多避事去官，乃令自非父母服，
不得去職。由是期功之喪無有解官者矣。」〔註295〕

〔註290〕《示直彥》。

〔註291〕《大雅・桑柔》。

〔註292〕按：四庫本《曝書亭集》未錄此篇。

〔註293〕國圖藏本眉批：賈逵以祖父喪去官，本傳不載。

〔註294〕見《曝書亭集》卷五十二。按：底本闕二十字，石印本同，注「以下原缺」。
　　　　檢康熙本《曝書亭集》，此文尚有「此事尚未百年，今人父母之喪，有不去其
　　　　官者矣」一句，計十九字，四庫本《曝書亭集》無。
　　　　另，國圖藏本抄補此三句，浮簽曰：「『此事尚未百年』三句，照初印本錄補。」

〔註295〕國圖藏本眉批：此本《日知錄》。
　　　　按：馬融以兄子喪自劾歸，在安帝末年。常義以兄喪去官，在順帝時。陳實
　　　　以期喪去官，在桓帝時。茲據《通典》謂安帝之後無有以期功去職者，非是。
　　　　《日知錄》卷十五《期功喪去官》（顧炎武著，黃汝成集釋，欒保群、呂宗力
　　　　校點《日知錄集釋》，上海古籍出版社2013年版，第903～904頁）：
　　　　古人於期功之喪，皆棄官持服。《通典》：「安帝初，長吏多避事棄官。乃令：
　　　　自非父母服，不得去職。」考之於書，如韋義以兄順喪去官，楊仁以兄喪去
　　　　官，譙玄以弟服去官，戴封以伯父喪去官，馬融遭兄子喪自劾歸，陳定以期
　　　　喪去官，賈逵以祖父喪去官。又《風俗通》云：「范滂父字叔矩，博士徵，以
　　　　兄憂不行。」《劉衡碑》云：「為勃海王郎中令，以兄琅邪相憂，即日輕舉。」
　　　　《圉令趙君碑》云：「司徒楊公闢，以兄憂，不至。」則兄喪亦謂之憂也。《曹
　　　　全碑》云：「遷右扶風槐里令，遭同產弟憂，棄官。」則弟喪亦謂之憂也。《度
　　　　尚碑》云：「除上虞長，以從父憂，去官。」《楊著碑》云：「遷高陽令，遭從
　　　　兄沛相憂，篤義忘寵，飄然輕舉。」則從父、從兄喪亦謂之憂也。《陳重傳》
　　　　云：「舉尤異，當遷為會稽太守，遭姊憂去官。」則姊喪亦謂之憂也。《王純
　　　　碑》云：「拜郎，失妹寧歸，遂釋印綬。」晉陶淵明作《歸去來辭・自序》曰：

男兒一墮地，弧矢射四方。《禮》：「子生，男子設弧於門左，女子設帨於門右。國君世子生，射人以桑弧蓬矢射天地四方。」〔註296〕家有驥千里，曹植《與吳質書》：「家有千里驥而不珍焉，人懷盈尺和氏而無貴矣。」豈戀苗藿場。《詩》：「皎皎白駒，食我場苗。」又：「食我場藿。」〔註297〕威鳳鳴啾啾，《荀子》：「逸詩曰：『鳳皇秋秋，其翼若干，其聲若簫。』」〔註298〕張正見詩：「丹山下威鳳，來集帝梧桐。」〔註299〕千仞肆翱翔。覽輝一以下，百鳥生儀光。圈牢有養物，曹植《求自試表》：「虛荷上位而忝重祿，禽息鳥視，終於白首，此徒圈牢之養物，非臣之所志也。」毛鬣分柔剛。《禮》〔註300〕：「豕曰剛鬣。」又：「羊曰柔毛。」留以施刀俎，逸欲終見殃。駛景洵易馳，韓愈《城南聯句》：「哀匏蹙駛景。」安樂不可常。奈何當盛年，白晝處帷房。曹植《美女篇》：「盛年處房室，中夜起長歎。」

曝書亭集詩注卷十九　　　　　　　　　　　　　　　　男　蟠　挍

「尋程氏妹喪於武林，情在駿奔，自免去職。」則已嫁之妹，猶去官以奔其喪也。《晉‧嵇紹傳》：「拜徐州刺史，以長子喪去職。」則子之喪亦可以去官也。後漢末時，人多不行妻服。苟爽引據大義，正之經典，雖不悉變，亦頗有改者。晉泰始中，楊旌有伯母服未除而應孝廉，舉博士，韓光議以宜貶。又言：「天水太守王孔碩，舉楊少仲為孝廉，有期之喪而行，甚致清議。」而潘岳《悼亡詩》曰「荏苒期月周，戚戚彌相愍」，又曰「投心遵朝命，揮涕強就車」，是則期喪既周，然後就官之證。今代之人躁於得官，輕於持服，令晉人見之，猶當恥與為伍，況三代聖賢之列乎！

〔註296〕《禮記‧內則》。
〔註297〕《小雅‧白駒》。
〔註298〕《解蔽篇第二十一》。
〔註299〕《賦得威鳳棲梧詩》。
〔註300〕《禮記‧曲禮下》。

曝書亭集詩注卷二十

嘉興　楊謙　纂

嘉興　汪瀛　參

昭陽協洽癸未

盛秀才書齋觀文嘉水墨杏花新燕盛名大鏞，字匏仲，初名葉，字奕雲，秀水人。有《匏菴詩》。〔註1〕

　　宣和譜花鳥，獨有燕子畫者少。按：《宣和畫譜》列花鳥五卷，惟徐崇嗣《木筆雙燕圖》一、徐崇矩《紫燕藥苗圖》二。後來小屏山，多寫白燕梨花間。大都畫粉不畫墨，又或畫雙不畫隻。吳中才子文休承，見卷十三《贈許容》。藝事三絕人共稱。冰紋之繭恣留額，常袞詩：「墨潤冰紋繭，香消〔註2〕蠹字魚。」新燕圖來剛一尺。其餘盡寫石田詩，不許觀者旁題辭。梅湖盛生雅好事，《靜志居詩話》：「盛公萬年所居梅湖，饒有魚稻之利，築場納稼，專以寶嗇訓子孫。先疇至今，未有改云。」少長群賢並邀致。晴軒掛壁縱客看，歎息滿堂聲不實。圖中烏衣甫出巢，劉斧《摭遺》：「王謝，金陵人。航海遇風，抵一洲，其王以女妻之。女曰：『此烏衣國也。』後謝思歸，王命取飛雲軒送歸至家，見梁上雙燕呢喃，乃悟燕子國。」杏林過雨含香苞。拂羽試飛力尚怯，風前未邁踏花梢。自來寫生手，見卷四《贈沈華》。往往守窠臼。惟有石田真軼倫，同時絕品數唐寅。見卷十五《論畫》。兩君畫意不畫似，嘉也此圖亦逼真。吾衰應酬詩嬾作，去聲。〔註3〕只愛看畫題長句。坐中妙繪六

〔註1〕石印本無此注。
〔註2〕「消」，《晚秋集賢院即事寄徐薛二侍郎》作「銷」。
〔註3〕此係自注。

七公，注原缺。〔註4〕那不臨摹遺我茅堂中，搖頭鼓翼尾涎涎，見卷十八《怪鴟行》。令我日日長相見。見卷二《贈張五》。

春暮看花木瀆夜過上沙連雨不止信宿還慧慶僧寺左足病蹙自慰二十韻《蘇州府志》：「天平山下地名上沙。」〔註5〕

春遊抵木瀆，見卷十五《雨舟聯句》。對酒愛晚晴。際夜泛上沙，俄頃風雨生。屋東西溝水，見前。瀺瀺階除鳴。繩牀承漏瓦，三徙仍攲傾。淫潦晝不已，疾雷暮砰訇。李白詩：「雷公砰訇震天鼓，帝傍投壺多玉女。」〔註6〕有蚓蟠青泥，有菌抽黃莖。置身雲光中，濕氣易滿盈。老夫留信宿，臥起足疾嬰。劉楨詩：「餘嬰沉痼疾。」〔註7〕其左頓成蹙，《方言注》：「委痿謂之隤企，腳蹙不能行也。」其右安得聧。《左傳》：「苑子刜林雍，斷其足，聧〔註8〕而乘於他車以歸。」推窗覽朝霞，散作魚尾赬。《詩》：「魴魚赬尾。」〔註9〕言辭主人去，淨域返水精。兼旬罷看花，累月不入城。父母生我來，日月斯邁徵。《詩》：「我日斯邁，而月斯征。」〔註10〕紅塵早插腳，重繭萬里程。見卷十《禁中騎馬》。雖經侍班聯，曾不伺公卿。韓愈《送李愿歸盤谷序》：「伺候於公卿之門。」既嬾著朝韠，兼恥邪徑行。荀悅《漢成帝紀》：「童謠曰：『邪徑敗良田，讒巧害忠賢。』」一從罷官後，誰復驅使令。不妨日蹣跚，蘇轍《記病》詩：「侵尋作風痺，兩足幾蹣跚。」堅坐無所營。吾自著吾書，吾自怡吾情。不有訾鑿齒，足蹇春秋成。見卷十《贈沈上舍》。

苦熱和梅都官韻梅堯臣《和蔡仲謀苦熱》詩：「大熱曝萬物，萬物不可逃。燥〔註11〕者欲出火，液者欲流膏。飛鳥厭其羽，走獸厭其毛。人亦畏絺綌，況乃服冠袍。廣廈雖云託，呼風不動毫。未知林泉間，何以異我曹。蠅蚊更晝夜，膚體困爬搔。四序苟迭代，會有秋氣高。」

於垤鸛不鳴，《詩》：「鸛鳴于垤。」〔註12〕涉波豕潛逃。《詩》：「有豕白

〔註4〕按：底本空五格，可納雙行小注十四字。石印本同，注「注原缺」。
〔註5〕石印本無此注。
〔註6〕《梁甫吟》。
〔註7〕《贈五官中郎將詩四首》其二。
〔註8〕「聧」，《左傳·昭公二十六年》作「鑿」。
〔註9〕《周南·汝墳》。
〔註10〕《小雅·小宛》。
〔註11〕「燥」，梅堯臣詩同，石印本作「爆」。
〔註12〕《豳風·東山》。

蹢，烝涉波矣。」〔註13〕**不有膚寸雲**，《公羊傳》：「觸石而起，膚寸而合，不崇朝而遍雨天下者，惟太山之雲乎！」〔註14〕**焉得陰雨膏**。〔註15〕《詩》：「陰雨膏之。」〔註16〕**徒封蜥蜴甕**，見卷十三《苦熱》。**未毧鳥獸毛**。《書》：「鳥獸毛毧。」〔註17〕**既乏招涼珠**，《拾遺記》：「寒山之嶺有黑蚌，能飛翔，千歲一生珠。燕昭王時，其國獻之。昭王常懸此珠，當盛暑之月，體自輕涼，號消暑招涼之珠。」**詎有含風袍**。杜甫詩：「細葛含風軟。」〔註18〕**良苗日以槁，莫抽分寸毫。夏畦病莫治，秋乃亡其曹**。劉安《招隱士》：「禽獸駭兮亡其曹。」**老翁愁旅食，疾首虛爬搔。廣廈尚苦熱，何況層樓高**。

夏日病足留慧慶寺張顧二孝廉孫范二上舍徐陳範汪顧五文學載酒至席上譚藝率賦二〔註19〕首

一人半爾習鑿齒，見卷五《將次山陰》。**三樂具焉榮啟期**。《列子》：「孔子游於太山，見榮啟期行乎郕之野，披裘帶索，鼓琴而歌。孔子問曰：『先生所以樂，何也？』對曰：『天生萬物，惟人為貴，吾得為人〔註20〕，一樂也；男尊女卑，吾得為男，二樂也；人生有不見日月，不免襁褓者，吾行年九十，三樂也。』」〔註21〕**老矣關心無俗事，相於把酒判深巵。風多盡卷桔槔水，旱甚將枯蔗芋陂**。**已辦沖泥油竹傘**，《集韻》：「頯旱切，音散，禦雨蔽日，可以卷舒者。」**當筵頻起祝雲師**。

近聞天子幸捺鉢，《天祿識餘》：「《遼史》：秋冬違寒，春夏避暑，各有行在，謂之捺鉢。」〔註22〕**闕下諸司務暫休。吾意最憐雙樹好，諸公合近五湖遊。形模楊陸詩焉用**，謂楊萬里、陸游也。**服習曾王筆自道**。謂曾鞏、王安石也。**五相一漁朝野別**，白居易《上李紳》詩：「同時六學士，五相一漁翁。」〔註23〕《小

〔註13〕《小雅・漸漸之石》。

〔註14〕僖公三十一年。

〔註15〕國圖藏本眉批：按：劉鑑《經史動靜字音》：「凡脂膏之膏，平聲用以潤物，曰膏；去聲，陰雨膏之。《釋文》：古報反。」此押入聲，當考。

〔註16〕《曹風・下泉》。

〔註17〕《堯典》。

〔註18〕《端午日賜衣》。

〔註19〕四庫本《曝書亭集》未錄第二首，故改「二」為「一」。

〔註20〕石印本此下有「焉」字。

〔註21〕《天瑞第一》。

〔註22〕按：《遼史》卷三十一《營衛志上》：「出有行營，謂之捺鉢。」

〔註23〕《李留守相公見過池上汎舟舉酒話及翰林舊事因成四韻以獻之》。

學紺珠》：「五相：裴垍、王涯、杜元穎、崔羣、李絳。」〔註24〕不知何者果千秋。

初秋宋五進士眾業載酒過張三孝廉大受潮生閣送魏二孝廉坤之西江即席分賦得九言宋字嘉升，長洲人。康熙丁丑進士。官吏部文選司郎中。著《南園詩稿》。先生《履素先生祠堂記》：「大受識達而才敏，洽聞周見，自舉於鄉，名日盛，弟子著錄者數百人，席硯不能容，則廣其宅，齋曰拙齋，亭曰讀書之亭，軒曰活碧之軒。又於衡宇之陽築堂，曰孝廉之船，不忘厥考所自也。逾年，負笈者益眾，爰拓地於水南，立軒於橋下，軒東曰潮生閣。」〔註25〕

今年六月不雨至七月，小軒橋下恒苦水氣腥。昨宵高荷大芋聽枕畔，見卷十四《倪博士》。歷頭檢點白露今朝零。武塘魏二捨我豫章去，鴨觜小艇蚤繫菰蒲汀。此時攬袪欲別不忍別，卻喜南園酒載雙玉餅。匠門群從同調三五客，〔註26〕《吳地記》：「匠門又名干將門。闔閭使干將在此鑄劍材，門南三里有蒔門。」長歌短詠搖筆無留停。此時秋之為氣感宋玉，見卷一《雨後即事》。碧梧桐猶未落薜蘿青。潮生閣梯從一初枕上，見卷六《風懷》。八窗盡拓四面風泠泠。灌嬰城中本吾舊遊地，中有古井浪動連宮亭。見卷十《送查上舍》。卷二《望湖亭》。珠簾畫棟亦有帝子閣，目極西山南浦無潛形。見卷二《南安客舍》。人生快意豈必致通顯，文章一技可以垂千齡。桓山石槨縱使九泉鋦，蘇軾《遊桓山記》：「登桓山，入石室，使道士戴日祥鼓雷氏之琴，操履霜之遺音，曰：『噫嘻悲夫，此宋時桓魋之墓也。』」《禮》：「昔夫子居於宋，見桓司馬自為石槨，三年而不成。」〔註27〕詎若閉關頌酒生劉伶。見卷四《大牆上蒿行》。他時寫取水村圖第七，見卷十三。容我拄杖剝啄叩門扃。

橋下小軒對菊效陶

商風拂昧谷，《書》：「宅西曰昧谷。」〔註28〕翳日浮雲移。晚節菊有芳，不隨蕭艾萎。黃白愛並列，朱紫或間之。雖乏有皖〔註29〕實，《詩》：「有皖〔註30〕其實。」〔註31〕《類纂》：「曹昊，字太虛，武林人。好種菊。一日早起，

〔註24〕卷六。
〔註25〕《曝書亭集》卷六十六。
〔註26〕國圖藏本眉批：大受別號匠門。
〔註27〕《禮記·檀弓上》。
〔註28〕《堯典》。
〔註29〕「皖」，石印本同，《曝書亭集》作「睆」。
〔註30〕「皖」，石印本同，《曝書亭集》作「睆」。《小雅·杕杜》作「睆」。
〔註31〕《小雅·杕杜》。

見大黃當心生一紅子，漸大，三日如櫻桃。鄰女周少夫月下潛玩，摘食之，忽乘風仙去。昊始悟菊實乃仙家物。」〔註32〕**沃沃呈其姿。**《詩》：「夭之沃沃。」〔註33〕**主人治席硯，弟子前摛辭。抗論孔壁書，**見卷九《酬閻若璩》。**兼詠伐檀詩。**《詩》：「坎坎伐檀兮。」〔註34〕**吾亦扶杖至，逍遙循階墀。良久發清謳，妙舞堂中施。三爵客多又，一觴我同持。人生如噩夢，**《周禮·春官宗伯》：「以日月星辰占六夢之吉凶。二曰噩夢。」杜子春云：「噩當為驚愕之愕，謂驚愕而夢。」境適且自怡。**今者若不樂，**《詩》：「今者不樂。」〔註35〕**將為四座嗤。**

題喬孝廉崇烈書離騷

　　伯時圖九歌，《宣和畫譜》：「文臣李公麟字伯時，舒城人也。有《九歌圖》一。」**和仲書九辨。**《紀年錄》：「蘇軾，字和仲。」《珊瑚網》：「項子京《坡翁書九辨跋》：『自悲哉秋之為氣也蕭瑟兮起，止憑鬱鬱其何極，凡五篇，字大於折二錢。』」**昔賢愛楚辭，重之若笙典。**《抱朴子》：「五典為笙簧，三墳為珠玉。」〔註36〕利登詩：「上究笙典窮珠墳。」〔註37〕**舍人工楷書，**《書斷》：「八分本謂之楷書。楷者，法也，式也，模也。」**法在去肥軟。三真六草間，**見卷九《題董尚書墨蹟》。**用意帶章篆。年來日臨池，真蹟滿巾衍。**《莊子》：「夫芻狗之未陳也，盛以篋衍，巾以文繡。」〔註38〕王令詩：「巾衍珍藏雖已固。」〔註39〕**離騷思所寄，一寫一百卷。吾思屈子才，妙語恣抽演。**潘尼《釋奠頌》：「抽演微言，啟發道真。」**美人與芳草，**見卷二《旅興》。**發興義微顯。靈修美始合，改路忽他踐。**《楚辭》：「指九天以為正兮，夫惟靈修之故也。初既與余成言兮，後悔遁而有他。」〔註40〕**藝蘭磐石阿，**《楚辭》：「余既滋蘭之九畹兮，又樹蕙之百畝。」〔註41〕**終憾託根淺。一旦化為茅，**《楚辭》：「蘭芷變而不芳兮，荃蕙化而為茅。」〔註42〕

〔註32〕國圖藏本眉批：詩本言菊無實。注忽引一菊實故事，似添設，宜刪。
〔註33〕《檜風·隰有萇楚》。
〔註34〕《魏風·伐檀》。
〔註35〕《秦風·車鄰》。
〔註36〕按：《抱朴子外篇》卷之三十六《安貧》：「士以三墳為金玉，五典為琴箏，講肆為鍾鼓，百家為笙簧。」
〔註37〕《用趙南塘贈黃希聲韻呈南塘》其二。
〔註38〕《天運》。
〔註39〕《謝幾道見示佳什因次元韻二首》其一。
〔註40〕《離騷》。
〔註41〕《離騷》。
〔註42〕《離騷》。

遂為蕘豎嗤。冶容非不工，其奈出辭謇。《楚辭》：「余固知謇謇之為患兮。」揚蛾眾女前，謠諑詎能免。見卷六《風懷》。水流豈復回，李白《將進酒》：「君不見黃河之水天上來，奔流到海不復回。」石爛不可轉。見卷十六《九日》。《詩》：「我心匪石，不可轉也。」〔註43〕斯人久沉湘，《楚辭》：「伍胥兮浮江，屈子兮沉湘。」〔註44〕心事爾能闡。想當懷伯庸，《楚辭》：「帝高陽之苗裔兮，朕皇考曰伯庸。」以茲費藤繭。黃庭堅詩：「揮毫寫藤繭。」〔註45〕紙長三過讀，今我亟稱善。冷笑書洛神，取義毋乃舛。

題梅生庚詩橐〔註46〕

吾門著錄多，《後漢·張興傳》：「聲稱著聞，弟子自遠至者，著錄日〔註47〕萬人，為梁丘家宗。」《注》：「著於籍錄。」梅生文載道。《通書》：「文所以載道也。」昨朝寄來詩，彌覺風格老。清琴一高張，羯鼓罷勿考。南卓《羯鼓錄》：「明皇嘗聽琴，未終，遽止之，曰：『速令花奴持羯鼓來，為我解穢。』」群雅百五篇，見卷九《題吳徵君》。足以豁懷抱。

閼逢涒灘甲申

齋中讀書十二首

周官掌三易，《周禮》：「太卜掌三易之法，曰連山、歸藏、周易。」以通天下志。《周易》：「故能通天下之志。」〔註48〕卦名或不齊，旅占本一致。《儀禮·士冠禮》：「筮人還東面，旅占卒，進告吉。」《注》：「旅，眾也。還與其屬共占之。」豈有先後天，佹離異方位。《說卦傳》：「天地定位，山澤通氣，雷風相薄，水火

〔註43〕《邶風·柏舟》。
〔註44〕王褒《九懷》。
〔註45〕《奉和王世弼寄上七兄先生用其韻》。
〔註46〕梅庚，參卷九《贈別梅庚三首》。按：梅庚《學餘全集跋》（《施愚山集》第4冊附錄二，黃山書社2014年版，第251頁）：「予少孤失學，十歲始入鄉塾，顧時時竊好為詩，家世父慮有妨舉業，恒禁切之。愚山先生，鄉先達，以文章行誼名海內，一見亟稱賞，引為忘年交，有作輒以視予，即於千里外，緘封往復，相可否如面談。或質以所業，一字未安，亦必攻摘其瑕，循循善誘，改而後已。」
〔註47〕「日」，卷一百九上《儒林列傳上》作「且」。
〔註48〕《繫辭上》。

不相射，八卦相錯。」邵子曰：「此伏羲八卦之位，乾南坤北，離東坎西，兌居東南，震居東北，巽居西南，艮居西北，於是八卦相交而成六十四卦，所謂先天之學也。」《說卦傳》：「帝出乎震，齊乎巽，相見乎離，致役乎坤，說言乎兌，戰乎乾，勞乎坎，成言乎艮。」邵子曰：「此卦位乃文王所定，所謂後天之學也。」**斯言偽且堅，足以亂神智。演為方圓圖，**《周易本義》：「伏羲四圖，其說皆出邵氏。蓋邵氏得之李之才挺之，挺之得之穆脩伯長，伯長得之華山希夷先生陳摶圖南，所謂先天之學也。此圖圓布者，乾盡午中，坤盡子中，離盡卯中，坎盡酉中。陽生於子中，極於午中；陰生於午中，極於子中。其陽在南，其陰在北。方布者，乾始於西北，坤盡於東南。其陽在北，其陰在南。此二者，陰陽對待之數，圓於外者為陽，方於中者為陰。圓者動而為天，方者靜而為地者也。」**申以河洛義。**《宋史·邵雍傳》：「雍事李之才，受河圖洛書、宓羲八卦六十四卦圖像，遂衍宓羲先天之旨，著書十餘萬言。」〔註49〕**儀象卦已陳，相錯六十四。**《本義》：「伏羲八卦次序。《繫辭傳》曰：『易有太極，是生兩儀，兩儀生四象，四象生八卦。』邵子曰：『一分為二，二分為四，四分為八也。』」**圖中迭相生，十六三十二。**《本義》：「伏羲六十四卦次序。邵子所謂八分為十六，十六分為三十二，三十二分為六十四者，尤見法象自然之妙也。」**請問安樂翁，**《宋史·邵雍傳》：「富弼、司馬光、呂公著諸賢退居洛中，雅敬雍，為市園宅。雍歲時耕稼，僅給衣食。名其居曰安樂窩，因自號安樂先生。」〔註50〕**正名名焉寄。**按：《連山》首艮，《歸藏》首坤，《周易》首乾。《歸藏》卦名與《周易》不同。需作溽，小畜作小毒畜，大畜作大毒畜，艮作狠，震作釐，升作稱，剝作僕，損作員，咸作諴，坎作犖，謙作兼，遯作逯，蠱作蜀，解作荔，无妄作毋亡，家人作散家人，渙作奐。又有瞿、欽、規、夜、分五卦、岑霽、林禍、馬徒三復卦，不知當《周易》何卦。所謂卦名或不齊者，此也。

太極非有象，一元氣渾淪。《易疏》：「太極謂天地未分之前，元氣混而為一，是太初太一也，《老子》『道生一』即此太極也。混元既分，即有天地，故曰『太極生兩儀』，即《老子》之『一生二』也。」〔註51〕《列子》：「氣形質具而未相離，故曰渾淪。」〔註52〕**陰陽至精數，**《參同契》：「三五與一，天地至精。可以口訣，難以

〔註49〕《御定佩文韻府》卷七之六。
〔註50〕卷四百二十七《道學列傳一》。
〔註51〕《周易注疏》卷十一《繫辭上疏》。
〔註52〕《天瑞》。

書傳。」義由道士伸。列圖自下上，三五理具陳。陳子昂詩〔註53〕：「太極生天地，三元更廢興。至精亮斯在，三五誰能征。」義見道家《洞真元妙經》。〔註54〕**番番希夷叟**，《東都事略》：「陳摶，字圖南，亳州真源人。舉進士不第，隱武當山，移居華山。太祖聞，召之，以羽服見於延英殿。賜號希夷先生。」〔註55〕**以此勒貞瑉**。汪道會《墨賦》：「鐫鏤貞瑉。」**元公一丁倒，遂為席上珍**。陳摶無極圖倒易即為周子太極圖。〔註56〕《禮記》：「儒有席上之珍以待聘。」〔註57〕**後來費朱陸，往復辭紛綸**。《宋史·陸九淵傳》：「熹守南康，九淵訪之，熹與至白鹿洞，九淵為講君子小人喻義利一章，聽者至有泣下。熹以為切中學者隱微深痼之病。至於無極而太極之辨，則貽書往來，論辨不置焉。」〔註58〕**仲尼不可作，誰與別偽真**。按：九韶陸氏謂《太極圖說》與《通書》不類，疑非周子所為。晦庵朱子謂太極圖者，濂溪先生之所作也。未知孰是。

按：《經義考》於《太極圖說》論之詳矣。又，《太極圖授受考》云：「自漢以來，諸儒言《易》，莫有及太極圖者。惟道家者流有《上方大洞真元妙經》，著太極三五之說。唐開元中，明皇為製序。而東蜀衛琪注《玉清無極洞仙經》，衍有無極太極諸圖。按：陳子昂《感遇詩》云：『太極生天地，三元更廢興。至精諒斯在，三五誰能征。』三元本《律曆志》陰陽至精之數，三五本魏伯陽《參同契》。要之，《太極圖說》，唐之君臣已先知之矣。陳摶居華山，曾以無極圖刊諸石，為圜者四位，五行其中。自下而上，初一曰玄牝之門；次二曰煉精化氣，煉氣化神；次三五行定位，曰五氣朝元；次四陰陽配合，曰取坎填離；次〔註59〕上曰煉神還虛，復歸無極。故謂之無極圖。乃方士修煉之術爾。相傳摶受之呂嵒，嵒受之鍾離權，權得其說於伯陽，伯陽聞其旨於河上公，在道家未嘗詡為千聖不傳之秘也。元公取而轉易之，亦為圜者四位，五行其中。自上而下，最上曰無極而太極；次二陰陽配合，曰陽動陰靜；次三五行定位，曰五行

〔註53〕《感遇詩三十八首》其一。

〔註54〕自「陳子昂詩」至此係自注。

〔註55〕按：《東都事略》卷一百十八《隱逸傳》：「陳摶，字圖南，亳州真源人也。……少時嘗舉進士，不第，遂不樂仕。有大志，隱武當山，移居華山雲臺觀。……周世宗聞其名，召見，因問黃白術。……嘗乘白驢，欲入汴中，塗聞太祖登極，大笑墜驢，曰：『天下於是定矣。』太宗召，以羽服見於延英殿，甚禮重之。……賜號希逸先生。」

〔註56〕此係自注。

〔註57〕《禮記·儒行》。

〔註58〕卷四百三十四《儒林列傳四》。

〔註59〕「次」，《曝書亭集》作「最」。

各一其性；次四曰乾道成男，坤道成女；最下曰化生萬物。更名之太極圖，仍不沒無極之旨。」〔註60〕又按：《紫桃軒雜綴》云：「太極之理，人知本於《易》而發明於周元公，以為元公之說與伏羲畫卦同功。然考東漢張遇，則已先之矣。遇字子遠，餘干人。常侍其師徐穉過陳蕃，時郭泰、吳炳在坐，穉曰：『此張遇也，知易義。』蕃問遇，遇對曰：『易無定體，強名曰太極。太者，至大之謂。極者，至要之謂。蓋言其理至大至要，在混沌之中，一動而生陰陽。陰陽者氣也，所謂理生氣而氣寓夫理者是也。』蕃顧炳曰：『若何？』炳良久曰：『遇得之矣。』觀遇之言甚精切，且不曰『動生陽，靜生陰』，而云『一動而生陰陽』，更自有理會處。」宋人好抹殺前古而申其所宗。若此類者，不能不為拈出。〔註61〕

　　書名達四方，掌之周外史。〔註62〕《周禮》春官之屬有大史、小史、內史、外史、御史之官。「小史：掌邦國之志。內史：凡四方之事，內史讀之。外史：掌四方之志，掌達書名於四方。」**曷言乎書名，毋乃小序是。**《史記‧孔子世家》：「孔子之時，周室微而禮樂廢，詩書缺。追跡三代之禮，序書傳，上紀唐虞之際，下至秦繆，編次其事。故書傳、禮記自孔氏。」〔註63〕**馬鄭注漆經，**《後漢‧杜林傳》：「字伯山，扶風茂陵人。光武徵拜侍御史。林前於西州得漆書《古文尚書》，嘗寶愛之。」〔註64〕《儒林傳》：「扶風杜林傳《古文尚書》，林同郡賈逵為之作訓，馬融作傳，鄭玄注解，由是《古文尚書》遂顯於世。」〔註65〕**大義已及此。古文雖未見，**見卷九《酬閻若璩》。**序先暢厥旨。**〔註66〕**云何宋諸儒，深文共排毀。**《書序》非孔子作，其說始林之奇。〔註67〕**吾聞國史言，序書自孔子。**〔註68〕《漢書‧

〔註60〕《曝書亭集》卷五十八。

〔註61〕國圖藏本眉批：摘此注於「陳摶太極圖」自注一條下。

〔註62〕國圖藏本眉批：注謂《堯典》、《禹貢》達此名使知之。

〔註63〕卷四十七。

〔註64〕卷五十七。

〔註65〕卷一百九上。

〔註66〕國圖藏本眉批：先生《書論》：「馬氏於《書》小序有注，見於陸氏《釋文》。又鄭氏注《周官》，引《書序》文以證保傅。攷馬、鄭傳注本漆書古文，是孔氏未出之時，百篇之序先著於漢代。」

　　　　開林按：《曝書亭集》卷五十九《書論二》。「是孔氏未出之時」，《曝書亭集》作「孔傳未上之時」。

〔註67〕此係自注。

〔註68〕國圖藏本眉批：先生《古文尚書辨》：《漢書》古文雖不詳具篇數，而馬、鄭所注實依是書。陸氏《釋文》採馬氏注甚多，然惟今文暨小序有注，亦無一語及增多篇文，是馬、鄭諸家未睹孔氏古文者也。

藝文志》:「《書》之所起遠矣。孔子纂焉,上斷於堯,下訖於秦,凡百篇,而為之序,言作其〔註69〕意。」〔註70〕**哀哉秦火後**,見卷十六《題吳上舍》。**未亡亦僅爾。苟屬聖人言,亦當存其似。不見小戴文,禮家以取士。**《漢書·儒林傳》:「后倉說《禮》數萬言,號曰《后氏曲臺記》,授梁戴德延君、戴聖次君、沛慶普肅〔註71〕公。德號大戴,為信都太守〔註72〕;聖號小戴,以博士論石渠,至九江太守。由是《禮》有大戴、小戴、慶氏之學。」〔註73〕**何獨詩書序,攻者後先起。**〔註74〕

按:林之奇,字少穎,侯官人。呂東萊嘗師之。所著有《尚書集解》五十八卷,刊入《通志堂經解》者已有殘缺也。始有序,為史官記載之辭之說。其後,林光朝謙之云:「序乃歷代史官相傳,以為書之總目,猶《詩》之有小序也。」朱子謂《書序》恐即是經師所作,決非夫子之言。又謂小序決非孔門之舊。先生曰:「朱子疑《詩》小序,而並疑《書》小序;疑孔安國所傳之古文,而並疑古文之有小序。然百篇之序實自漢有之,竊謂《周官》『外史達書名於四方』,此書必有序。而今《百篇之序》,即外史所以達四方者,其由來古矣。」〔註75〕

九疇一五行,洪範義先具。《書》:「天乃錫禹洪範九疇,彝倫攸敘。初一曰五行。」〔註76〕**伯鯀一汩陳,維帝乃震怒。**《書》:「箕子乃言曰:『我聞在昔,鯀陻洪水,汩陳其五行;帝乃震怒,不畀洪範九疇,彝倫攸斁。』」〔註77〕**啟賢能繼禹,天罰行有扈。**《尚書正義》:「《史記·夏本紀》稱啟立,有扈氏不服,故伐之。蓋由自堯、舜受禪相承,啟獨見繼父,以此不服。」《甘誓》:「有扈氏威侮五行,怠棄三正。天用勦絕其命,今予惟恭行天之罰。」**桑門易地風,**《後漢·光武十三王傳》:「以助伊蒲塞桑門之盛饌。」《注》:「桑門即沙門。」〔註78〕《圓覺經》:「四大,

〔註69〕「作其」,《漢書·藝文志》作「其作」。
〔註70〕卷三十。
〔註71〕「肅」,《漢書》作「孝」。
〔註72〕「守」,《漢書》作「傅」。
〔註73〕卷八十八。
〔註74〕國圖藏本眉批:按:先生以外史書名即百篇之序,又以序為孔子作,說似未妥。既以序為書名,則孔子以前,外史所以達四方者,必先有記載之辭矣。竊疑史官序之,孔子復刪定之耳。 鄭氏《周禮注》以書名指《堯典》、《禹貢》等書名,不言《書序》得之矣。
〔註75〕《經義考》卷七十三著錄《百篇之序》一卷,此為其後所附按語。
〔註76〕《洪範》。
〔註77〕《洪範》。
〔註78〕卷七十二。

地、水、火、風也。」**其說本舛互**。《舊唐書·禮儀志》:「異端蜂起,是非舛互。」
〔註79〕**奈何洛下儒**,《宋史》:「邵雍,字堯夫,河南人。」〔註80〕**侮聖不知懼。
用三革其二,變一成百牾**。邵子《皇極經世書》:「五行之木,萬物之類也。五行
之金,出乎石也。水火土石,不及金木,金木生其間也。」**既與洪範殊,寧免彝
倫斁。百世而可欺,君子亦有惡**。

　　按:此詩論邵子《皇極經世》而作也。五行為洪範九疇之首,《傳》稱「天生五
材,廢一不可」〔註81〕,康節乃去木金而益之以石,是用三革其二也。〔註82〕水火
土石,彷彿氏之地水火風也。若遇數之五,率去其一,則天有五星,地有五服、五溝、
五塗,人有五藏,教有五典、五禮,祭有五祀,目有五色,耳有五音,口有五味,鼻
有五臭,手有五指,繪有五章,律有五度、五量、五權、五則,康節亦安能悉為減損
也?〔註83〕所謂變一成百牾也。王邁人先生庭曰:「《皇極》一書以天之日月星辰配寒
暑晝夜性情形體,以地之風雨露雷配水火土石飛走草木,大是牽強不合。然人不敢議
者,以其占驗神也。」〔註84〕

　　孔門善說詩,子云商起予。〔註85〕**流傳大小毛**,陸德明《釋文》:「子夏
授曾申,曾申授李克,李克授孟仲子,孟仲子授根牟子,根牟子授孫卿,孫卿傳毛亨,
亨傳毛萇。」《初學記》:「荀卿授魯國毛亨,作《訓詁傳》以授趙國毛萇,時人謂亨為
大毛公,萇為小毛公。」**授受大小序**。《鄭詩譜》:「大序,子夏作。小序,子夏、毛
公合作。」**縱有齊魯韓**,《漢書·藝文志》:「《詩經》二十八卷,齊、魯、韓三家。」
應劭曰:「申公作魯詩,后蒼作齊詩,韓嬰作韓詩。」〔註86〕《隋書·經籍志》:「漢

〔註79〕卷二十二。按:裴松之《上〈三國志注〉表》:「按:三國雖歷年不遠,而事關
　　　　漢晉,首尾所涉,出入百載,注記分載,每多舛互。」
〔註80〕卷四百二十七《道學列傳一》。
〔註81〕《左傳·襄公二十七年》。
〔註82〕《經義考》卷二百七十一著錄邵雍《皇極經世書通考》十二卷,後附按語二則。
　　　　其一曰:「然五行為洪範九疇之首,傳稱天生五材,廢一不可,康節乃去木金
　　　　而益之以石,是咸侮五行也。」
〔註83〕其二曰:「又按:康節之水火土石仿諸佛氏之地水火風也,色聲氣味取諸佛氏
　　　　之色聲香味也。遇數之五,率去其一。若夫天有五星,地有五服、五溝、五塗,
　　　　人有五藏,教有五典、五禮,祭有五祀,目有五色,耳有五音,口有五味,鼻
　　　　有五臭,手有五指,繪有五章,律有五度、五量、五權、五則,康節亦安能悉
　　　　為減損?其說亦窒而不可通矣。」
〔註84〕《經義考》卷二百七十一。
〔註85〕按:《論語·八佾》:「子曰:『起予者,商也,始可與言《詩》已矣。』」
〔註86〕卷三十。「應劭曰」乃顏師古《注》所引。

初，魯人申公受《詩》於浮丘伯，作訓詁，是為《魯詩》。齊人轅固生亦傳《詩》，是為《齊詩》。燕人韓嬰亦傳《詩》，是為《韓詩》。終於後漢，三家並立。」〔註87〕見之色斯沮。夾漈一後生，《宋史‧鄭樵傳》：「字漁仲，興化軍莆田人。好著書，不為文章，自負不下劉向、揚雄。居夾漈山。學者稱夾漈先生。」〔註88〕攻以烈火炬。鄭樵《詩辨妄自序》：「《毛詩》自鄭氏既箋之後，而學者篤信康成，故此詩專行，三家遂廢。且以序為子夏所作，更不敢擬議。蓋事無兩造之辭，則獄有偏聽之惑。今作《詩辨妄》六卷，可以見其得失。」先儒誤聽信，朱子《辨說》：「《詩序》之作，說者不同，或以為孔子，或以為子夏，或以為國史，皆無明文可考。唯《後漢書‧儒林傳》以為衛宏作。《毛詩序》今傳於世，則序乃宏作明矣。」又：「《詩序》實不足信，向見鄭漁仲有《詩辨妄》，力詆《詩序》，以為皆是村野妄人所作。始者亦疑之，因質之《史記》、《國語》，然後知《詩序》之果不足信。」鑿枘生齟齬。《楚辭》：「圜鑿而方枘兮，吾固知鉏鋙而難入。」〔註89〕微言忽中絕，大義不復舉。《漢書‧藝文志》：「仲尼沒而微言絕，七十子喪而大義乖。」聞人左丘明，杜預《左傳序》：「左丘明受經於仲尼。」《注》：「程子曰：『左丘明，古之聞人也。』」著書秦相呂。見卷一《放言》。其言雖近誣，杜預《序》：「亦又近誣。」其事頗足取。國僑賦褰裳，《呂覽》：「晉人慾攻鄭，叔向聘焉。子產為之詩曰：『子惠思我，褰裳涉洧。』叔向曰：『鄭有人，子產不可攻也。』」〔註90〕晉為退師旅。木瓜美齊桓，情豈繫男女。《小序》：「《木瓜》，美齊桓公也。」朱《傳》：「疑亦男女相贈答之辭。」詩教厚人倫，《大序》：「厚人倫，美教化。」誨淫何獨許。《易》：「冶容誨淫。」〔註91〕可怪上蔡師，魯齋王氏為上蔡書院師。〔註92〕為力亦太鉅。芟棄鄭衛篇，竄改雅頌所。王氏擅刪《鄭》、《衛》諸篇，又退《召南‧野有死麕》入《王風》，而以譚大夫、衛武公詩改入《國風》。〔註93〕誰為辨異同，復遵箋傳語。

按：自雪山王氏撰《詩總聞》、夾漈鄭氏撰《詩辨妄》，皆去《序》言詩，朱子因之，盡去《小序》，遂以鄭、衛之風多指為男女期會贈答之作。數傳而至金華王文憲柏著《讀詩記》十卷，《詩可言》前後二十卷，刪去淫奔之詩三十有二；又著《詩疑》二

〔註87〕卷三十二。
〔註88〕卷四百三十六《儒林列傳六》。
〔註89〕《九辯》。
〔註90〕卷二十二《慎行論‧求人》。
〔註91〕《繫辭上》。
〔註92〕此係自注。
〔註93〕此係自注。

卷，一作《詩辨說》。以《二南》各十有一篇，兩兩相配，於是刪去《野有死麕》一篇，而退《何彼襛矣》、《甘棠》於《王風》。其自信之堅如此。迨南豐李氏經綸，以《詩三百篇》非夫子之舊，漢儒雜取逸詩以足其數，故無益於天德王治之粹者，削之作《詩教考》，益蹖王氏之說也。噫！亦甚矣。《詩疑》刊入《通志堂經解》。先生此詩為《詩疑》而發也。〔註94〕

男女一相悅，情迫莫自持。不聞桑中契，《小序》：「《桑中》，刺奔也。」《辨說》：「此詩乃淫奔者所自作。」先以定情詩。繁欽《定情詩》：「時無桑中契，迫此路側人。」國史明得失，《大序》：「國史明乎得失之跡。」《疏》：「國史者，周官太史、小史、外史、御史之等皆是也。」輶軒別醇疵。如何歷鄭衛，專錄淫人辭。《通考》：「文公胡不翫索詩辭，別自為說？而卒如序者之舊說，求作詩之意於詩辭之外矣。何獨於鄭、衛諸篇而必以為奔者所自作，而使聖經為錄淫辭之具乎？」〔註95〕雞鳴風雨夜，奔者亦可危。《小序》：「《風雨》，思君子也。」朱《傳》：「淫奔之女言當此之時，見其所期之人而心悅也。」執袪遵大路，《小序》：「《遵大路》，思君子也。」朱《傳》：「淫婦為人所棄，故於其去也，摯其袪而留之。」豈不畏人知。丘中有麻麥，《小序》：「《丘中有麻》，思賢也。」《辨說》：「此亦淫奔者之辭。」兩雄共一雌。《詩》：「丘中有麻，彼留子嗟。秋中有麥，彼留子國。」朱《傳》：「子嗟，男子之字也。子國，亦男子字也。」〔註96〕雙雙李樹下，《詩》：「丘中有李，彼留之子。」〔註97〕朱《傳》：「之子，並指前二人也。」寧免相訾訾。立言詎可訓，說者宜再思。無邪尼父教，用告童子師。韓愈《師說》：「彼童子之師，授之書而習其句讀者，非吾所謂傳其道、解其惑者也。」

按：呂東萊著《家塾讀詩記》與朱子不合。朱子取鄭夾漈詆諆《小序》之說，多斥毛、鄭，而以己意為之序。東萊則尊用《小序》，且謂毛詩率與經傳合，為獨得其真。朱子釋「思無邪」，謂勸善懲惡，究乃歸正，〔註98〕非作詩之人皆無邪。東萊則謂詩人以無邪之思作之，學者亦以無邪之思觀之，閔惜懲創之意隱然自見於言外。先生云「無邪尼父教」，則主東萊之說也。〔註99〕

〔註94〕國圖藏本眉批：注於「王氏擅刪」一條下。
〔註95〕《文獻通考》卷一百七十八《經籍考五》。
〔註96〕《王風·丘中有麻》。
〔註97〕《王風·丘中有麻》。
〔註98〕《詩集傳》卷八《魯頌·駉》（中華書局2017年版，第362頁）：「蓋詩之言美惡不同，或勸或懲、皆有以使人得其情性之正。」
〔註99〕國圖藏本眉批：注於篇末。

　　詩亡王跡熄，百國有春秋。《墨子》：「吾見百國春秋。」《經義考》：「《公羊傳》有不修《春秋》，則魯之《春秋》也。周、燕、齊、宋皆有《春秋》，載在《墨子》。合以《晉乘》、《楚檮杌》、《鄭志》、《百國春秋》之名，僅存其八而已。」〔註100〕**魯叟乃筆削，**《史記·孔子世家》：「孔子為春秋，筆則筆，削則削，子夏之徒不能贊一辭。」〔註101〕《困學紀聞》：「古未有筆，以書刀刻字於方策謂之削。魯為詩書之國，故《考工記》以魯之削為良。」**寶書肆旁搜。**《春秋考異郵》：「孔子使子夏等十四人求周史記，得百二十四國寶書。」按：《公羊傳疏》作「百二十國」。**晉乘楚檮杌，鄭志亦見收。**《小學紺珠》：「史通如楚書、鄭志、魯之春秋、魏之紀年，此其可得言者。」〔註102〕**斯為天子事，邦國合九州。大書王正月，**《春秋》：「元年春王正月。」**恐疑於孟陬。**《爾雅》：「正月為陬。」《注》：「《離騷》云：『攝提貞於孟陬。』」**胡氏逞私智，**《宋鑒》：「胡安國，崇安人。紹聖中進士，擢太學博士。靖康初，除太常少卿、起居舍人，皆辭。高宗時，以張浚薦，除中書舍人，兼侍講。先獻時政論二十一篇，尋以疾求去，留兼侍讀，專講《春秋》，累官至給事中。所著有《春秋傳》。卒諡文定，從祀孔子廟庭。」〔註103〕**謂以夏冠周。**《胡傳》：「以夏時冠月，垂法後世。以周正紀事，示無其位，不敢自專也。」〔註104〕**豈其一布衣，斧鉞威諸侯。**《文心雕龍》：「貶在片言，誅深斧鉞。」〔註105〕**美惡同其辭，**《春秋》：「桓公元年春王正月，公即位。」《胡傳》：「桓公與聞乎故而書即位，著其弒立之罪，深絕之也。美惡不嫌同辭。」〔註106〕**此言尤謬悠。**《莊子》：「謬悠之說。」〔註107〕**當其在講幄，君臣意綢繆。**《宋鑒》：「紹興四年夏四月，新除徽猷閣待制知永州胡安國乞以本官奉祠，詔：安國經筵舊臣，以疾辭郡，重憫勞之，可從其請。提舉江州太平觀，令纂修《春秋傳》。俟書成進入，以稱朕崇儒重道之意。」〔註108〕**經義月經進，**《書錄解題》：「紹興中，經筵所進。大綱本《孟子》，而微旨多以程氏之說為據。近世學《春秋》者皆宗之。」〔註109〕**諷諫同轉輈。**李綱詩：「盤回巧

〔註100〕《經義考》卷一百六十八著錄《百國春秋》，此為所附按語。
〔註101〕卷四十七。
〔註102〕卷四《百二十國寶書》。
〔註103〕《胡氏春秋傳·總目》。
〔註104〕《胡氏春秋傳》卷一。
〔註105〕《史傳第十六》。
〔註106〕卷四。
〔註107〕《天下》。
〔註108〕《經義考》卷一百八十五著錄胡安國《春秋傳》，此為所附文獻。
〔註109〕卷三。

轉輈。」〔註110〕**是時十將存**，周燦《韓蘄王碑》：「西湖湖曲騎驢翁，中興十將稱最雄。」〔註111〕**可復二帝讎**。見卷二《岳忠武王墓》。**奈何戒黷武，惟知安是偷。**《春秋》：「晉荀吾帥師滅陸渾之戎。」《胡傳》：「舉其名氏，非襃辭也，猶厪厪以戒窮兵於遠者。〔註112〕」**得毋檜所薦，知己士當酬。流傳誤後學，乖舛難悉糾。曷不廢其書，述事準左丘**。《經義考》：「司馬遷《報任少卿書》：『左丘失明，厥有國語。』應劭《風俗通》：『丘姓，魯左丘明之後。』然則左丘為複姓甚明。孔子作《春秋》，明為作傳。《春秋》止獲麟，傳乃詳書孔子卒。孔子既卒，周人以諱事神，名終將諱之。為弟子者，自當諱師之名，此第稱左氏傳而不書左丘也。」〔註113〕

按：胡文定潛心三十年，而《春秋傳》始成。先子治《春秋》，嘗語謙曰：「夏時冠周正之說，朱子嘗非之矣，以為月與時事常差兩月，恐聖人作經不若是之紛更也。」先生謂其「逞私智」者，即朱子之意也。文定於桓即位，傳曰「美惡不嫌同辭」；於宣即位，傳曰「一美一惡，不嫌相同」。夫美惡可同，是善惡混也。先生謂「此言尤謬悠」，信然。

素王六經外，論語其總龜。《唐書》：「殷踐猷博學，與賀知章相善，知章嘗號為五總龜，謂龜千年五聚，問無不知也。」**紀者六十四**，《論語崇爵讖》：「子夏六十四人共撰，仲尼微言以當素王。」〔註114〕**義取春秋辭。同門有不善，一一具書之。由求予六僚，言失不可追。揆諸朋友義，情得狥其私。寧形弟子短，但以尊先師。試觀孟子徒，克醜亦若斯。後儒不曉事，吹毛務求疵**。《後漢·杜林傳》：「吹毛索疵，詆欺無限。」〔註115〕**倡論輟從祀，平反者為誰。不若鄉愿人，非刺無可施。瞽宗祀此輩**，《周禮》：「凡有道有德者，使教焉。死則以為樂祖，祭於瞽宗。」**眾口庶不訾。吾思屋上烏，愛由丈人推**。《尚書大傳》：「武王登夏臺以臨殷民。周公曰：『愛其人者，愛其屋上之烏。憎其人者。憎其儲胥。』」杜甫詩：「丈人屋上烏，烏好人亦好〔註116〕。」**云何七十子，一眚罷其祠**。《左傳》：「且吾不以一眚掩大德。」〔註117〕**何年復舊典，俎豆勑有司。**

〔註110〕《自劍浦乘舟至水口溪流方漲備見湍激奔猛之狀賦詩以紀其事》。
〔註111〕《明詩綜》卷七十三。
〔註112〕「猶厪厪以戒窮兵於遠者」，《胡氏春秋傳》卷二十五作「纔得無貶耳」。
〔註113〕《經義考》卷一百六十九著錄左丘明《春秋傳》，此為所附按語。
〔註114〕《經義考》卷二百六十七。
〔註115〕卷二十七。
〔註116〕「烏好人亦好」，《奉贈射洪李四丈》作「人好烏亦好」。
〔註117〕僖公三十三年。

按：明張璁《題正祀典疏》云：「謹按程敏政奏曰：孔子弟子見於《家語》，自顏回而下七十六人，而《史記》所載多公伯僚、秦冉、顏何三人。文翁成都廟壁所圖，又多蓬瑗、林放、申棖三人。臣考《論語注疏》：申棖，孔子弟子，《家語》作申續，《史記》作申黨。今廟庭從祀，申棖在東廡，申黨在西廡，重複無稽。且公伯僚愬子路以沮孔子，乃聖門之孟賊。而孔子稱瑗為夫子，決非及門之士。林放雖嘗問禮，然《家語》、《史記》、《注疏》、《集注》俱不載弟子之列。秦冉、顏何疑亦字畫相近之誤，如申棖、申黨者，但不可考耳。臣愚以為申棖、申黨位號宜存其一。公伯僚、秦冉、顏何、蓬瑗、林放五人，既不載於《家語》七十子之數，宜罷其祀。」〔註118〕又，薛侃《奏重文廟正祀典疏》云：「如公伯僚愬子路於季孫，以沮吾道之行，是聖門之賊也。及秦冉、顏何皆不見《家語》，均去之可也。」先生《孔子弟子考》：「按：公伯繚見《史記·弟子傳》，又見文翁禮殿圖，必非無稽之言。後儒以愬子路一事，斷為非聖人之徒。然《論語》聖門六十人所記，公是公非，有過未嘗少隱。即宰我、冉有、陳亢過皆不免，似未可以一眚而掩其生平也。」〔註119〕此詩為公伯僚罷從祀而作。〔註120〕

漢士守一經，其義或駁踦。真儒起北海，卓哉鄭司農。《後漢·鄭玄傳》〔註121〕：「字康成，北海高密人也。」又：「紹舉玄茂才，表為左中郎將，皆不就。公車徵為大司農，給安車一乘。乃以病自乞還家。」博綜六藝旨，《鄭玄傳》：「遂博稽《六藝》，粗覽傳記，時覩秘書緯術之奧。」〔註122〕叩之等木鐘。《禮》〔註123〕：「善待問者如撞鐘，扣之以小者則小鳴，扣之以大者則大鳴。」又：「善問者如攻堅木。」於時內外學，《後漢·方術傳序》：「自是習為內學，尚奇文。」〔註124〕《注》：「內學謂圖讖之書。」罔不羅心胸。李賀詩：「二十八宿羅心胸。」〔註125〕用以釋儀象，《周禮》：「大司徒之職，以土圭之法測土深，正日景，以求地中。」《注》：「凡日景於地，千里而差一寸。」《疏》：「案《三光考靈耀》云：『四遊升降於三萬里中。』」《周禮》：「日至之景，尺有五寸，謂之地中。」《注》：「景尺有五寸者，南戴日下萬五千里，地與星辰四遊升降於三萬里之中，是以半之，得地之中也。」明堂暨辟

〔註118〕《張璁集》卷七《議孔子祀典第一》。（張憲文校注《張璁集》，上海社會科學院出版社2003年版，第188～189頁。）
〔註119〕《曝書亭集》卷五十六。
〔註120〕國圖藏本眉批：注於「一眚」句下。
〔註121〕卷六十五。
〔註122〕卷六十五。
〔註123〕《學記》。
〔註124〕卷八十二上。
〔註125〕《高軒過》。

雍。《〈禮・明堂位〉疏》:「鄭云:《戴禮》所云,雖出《盛德篇》,云『九室、三十六戶、七十二牖』,似秦相呂不韋作《春秋》時說者,蓋非古制也。《孝經援神契》說宗祀文王於明堂,以配上帝。曰明堂者,上圓下方,八窗四闥,布政之宮,在國之陽。」

初非尚怪異,專一譚魚龍。緯書《河圖魚龍》最怪。〔註126〕《經義考》:「《龍魚河圖》,賈思勰《齊民要術》屢引之。」〔註127〕**至於五帝名**,《周禮》:「小宗伯之職,兆五帝於四郊。」《注》:「五帝,青〔註128〕曰靈威仰,大昊食焉;赤曰赤熛怒,炎帝食焉;黃曰含樞紐,黃帝食焉;白曰白招拒,少昊食焉;黑曰汁光紀,顓頊食焉。」《困學紀聞》:「《唐・禮志》曰:『讖緯亂經。』鄭玄主其說,以禋祀祀昊天上帝。此天也,玄以為天皇大帝者。北辰耀,魄寶也。『兆五帝於四郊』,此五行精氣之神也。玄以為靈威仰、赤熛怒、含樞紐、白招拒、汁光紀者,五天也。由是有六天之說。顯慶二年,禮官議六天出緯書。」〔註129〕**亦惟祀典從。**《漢書・郊祀志》:「天神貴者泰一,泰一佐曰五帝。」〔註130〕《後漢・祭祀志》:「其外壇上為五帝位。青帝位在甲寅之地,赤帝位在丙巳之地,黃帝位在丁未之地,白帝位在庚申之地,黑帝位在壬亥之地。」〔註131〕**德業既日尊,弟子爭扳逢。黃巾拜車下**,《鄭玄傳》:「建安元年,自徐州還高密,道遇黃巾賊數萬人,見玄皆拜。」〔註132〕**後儒翻不容。一朝輟栗主,俎豆何由供。嗟彼黎丘鬼**,謂王通也。〔註133〕《呂氏春秋》:「梁北有黎丘鄉,鄉有丈人往市醉而歸者。黎丘奇鬼效其子之狀,而道苦之。丈人醒,謂其子曰:『吾為而父,我醉,女道苦我,何故?』其子泣曰:『必奇鬼也。』丈人明日之市醉,其真子迎之,丈人拔劍而刺之。」〔註134〕**乃以祀瞽宗。**《經義考》:「按:王氏《中說》,證之隋唐國史,無不紕謬,故宋咸直謂無其人,而昭德晁氏、鄱陽洪氏、

〔註126〕 此係自注。

〔註127〕 卷二百六十四。

〔註128〕 「青」,《周禮注疏》卷十九作「蒼」。

〔註129〕 卷四《周禮》。

〔註130〕 卷二十五上。

〔註131〕 卷十七《祭祀志上》。

〔註132〕 卷六十五。

〔註133〕 此係自注。

〔註134〕 節略有誤。《呂氏春秋》卷二十二《慎行論・疑似》:「梁北有黎丘部,有奇鬼焉,喜效人之子姪昆弟之狀。邑丈人有之市而醉歸者,黎丘之鬼效其子之狀,扶而道苦之。丈人歸,酒醒,而誚其子曰:『吾為汝父也,豈謂不慈哉?我醉,汝道苦我,何故?』其子泣而觸地曰:『孽矣。無此事也。昔也往責於東,邑人可問也。』其父信之,曰:『嘻。是必夫奇鬼也。我固嘗聞之矣。』明日,端復飲於市,欲遇而刺殺之。明旦之市而醉,其真子恐其父之不能反也,遂逝迎之。丈人望其真子,拔劍而刺之。」

弇州王氏辨之尤詳。黃岩戴氏著有《中說辨妄》一編，惜其失傳，莫有繼之者。顧講學諸公，讀書不論其世，專尚言辭，遂據無稽之言，以子虛、無是公巍然配食孔氏之廡，而典禮家末有敢議焉者，何與？」〔註135〕

按：明嘉靖九年，大學士張璁議林放、蘧瑗、盧植、鄭眾、鄭玄、服虔、范甯各祀於其鄉，后蒼、王通、歐陽修、胡瑗增入從祀。命悉如議行之。成、弘〔註136〕間，少詹程敏政嘗謂馬融等八人當斥，為禮官周洪謨所卻而止。至是，以璁力主，眾不敢違。先生著《鄭康成不當罷從祀議》云：「鄭氏之功，文公、成公未有異議。乃一程敏政罷之。」〔註137〕此亦《春秋》責備賢者之意也夫。〔註138〕時陸清獻亦曰：「漢儒鄭康成歷代從祀，嘉靖九年，以其學未純，改祀於鄉。然其所注《詩》、《禮》，現今行世，程、朱大儒亦多採其言，恐不當與何休、王肅輩同置門牆之外。若以其小疵而棄之，則孔門弟子亦有不能無疵者，豈可以一眚掩大德乎？」〔註139〕康熙庚申，王漁洋官祭酒，抗疏請增從祀，漢則田何、鄭康成。部議未允行。至雍正甲辰，允九卿議宜復者六人：林放、蘧瑗、秦冉、顏何、鄭康成、范甯。而康成復得從祀矣，而千秋之公論定矣。〔註140〕

秦延君說書，敷文太支蔓。《漢書·儒林傳》：「信都秦恭延君守小夏侯說文，恭增師法至百萬言。」〔註141〕**堯典僅一篇，為言且三萬。**《新論》：「秦延君說《堯典》篇目兩字之說十餘萬言，但說『曰若稽古』三萬言。」**博士賣驢驢，亦費三紙券。**見卷十二《送顧進士》。**吾思吉人辭，終與躁人遠。**《易》：「吉人之辭寡，躁人之辭多。」〔註142〕**辭苟足以達，其義自繾綣。勿狗買菜求，**《〈後漢·嚴光傳〉注》：「皇甫謐《高士傳》曰：『霸使西曹屬侯子道奉書，光不起，於床上箕踞抱膝，發書讀訖，子道求報，光曰：吾手不能書。乃口授之。使者嫌少，可更足，光曰：買菜乎？求益也。』」〔註143〕**第抒心所願。不見陸士衡，才多反為患。**《晉書·陸機傳》：「天才秀逸，辭藻宏麗，張華嘗謂之曰：『人之為文，常

〔註135〕《經義考》卷二百七十九著錄王通《中說》，此為所附按語。

〔註136〕「弘」，底本作「宏」。

〔註137〕《曝書亭集》卷六十。

〔註138〕按：此一句十二字，石印本闕十二格，注「以下原缺」。

〔註139〕《三魚堂文集》卷三《靈壽志論》。

　　　　另，國圖藏本眉批：此注於「輟棐」句下。

〔註140〕國圖藏本眉批：此注於篇末。

〔註141〕卷八十八。

〔註142〕《繫辭下》。

〔註143〕卷一百十三。

恨才少，而子更患其多。』」〔註144〕

詩篇雖小技，見卷一《放言》。其源本經史。必也萬卷儲，始足供驅使。別材非關學，嚴叟不曉事。嚴羽《滄浪詩話》：「夫詩有別材，非關書也；詩有別趣，非關理也。」顧令空疎人，著錄多弟子。見前《題梅生詩》。開口效楊陸，唐音總不齒。吾觀趙宋來，諸家匪一體。《滄浪詩話》：「以時而論，則有本朝體，通前後而言之；元祐體，蘇、黃、陳諸公；江西宗派體，山谷為之宗。以人而論，則有山谷體、後山體、王荊公體、邵康節體、陳簡齋體、楊誠齋體。」東都導其源，南渡逸其軌。紛紛流派別，《滄浪詩話》：「國初之詩尚沿襲唐人，王黃州學白樂天，楊文公、劉中山學李商隱，盛文肅學韋蘇州，歐陽公學韓退之古詩，梅聖俞學唐人平澹處。至東坡、山谷始自出己意以為詩，唐人之風變矣。近世趙紫芝、翁靈舒輩獨喜賈島、姚合之詩，稍稍復就清苦之風，江湖詩人多效其體，一時自謂之唐宗，不知止入聲聞、辟支之果，豈盛唐諸公大乘正法眼者哉？」往往近麄鄙。群公皆賢豪，豈盡昧厥旨。良由陳言眾，蹈襲乃深恥。云何今也愚，惟踐形跡似。譬諸芳蔗甘，捨漿噉渣滓。斯言勿用笑，庶無乖義始。《大序》：「故詩有六義焉：一曰風，二曰賦，三曰比，四曰興，五曰雅，六曰頌。」又：「是謂四始。」

群雅日凋謝，後起靡有涯。奇觚累百人，各自名其家。吾衰尚有志，道古閒詖邪。有明三百禩，攬秀披春華。青田與青丘，《明詩綜》：「劉基，字伯溫，青田人。有《覆瓿集》、《犁眉公集》。」〔註145〕「高啟，字季迪，長洲人。有《鳳臺》、《吹臺》、《江館》、《青丘》、《南樓》、《槎軒》、《姑蘇雜詠》等集，自選為《缶鳴集》。」〔註146〕二美洵無瑕。《明詩綜》：「陳彝仲云：『洪武間，高侍郎先鳴，文成次之，固已咀其精華，窺其堂奧。』」〔註147〕吾鄉數程貝，《明詩綜》：「程本立，字原道，石門〔註148〕人。洪武丙辰以明經薦為秦、周二府引禮，謫雲南馬龍他郎甸長官司吏目。建文初，徵入翰林，升僉都御史。靖難兵至，自經於應天府學。有《巽隱集》。」〔註149〕「貝瓊，字廷琚，一名闕，字廷臣，崇德人。洪武初，徵修《元史》，除國子助教，遷中都國子助教。有《清江集》。」〔註150〕雙珠握靈蛇。

〔註144〕卷五十四。
〔註145〕卷三。
〔註146〕卷九。
〔註147〕卷三「劉基」。
〔註148〕「石門」，《明詩綜》作「崇德」。
〔註149〕卷十八。
〔註150〕卷七。

曹植《與楊德祖書》：「人人自謂握靈蛇之珠，家家自謂抱荊山之玉。」**自從永宣來，其辭正且葩**。《靜志居詩話》：「成、弘〔註151〕間，詩道傍落，雜而多端。臺閣諸公，白草黃茅，紛蕪靡蔓。其可披沙而揀金者，李文正、楊文襄也。理學諸公，擊壤打油，筋斗樣子。其可識曲而聽真者，陳白沙也。北地一呼，豪傑四應，信陽角之，迪功犄之，律以高廷禮《詩品》，濬川、華泉、東橋等為之羽翼，夢澤、西原等為之接武，正變則有少谷、太初，傍流則有子畏，霞蔚雲蒸，忽焉丕變。嗚呼盛哉！」〔註152〕**泊乎嘉靖季，七子言何誇**。《明詩綜》：「李攀龍，字于鱗，歷城人。嘉靖甲辰進士，除刑部主事，歷郎中，出知順德府，升陝西提學副使，轉參政，終河南按察使。與王世貞、謝榛、梁有譽、宗臣、徐中行、吳國倫稱七才子。」〔註153〕**鉤金縱可揀，莫披黃河沙**。鍾嶸《詩品》：「陸文如披沙揀金，往往見寶。」**一咻眾楚和，**〔註154〕《明詩綜》：「袁宏道，字無學，宗道之弟。詩話：隆、萬間，王、李之遺派充塞，公安昆弟起而非之，以為唐詩色澤鮮妍，如旦晚脫筆硯者。今詩纔脫筆硯，已是陳言，豈非流自性靈與出自剽擬所從來異乎？一時聞者渙然神悟，若良藥之解散，而況痀之去體也。」〔註155〕**是後尤卑哇**。《明詩綜》：「鍾惺，字伯敬，景陵人。萬曆庚戌進士，除行人，遷福建提學僉事。有《隱秀軒集》。」《詩綜》緝評：「伯敬少負才藻，有聲公車間，擢第之後，思別出手眼，另立深幽孤峭之宗，以驅駕古人之上。而譚生友夏為之應和，海內稱詩者靡然從之，謂之鍾譚體。」〔註156〕**先公聞鴃舌，頓生亡國嗟**。先太傅初聞袁中郎、鍾伯敬論詩，歎曰：「安得此亡國之音？」慘然不懌。〔註157〕《禮》：「亡國之音哀以思，其民困。聲音之道與政通矣。」〔註158〕**吾欲返正始**，見卷十一《送王贊善》。**助我者誰邪**。

　　按：此篇論有明一代之詩，《詩綜》之總龜也。

〔註151〕「弘」，底本、石印本作「宏」。
〔註152〕《明詩綜》卷三十四「李夢陽」。
〔註153〕卷五十一。
〔註154〕國圖藏本眉批：「一咻」句指袁宗道，應改注。
　　　　袁宗道，字伯修，公安人。《列朝詩集》：「伯修才不逮二仲，而公安一派實自伯修發之。」《靜志居詩話》：「伯修服習香山、眉山之結撰，首以『白蘇』名齋，既導其源；中郎、小修益揚其波，由是公安流派盛行。然頹波自放，專尚鄙俚，鍾、譚從而再變，梟音鴃舌，風雅蕩然。言作俑者，孰謂非陽修也耶？」
〔註155〕卷六十二。
〔註156〕康熙四十四年六峰閣刊《明詩綜》卷六十，輯評原作「錢受之云」，出《列朝詩集》。
〔註157〕此係自注。
〔註158〕《禮記・樂記》。

雨中從銷夏灣泛舟泊石公山麓

縹緲峰頭雨，見卷二《登觀山》。飛來銷夏灣。〔註159〕見卷十四《題沈上舍》。舟停給孤寺，路轉石公山。見卷十四《送徐處士》。吹浪神黿老，迎人吠犬猺。七檣帆百幅，最樂是魚蠻。蘇軾詩：「不如魚蠻子，駕浪浮空虛。」〔註160〕

林屋洞二首先生《包山寺題名》：「康熙甲申三月朔，暨同里沈秀才自林屋洞門扶杖，步至神景觀，坐笨車，尋包山寺。」〔註161〕

洞天傳第九，林屋是吳根。〔註162〕見《題沈上舍》。地戶真官守，《河圖括地象》：「西北為天門，東南為地戶。」塗泥太古存。見卷七《送喬舍人》。雜花春瑣細，仙鼠晝飛翻。《吳地記》：「吳大帝使人行三十餘里而返，雲上聞波濤聲，有大蝙蝠如鳥，拂殺人火。穴中高處，火照不見顛。穴有鵝管鍾乳，冰寒不可得入，春夏方可入。」二客思深入，謂馮孝廉念祖、胡上舍期真。〔註163〕囊衣換犢褌。〔註164〕《漢書·司馬相如傳》：「相如身自著犢鼻褌。」〔註165〕

出谷衣爭曝，盤坳炬已灰。仙居無路到，石扇幾時開。題壁思前事，〔註166〕洞口有亡友周篔題名。〔註167〕《四嶽遊記》：「先於林屋洞，余大書石上：『康熙丁未孟冬六日，嘉興吳源起、周篔、王之綱、柯崇樸來遊包山，探奇歷險，頗盡其概。』乃屬同里釋大燈命工鑱石識焉。」窮源誠後來。不如神景觀，《吳郡志》：「靈祐觀在洞庭山林屋洞旁，舊名神景宮。」松下且徘徊。時攜沈生翼、徐生惇復息道院中。〔註168〕

〔註159〕 國圖藏本眉批：《具區志》：「孤園寺在消夏灣西五峰嶺下，一名祇園寺，一名下方寺。《吳郡志》：『梁散常侍吳猛宅，舍而為寺。』」

〔註160〕 《魚蠻子》。

〔註161〕 《曝書亭集》卷六十八。

〔註162〕 國圖藏本眉批：《元中記》：「天後者，林屋洞中之真君，住太湖包山下，靈威丈人所入得錄符處也。」

〔註163〕 此係自注，《曝書亭集》原在詩末。

〔註164〕 國圖藏本眉批：姚希猛《遊林屋洞記》：「短襟窄袖，犢鼻褌雙，不借蒙頭抹額，兼武人畯之裝。」

〔註165〕 卷五十七上。按：早見《史記》卷一百十七《司馬相如列傳》。

〔註166〕 國圖藏本眉批：婁地記》：「林屋洞潛通天嶽，號天後別宮。」○《北戶錄》：「洞有石門，謂之隔凡。凡深不可測。側身可入，入不敢往。」
《震澤編》：「武功伯徐有貞篝燈深入，言見隔凡二字。」

〔註167〕 此係自注。

〔註168〕 此係自注。

太湖眾船竹枝詞十首《靜志居詩話》:「孫子度戈船之作,係《太湖雜詠六首》之一。『戈』或作『眾』。大艑巍峨,占湖西石磯,自非風動天不開也。峭帆六七道,破浪而行,曳巨網於船尾,獲魚多至千頭。東望用里而止,不能登岸。吳興邱大祐《竹枝》所云『郎如湖裏泛眾船,逐浪隨風不到邊』是已。船人生子,仍課以書,具束脩延師,白金必三四鎰。女子塗妝綰髻,臂金跳脫,拽篷船中,雞棲豚柵,靡所不有。昔皮、陸松陵倡和,天隨自詡『矢魚之具窮極其趣』。竊疑兩公未曾覩此。其中漁具尚多,定不止襲美所添而已。」

村外村連灘外灘,舟居翻比陸居安。見卷九《春浮閣》。平江魚艇瓜皮小,《晉書·王濬傳》:「瓜皮船,本國以倉卒用之耳。」〔註169〕張大本詩:「瓜皮小船歌竹枝。」〔註170〕誰信眾船萬斛寬。見卷十六《漕船》。孫爽《戈船詩》:「寬如數畝宮,麴房不見水。」

具區萬頃匯三州,點點青螺水上浮。《水經注》:「韋昭云:『方圓五百里,踞蘇、常及湖州三郡,地中有七十二山,居民環匝。北有百瀆,納常、潤諸郡之水。南有諸漊,納天目、宣、歙諸山之水。為東南巨浸。』」到得石尤風四面,見卷十五《雨舟》。眾船打鼓發中流。

按:《唐書·地理志》云:「太湖占湖、蘇、宣、常四州境。」《明一統志》因之。惟王鏊《姑蘇志》云:「太湖東西二百餘里,南北一百二十里,占蘇、湖、常三州。」今蘇之吳、吳江,湖之烏程、長興,常之宜興、武進、無錫七縣皆瀕湖,與《水經注》合。讀先生是詩,可糾《唐書》之謬也。

黃梅白雨太湖棱,見卷十八《七月八日》。錦鬣銀刀牽滿罾。蘇軾《贈莘老》詩:「恣看修網出銀刀。」〔註171〕盼取湖東販船至,量魚論斗不論秤。皮日休詩:「一斗霜鱗換濁醪。」〔註172〕吳俗以斗論魚,二斤半為一斗。

幾日湖心舶應作「舶」。趚風,蘇軾《舶趚風》詩引:「吳中梅雨既過,颯然清風彌旬,歲歲如此。湖人謂之舶趚風。是時海舶初回,云此風是海上與舶俱至云。」朝霞初斂雨濛濛。小姑腕露金跳脫,《列仙傳》:「晉穆宗時,仙女萼綠華降羊權家,致火澣布、金石跳脫各一。」注:「臂飾,即釧也。」帆腳能收白浪中。

〔註169〕又見《北堂書鈔》卷一百三十七,稱「王濬集云」。
〔註170〕《西湖竹枝詞二首》其一。
〔註171〕《贈孫莘老七絕》其五。
〔註172〕《釣侶二章》其一。

灣頭茱萸紅十分，湖中鷺鷥白一群。儂船縱入採菱隊，不濕青青荷葉裙。

十歲癡兒兩髻梳，漁娃不放柂樓居。新年判費金三鎰，《國語》：「二十四兩曰鎰。」聘取村夫子說書。《長編紀事本末》：「章惇稱司馬光村夫子無能為。」孫爽《戈船詩》：「亦有童子師，書聲到水市。」

糧郎野飯飽青菰，曹植《七啟》：「芳菰精粺。」《注》：「菰，米也。粺，禾別名。」〔註173〕自唱吳歈入太湖。宋玉《招魂》：「吳歈楚謳。」但得眾船為贅壻，千金不羨陸家姑。管訥《少小》詩：「黃金三萬鎰，誓娶陸家姑。」〔註174〕

東溟大艑也嵯峨，顏延之《侍遊蒜山詩》：「元天高北列，日觀臨東溟。」〔註175〕《荊州記》：「湘州七郡，大艑皆受萬斛。」滅渡橋頭銜尾過。一樣風波湖海別，黃魚爭比白魚多。葉氏《避暑錄》：「太湖白魚實冠天下。」《吳郡志》：「白魚出太湖者為勝。吳人以芒種後壬日謂之入梅，後十五日謂之入時。白魚於是盛出，謂之時裏白。」

船頭腥氣漉魚籃，船尾女兒十二三。染就纖纖紅指爪，《花史》：「李玉英秋日彩鳳仙花染指甲，後於月中調絃，或比之落花流水。」鄭允端《紅指甲》詩：「鳳花染就玉纖纖。」新霜愛擘洞庭柑。《吳郡志》：「真柑出洞庭東西山，柑雖橘類，而其品特高，芳香超勝，為天下第一。」〔註176〕

莫釐峰下鳳舟回，見卷十四《送史館姜君》。望見高帆六道開。傳語羽林郎莫射，漁翁元為進鮮來。楊侃《皇畿賦》：「仲冬之月，禮尚進鮮。」按：是時聖祖南巡，駐蹕洞庭。

題楊賓浮瓠圖□□□〔註177〕：「賓，字可師，山陰人。父安城為友人累，戍寧古塔，可師赴闕訟冤，得旨之柳條邊迎親，歸作《柳邊紀略》。」〔註178〕

柳條邊兮，不知幾千里。《天祿識餘》：「徐陵上梁元帝表有『高柳生風』句，

〔註173〕《文選》卷三十六。
〔註174〕《少小從行伍二首》其一。
〔註175〕原題作《車駕幸京口侍遊蒜山作詩》。
〔註176〕卷三十。
〔註177〕「□□□」，石印本作「別裁集」。
〔註178〕《清詩別裁集》卷二十。另，楊賓《大瓠偶筆》卷首附佚名《楊大瓠傳》，記載頗詳。

注：高柳，邊邑名。今奉天府遼東有柳條邊，插柳為界，東西八百里。」**有懷二人兮，遊子戾止**。《詩》：「有懷二人。」〔註179〕**松花江兮，不可方思**。《全遼志》：「松花江在開原城東北一千里，源出長白山，北流經金故南京城，合灰扒江至海西，合混同江東流入海。」《詩》：「不可方思。」〔註180〕**浮以五石之瓠兮**，見卷十九《水帶子歌》。**勝一葦之杭之**。《詩》：「一葦杭之。」〔註181〕**嗟世兮嶮巇**，劉峻《廣絕交論》：「世路嶮巇，一至於此。」**投吾足兮安施。仰瞻兮匪儀，憚赤豹兮文貍**。《楚辭》：「乘赤豹兮從文貍。」**遲眺兮崇期，車或殆兮馬隤**。曹植《洛神賦》：「車殆馬煩。」《詩》：「我馬虺隤。」〔註182〕**遵陸匪安兮，溯流匪危**。**竹杖乍釋兮**，見卷一《游仙》。**羽扇斯麾**。《語林》：「諸葛武侯與晉宣王戰於渭濱，著葛巾，捉白羽扇，指揮三軍。」〔註183〕**我覽四方兮**，《詩》：「我瞻四方兮。」〔註184〕**孰是周才**。王康琚詩：「周才信眾人，偏智任諸己。」〔註185〕**若濟巨川**，《書》。〔註186〕**其髯也哉！**

題文處士點山水點字與也，號南雲山樵，長洲人。先生《文君墓誌》：「乃依墓田以居，盡屏時文，肆力詩古文辭，兼縱筆為山水人物。」〔註187〕

去年金侃亡，金侃，字亦陶，江南吳縣人。**今年文點逝**。《文君墓誌》：「康熙四十有三年夏四月，處士長洲文君點以疾卒於郊西之竺塢。」〔註188〕**誰修遺民傳，念彼宰相繫**。《墓誌》：「祖震孟，累官嘉議大夫、禮部左侍郎兼東閣大學士，贈尚書，諡文肅。」**舊遊章君存，早結僑札契**。見卷十七《林叟》。**示我水墨蹤，岩壑最清麗。髣髴黃鶴樵**，見卷十五《江行》。**浮嵐轉澄霽**。見卷十三《為錢給事》。**僧樓架木杪，想見舊所憩**。《墓誌》：「君素無恆產，暇嘗舍蓮涇慧慶僧寺，賣書畫自給。」**下有宛轉橋，得非寒山滋。陶陶永夕話，歎息何由繼。竺塢瑟既輟，山陽壚已閉**。見卷一《哭王處士》。**對此神默傷，寸心實淒戾**。

〔註179〕《小雅·小宛》。

〔註180〕《周南·漢廣》。

〔註181〕《衛風·河廣》。

〔註182〕《周南·卷耳》。

〔註183〕《御定佩文韻府》卷七十六之二。

〔註184〕《小雅·節南山》：「我瞻四方，蹙蹙靡所騁。」

〔註185〕《反招隱詩》。

〔註186〕《說命上》。

〔註187〕《曝書亭集》卷七十四《處士文君墓誌銘》。

〔註188〕《曝書亭集》卷七十四《處士文君墓誌銘》。

題詩卷還君，藏之永勿替。君自掛君圖，吾亦制吾淚。李廓《落第》詩：
「牓前潛制淚。」

同徐吉士昂發陸上舍積沈秀才翼過普賢僧房徐字大臨，江南崑山人。康熙
庚辰進士，官編修。陸字元公。沈字寅中。《蘇州府志》：「普賢教寺在天平山之東牛頭
峰塢內，宋景定間建。」

茶塢山根寺，《名勝志》：「金山者，天平山之支壟也。初名茶塢山。」經營景
定年。尚存行在牒，未改梵王筵。竹覆空池冷，松排老樹圓。天平知不
遠，《姑蘇志》：「天平山在支硎南五里，視諸山最為崷崒，其林木亦秀潤。山多奇石，
詭異萬狀。南趾有白雲寺，范文正公祖墓在焉。」留酌白雲泉。白居易詩：「天平
山上白雲泉，雲自無心水自閒。」〔註189〕

謁韓蘄王墓邵長蘅《遊靈巖山記》：「故韓蘄王墓在靈巖西麓，豐碑兀峙，高可三
丈，闊當高五之一。額曰中興佐命定國元勳之碑，為宋孝宗御書。文則趙雄譔，周必
大書。」

蘄王墓近古梧宮，《述異記》：「吳王有別館在句容，楸梧成林，故名梧宮。
或云即館娃宮，宮有梧桐園。」暨六夫人祔葬同。尚有石羜眠宿草，更無宰
木動悲風。《公羊傳》：「僖公三十三年，宰上之木拱矣。」何休曰：「宰，冢也。」
朝端彈事憑汪藻，汪藻《奏論諸侯無功狀》：「世忠八九月間已掃鎮江，所儲之貲
盡裝海舶，焚其城郭，為遁逃之計。其比肩諸將聞朝廷欲倚世忠為杜充之援者，無
不竊笑。是世忠初無為陛下拒敵之心也。洎杜充力戰於前，世忠、王燮卒不為用。
劉光世亦優然坐視，不出一兵，方與韓楅朝夕飲宴，賊至數十里間不知。則朝廷失
建康，虜犯兩浙，乘輿震驚者，韓世忠王燮使之也。」孫覿《汪公墓誌》：「諱藻，
字彥章，饒州德興縣人。」身後碑文付趙雄。輸與喪師張魏國，見卷十六《重
經龍洲道人墓》。史家具狀得徽公。《朱子大全》有《少師保信軍節度使魏國公致
仕贈太保張公行狀》。

明瑟園雜詠三首先生《水木明瑟園賦序》：「康熙甲申八月，陸上舍貽書相要過上
沙別業，遂汎舟木瀆，取道靈巖以往。抵其閭，則吳趨數子在焉。愛其水木明瑟，取
以名園。上舍延賓治具，飲饌豐潔，主客醉飽，留七日乃還。」〔註190〕

〔註189〕《白雲泉》。
〔註190〕《曝書亭集》卷一。

黑雲墮地晚風號，賴得山棲置屋牢。杜甫詩：「懸崖置屋牢。」〔註191〕
不特高梧新乳落，《困學紀聞》：「《莊子》逸篇：『空閬來風，桐乳致巢。』」吹殘
皁莢認瓜刀。按：明瑟園二十景有皁莢庭。

石橋夜夜雨傾盆，陸游詩：「黑雲塞空萬馬屯，轉盼白雨如傾盆。」〔註192〕
茶塢雲多不露根。檢點牛宮與豚柵，見卷一《村舍》。陸游詩：「家添豚柵還堪
賦。」〔註193〕莫教新漲入蓬門。

竹外秋葵黃淺淺，池南夏木綠陰陰。日斜愛客絃桐至，翻恨山蟬處
處唫。

八月十五夜陸上舍稹招同張孝廉大受**徐吉士**昻發**顧孝廉**嗣立**徐上舍
惇復沈秀才翼**酌月石湖席上作徐惇復，字七來，震澤人。《蘇州府志》：「石湖
在吳縣西南十八里。」

海湧東西寺，笙歌鬧梵臺。崔塗《詠松》詩：「百尺森疏倚梵臺。」〔註194〕
陸郎呼小艇，且喜石湖來。見卷十《徐中允》。七十二橋月，《輟耕錄》：「吳江
長橋七十二間。作橋者，僧從雅師立總其役，崇敬率眾以給其費，居士姚行獨任勞以
終事。經始於泰定乙丑二月，期年而成。後九年，州守的斤海牙作鉅閣，奉觀音像於
上。」〔註195〕流光上酒杯。浦禽鳴不去，勸客莫先回。王珣《虎丘山記》：
「虎丘山，先名海湧山。」

逢廬州守張純修四首原稿：《與張廬州別一十三年矣。甲申九月，忽遇於吳門，
尋又會晤於白門，賦五絕句》。其五云：「乍書驢券減奚囊，賸有薰鑪恰姓張。分與故
人寒納手，小屏風坐一爐香。」

瓜州東廨徹離筵，按：先生於壬申出都，有《瓜步留贈張同知》詩，至是十
三年矣。並坐空江赤馬船。見卷十四《題沈上舍》。君去我歸京口舡，見卷十
三《送吏部張》。春鷓秋蟀十三年。

潭柘山遊舊侶稀，先生《送張見陽令江華》詞：「錦鞍轤，潭柘寺，小檝載浮

〔註191〕《山寺》。
〔註192〕《五月十四日夜夢一僧持詩編過予有暴雨詩語頗壯予欣然和之聯巨軸欲書未
　　　　落筆而覺追作此篇》。
〔註193〕《老健》。
〔註194〕原題作《題淨眾寺古松》。
〔註195〕卷二十六《吳江長橋》。

蟻。纔及春遊，詩罷各分袂。」〔註196〕**每逢鄰笛一沾衣。**見卷一《哭王處士》。
懷君千騎廬江郡，日對東南孔雀飛。按：漢末建安中，廬江府小吏焦仲卿妻劉
氏為仲卿母所遣，自誓不嫁。其家逼之，乃投水而死。仲卿聞之，亦自縊於庭樹。時
人傷之，為詩云：「孔雀東南飛，五里一徘徊。」

伍胥門外泊齋舲，歐陽修詩：「齋舲冬〔註197〕下入秋濤。」**話舊纏緜客共
聽。幾度相逢秋水曲，黃花籬落白蓮涇。**時先生寓蓮涇慧慶寺，輯《明詩綜》。

四百南朝寺錯連，杜牧詩：「南朝四百八十寺，多少樓臺煙雨中。」〔註198〕
何景明詩：「先朝四百寺，秋日遍題名。」〔註199〕**借君一榻坐蕭然。龕中彌勒
應微笑，**蘇軾《金山放船至焦山》詩：「只有彌勒為同龕。」〔註200〕施《注》：「法
帖，褚遂良書，久棄塵滓，與彌勒同龕。」〔註201〕《傳燈錄》：「釋迦佛在靈山會上，
手拈一花示眾。迦葉見之，破顏微笑。」**太守輸他布帒錢。**《傳燈錄》：「布袋和尚
以杖荷一布囊。供身之具，盡貯囊中。入市，見物輒乞，或醯醢魚菹，纔接入口，分
少許投囊中。」

按：是年十一月，先生自吳門抵白下，寓朝陽門承恩寺九間房，故有是作暨下篇
「白頭再過僧廬坐」語也。

同曹叟話舊三首字公衡。

斜街深樹早涼生，樹底姿拖伴我行。猶記書堂酒醒後，月中吹笛到
天明。陳與義《臨江仙》詞：「長溝流月去無聲。杏花疏影裏，吹笛到天明。」

長定花時鬮酒籌，周郎三爵足風流。見卷十六《耳疾》。**縱然紅藕紅薔
在，**二人皆周郎中侍兒，叟授曲女弟子也。〔註202〕**誰復孀居燕子樓。**白居易《燕
子樓》詩序：「徐州張尚書亦有愛妓盼盼，善歌舞，雅多風態。尚書既歿，彭城有張氏
舊第，中有小樓名燕子。盼盼念舊愛而不嫁，居是樓十餘年。」

戟府沙隄路渺茫，見卷八《懷鄉口號》。十年蹤跡寄滄浪。白頭再過僧

〔註196〕《曝書亭集》卷二十六，詞牌為《祝英臺近》。
〔註197〕「冬」，《送沈學士知常州》作「東」。
〔註198〕《江南春絕句》。
〔註199〕《望湖亭》。
〔註200〕原題作《自金山放船至焦山》。
〔註201〕《施注蘇詩》卷四。
〔註202〕此係自注。

廬坐，共話中山獵後狼。《靜志居詩話》：「《中山狼》小說，乃東田馬中錫所作。今載其集中。世傳以訾獻吉者，數其負德涵。考之康、李未嘗隙末。黃才伯有《讀見素拭空同奏疏》詩，云：『憐才不是雲莊老，愁殺中山〔註203〕獵後狼。』然則當日所訾，乃負見素耳。」〔註204〕見素林尚書名俊，字待用，莆田人。

旃蒙作噩乙酉〔註205〕

方乾木蓮花圖為鐵夫上人作

少日誦九歌，芙蓉搴木末。《楚辭·九歌》：「搴芙蓉兮木末。」得非三閭大夫本寓言，《史記·屈原傳》：「子非三閭大夫與？」〔註206〕見卷十四《大椿軒》。豈有江花樹頭掇壯年？草木多識之，乃知黃心之樹產自西北陲。毋丘道士曾作畫，醉吟先生亦有詩。白居易《木蓮樹圖·序》：「木蓮樹生巴峽山谷間，巴民亦呼為黃心樹。大者高五丈，涉冬不凋。身如青楊，有白文；葉如桂，厚大無脊；花如蓮，香色艷膩皆同，獨房蕊有異。四月初始開。自開迨謝，僅二十日。忠州西北十里，有鳴玉溪，生者穠茂尤異。元和十四年夏，命道士毋丘志寫。惜其遐僻，因題三絕句云。」《唐書·白居易傳》：「字樂天，太原人。效陶潛《五柳先生》，作《醉吟先生》以自況。」傳聞雖久虛增羨，膩粉輕紅幾人見。白居易詩：「紅似燕支膩如粉。」〔註207〕黃山山後鐵頭陀，見卷五。《法苑珠林》：「或有山居蘭若，頭陀苦行。」示我生綃圖一卷。葉如青桂身青楊，花開朵朵青蓮香。天都方乾染初就，拒霜不數滕昌祐。見卷十三《蘆塘放鴨圖》。我思此圖更百年，定有好事爭流傳。老夫為題詩一篇，卷還頭陀須愛惜，慎勿輕污飛蠅點墨瓜牛涎。

題黃山鐵公小像

鐵公黃海至，見卷十一《送曹郡丞》。曾占最高峰。山後一茅屋，階前

〔註203〕「中山」，《明詩綜》作「山中」。

〔註204〕《明詩綜》卷二十九「林俊」。

〔註205〕按：《曝書亭集》此下有《詠白杜鵑花應東宮教》：「銀牓璿題一道通，仙花移植冠芳叢。色殊李白宣城見，狀比羅含嶺外工。照水影齊紅躑躅，捲簾香動玉玲瓏。梯航萬里來何幸，採入瑤山睿藻中。」

〔註206〕卷八十四。按：原出《楚辭·漁父》。

〔註207〕《木蓮樹圖》其二。

萬壑松。禪心離怖畏，見卷四《真如寺墻》。詩卷閱春冬。不信巖居樂，君看冰雪容。杜甫詩：「君看他時冰雪容。」〔註208〕

戲題汪上舍〔註209〕**拓盦小像二首**《楞嚴經》：「即時，阿難執持應器，於所遊城次第循乞。」長水《疏》：「當日初分，乞食易得，故云『即時』。缽多羅，此云應量器，色與體、量皆應法度也。《翻譯》云：『律明缽體有二，瓦及鐵也。』色者，薰作黑色、赤色，或孔雀咽色、鴿色等。量者，大缽受三升，小受升半。南山云：『此姬周之斗也。準唐斗上缽一斗，下者五升五分。云佛自作缽坯以為後式。』」

世無乞食僧，白居易詩：「朝飯心同乞食僧。」〔註210〕天女隨其後。《維摩經》：「維摩詰室有一天女，聞所說法，便現其身。即以天花散諸菩薩大弟子上。華至諸菩薩即皆墮落，至大弟子便著不墮。」〔註211〕莫是摩登伽，巧把阿難咒。《楞嚴經》：「爾時，阿難因乞食次，經歷婬室，遭大幻術，摩登伽女以娑毗迦羅先梵天咒攝入淫席，淫躬撫摩，將毀戒體。《注》〔註212〕：「私謂準《摩鄧伽經》：『摩鄧母人咒阿難云：天魔、乾闥婆、火神、地神，急令阿難到此。』此旃陀羅咒，梵天之邪咒也。蓮花實說梵天娑毗羅呪曰：『若能離此欲，定得梵天處。』此仙人離欲之咒，梵天之正咒也。」

歡喜阿羅漢，《四十二章經》：「佛言：覩人施道，助之歡喜，得福甚大。」又：「飯一億阿那舍〔註213〕，不如飯一阿羅漢；飯十億阿羅漢，不如飯一辟支佛。」精藍舍衛城。《金剛經》：「爾時，世尊食時，著衣持缽，入舍衛大城乞食。」〔註214〕山僧少拘束，恣意躡花行。顧瑛詩：「美人姣步躡花行。」〔註215〕

焦山剔銘圖為王副使煐作字子千，寶坻人。有《憶雪樓詩集》。《江南通志》：「此刻殘缺，久在江中。蘇州糧儲副使王煐令善沒者縋險而下，探取得之。」《焦山志》：「王副使煐剔銘繪圖事，一時名流頗多題詠。王士禛〔註216〕詩云：『椎拓數字比

〔註208〕《丈人山》。
〔註209〕四庫本《曝書亭集》空兩格，注「缺」。康熙本《曝書亭集》正文作墨丁，目錄作「日祺」。
〔註210〕《在家出家》。
〔註211〕《觀眾生品》。
〔註212〕按：出錢謙益《楞嚴經疏解蒙鈔》。
〔註213〕「舍」，《四十二章經》作「含」。
〔註214〕《法會因由分第一》。
〔註215〕《響屧廊》。
〔註216〕「禛」，底本、石印本作「正」。

瓊玖，綈錦什襲羅中庭。」朱彝尊詩云：『手摸其文無缺失，一紙價已當瑤琨。』據此，則煥乃使人縋江摹搨，至陳鵬年始起石立山。」

華陽真逸昔瘞鶴，井穴乃在焦山根。見卷九《贈鄭簹》。銘文不省誰氏作，紀年第有干支存。《瘞鶴銘序》：「鶴壽不知其紀也。壬辰歲，得於華亭。甲午歲，化於朱方。天其未遂，吾翔寥廓耶，奚奪之遽也？乃裹以玄黃之幣，藏乎茲山之下。仙家有立石旌事，篆銘不朽。」審視要非唐後勒，昔年曾與張詔論。先生《書張處士〈瘞鶴銘辨〉後》：「淮陰張力臣乘江水歸壑，入焦山之麓，藉落葉而仰讀瘞鶴銘辭，聚四石繪作圖，聯以宋人補刻字，倫序不紊，且證為顧逋翁書。蓋逋翁故宅雖在海鹽之橫山，而學道句曲，遂移居於此。集中有《謝王郎中見贈琴鶴》詩，鶴殆出於性所好。斯瘞之作銘，理有然者。」〔註217〕茲山不與浮玉伍，見卷六《風懷》。其地僻左稀攀援。漩渦轉湍奔溜急，沐日浴月驚濤翻。見卷十一《送少詹》。峰坳集海舶，浪齧藏江豚。見卷一《渡黃浦》。銘辭汩沒露日少，誰抉地戶開天門。見前《林屋洞》。丈人守靈威，見卷十四《題周編修》。真官降趙尊。陸龜蒙詩：「幾降真官授隱書，洛公曾到夢中無。」〔註218〕若非神人獲，遺跡安可捫。蘆臺王君信好事，躬自荷鍤操犢褌。見前《林屋洞》。剜苔剔蘚竟深入，先以前趾次尻臀。《說文》臀作𡱽，髀也。《廣雅》：「臀謂之脽，亦謂之𦟀。」手摸其文無闕失，見卷十九《周上舍》。一紙價已當瑤琨。《書》：「厥貢惟金三品、瑤、琨、篠、簜、齒、革、羽、毛。」〔註219〕西江道士為傳寫，衣袂尚帶寒潮痕。惜哉轅馬且北去，山遊未遂栝與溫。何年金石共搜討，疑義相析窮其源。陶潛詩：「疑義相與析。」〔註220〕補注：《名勝志》：「蘆臺軍在寶坻縣東南。」

題宋中丞迎鑾集二首按：中丞迎鑾有三集。先生所題蓋《迎鑾二集》也。

魚水君臣古不如，《蜀志·諸葛亮傳》：「孤有孔明，如魚之有水也。」〔註221〕玉音問答宋胡忠簡公撰。〔註222〕駐乘輿。宋犖《扈從雜紀》詩：「天上玉音頻問答，愧無文筆紀〔註223〕胡銓。」近來官閣無留牘，更勅香廚校秘書。《迎鑾集》：「時頒御製詩集於吳門校刊。」

〔註217〕《曝書亭集》卷五十。
〔註218〕《奉和襲美懷華陽潤卿博士三首》其一。
〔註219〕《禹貢》。
〔註220〕《移居二首》。
〔註221〕《三國志》卷三十五。
〔註222〕此係自注。
〔註223〕「紀」，《扈從雜記十二首》其一作「繼」。

西陂水比石湖清，先生《西陂記》：「歲在昭陽協洽，駐蹕江天寺。公入見，請曰：『昔宋臣范成大居湖〔註224〕之石湖，臣嘗履其地，見淳熙十五年賜書，刊石尚存。臣家有西陂別墅，敢乞御書二字賜臣，不令石湖勝蹟獨存千古。』天子笑而書之。今歲旃蒙作噩，天子復書魚麥堂以賜。」〔註225〕**雲漢天章照夜**《西陂類稿》作「影」。**明**。《詩》：「倬彼雲漢，為章于天。」〔註226〕**且莫平泉疏草木**，李衛公有《平泉草木記》。**試看馬乳後園生**。《西陂記》：「抑聞之，公嘗引年以請矣。天子給以禁苑葡萄一本，曰：『是果結實，然後請老。』」

七夕詞六首

箕南斗北火西流，《詩》：「維南有箕，不可以簸揚。維北有斗，不可以挹酒漿。」〔註227〕又：「七月流火。」〔註228〕**萬里明河一夕收。難得纖纖兩頭月，夜涼猶掛曝衣樓。**李賀《七夕》詩：「鵲辭穿線月，花入曝衣樓。」

照面微虧半月輪，經年別緒暫相親。見卷一《五遊篇》。奔龍控鶴緣何事，見卷四《真如寺塔》。《上元南鎮》。天路翻多襥襪人。

中庭兒女上駝鉤，夏果秋瓜列案頭。見卷一《七夕》。若使天孫有餘巧，只應先乞自癡牛。盧仝詩：「癡牛與騃女，不肯勤農桑。徒勞含淫思，旦夕遙相望。」〔註229〕

清淺河流次第看，橋成猶費立津盤。見卷二《七月八日》。來朝試彈林梢鵲，驗取修翎幹未乾。

舊事虛傳摩睺羅，《武林舊事》：「七夕前修內司例進摩睺羅十卓，每卓三十枚，大者至高三尺，或用象牙雕鏤，或用龍涎佛手香製造，悉用鏤金。珠翠、衣帽、金錢、釵鋌、環珮〔註230〕、珍珠、頭鬢及手中所執器〔註231〕具，皆七寶為之，各護以五色鏤金紗廚。制間〔註232〕貴臣及京府等處有鑄金為貢者。」〔註233〕**家家秋**

〔註224〕「湖」，《曝書亭集》作「吳」。
〔註225〕《曝書亭集》卷六十六。
〔註226〕《大雅·棫樸》。
〔註227〕《小雅·大東》。
〔註228〕《豳風·七月》。
〔註229〕《月蝕詩》。
〔註230〕「環珮」，《武林舊事》作「佩環」。
〔註231〕「器」，《武林舊事》作「戲」。
〔註232〕「間」，《武林舊事》作「閫」。
〔註233〕卷三《乞巧》。

思問誰多。兒童免戴青荷葉，《夢華錄》：「七夕，小兒須買新荷葉執之，蓋效磨喝樂。」注：「磨喝樂，本佛經摩睺羅，今通俗而書之。」借我連筒卷白波。見卷四《窪樽石》。卷十三《冬夜》。

馬乳蒲萄哈蜜瓜，吳儂一倍鬬繁華。街頭不復簪楸葉，《夢華錄》：「立秋，滿家賣楸葉。婦女兒童皆剪成花樣戴之。」但買山塘茉莉花。按：茉莉花見陸賈《南行記》。嵇含《南方草木狀》作末利，《洛陽名園記》作抹厲，王龜齡集作沒利，洪邁集作末麗，佛經作抹利，又通作抹麗。

曹通政寅自真州寄雪花餅曹字子清，號荔軒，奉天人。官江南織造。有《棟亭詩稿》。

舊穀芽揉末，重羅麭屑塵。見卷九《河豚歌》。粉量雲母細，葛洪《神仙傳》：「彭祖善導引補養之術，服水桂雲母粉，常有少容。」糝和雪餳勻。一笑開盤槅，左思詩：「並心注肴饌，端坐理盤槅。」〔註234〕何愁冰去聲。齒齦。轉思方法秘，夜冷說吳均。見卷六《風懷》。

題朱顯祖梅花手卷字雪鴻，江都人。

空裏疎花淡更香，朱希真梅詞：「橫枝清瘦只如無〔註235〕，但空裏疏花數點。」珊瑚水底尺難量。蕭德藻《詠〔註236〕梅》詩：「湘妃危立凍蛟背，海月冷掛珊瑚枝。」〔註237〕只應翠羽三更月，見卷一《閨情》。臥看橫枝如許長。

贈卓處士爾堪字子任，江都人。

忠貞公後族蟬聯，吳偉業《卓海瞳〔註238〕墓表》：「明建文時，戶部侍郎忠貞公諱敬，靖難不屈死，與方正學俱夷族。其子孫有脫者，流寓仁和，從外家之姓曰宋氏。萬曆中，鴻臚寺鳴贊公諱文炎，忠貞之七世孫也，始以仕顯，復其姓，人乃知忠貞有後矣。」一代遺民藉爾傳。《揚州府志》：「《逸民詩》〔註239〕，國朝江都卓爾堪選輯。」辛苦遼陽存過所，其先世入關，過所尚存。〔註240〕籌燈重話革除

〔註234〕《嬌女詩》。
〔註235〕《鵲橋仙》（溪清水淺）作「橫枝消瘦一如無」。
〔註236〕「詠」，石印本作「水」。
〔註237〕《古梅二絕》其一。
〔註238〕「瞳」，《梅村家藏稿》卷五十作「幢」。
〔註239〕卓爾堪《遺民詩》十六卷。
〔註240〕此係自注。

年。《遜國記》:「成祖即皇帝位,革除建文年,仍稱洪武。」

初冬北郭讌集分賦

詩朋期不違,勝引情乍愜。潦看楚澤收,簷與蜀岡接。見卷七《雪霽》。
欒欒斂餘花,燮燮下涼葉。陶潛《閒情賦》:「葉燮燮以去條,氣悽悽而就寒。」
短景猶戀人,深杯轉稠疊。

飲方覲園亭即送其入都《揚州府志》:「方覲,字近雯,江都人。康熙己丑進士,
選庶吉士,授編修。督學四川,葺文翁講堂為書院,令多士肄業其中。」

隋苑頻移柳,吳歌罷採菱。平山窺戶入,遠水出郊澄。券尾驢三紙,
見卷十九《雜詩》。霜群雁一繩。金臺行在望,樂劇許同登。時義興儲子執禮
同行。〔註241〕《史記·燕世家》:「於是昭王為隗改築宮而師事之。樂毅自魏往,鄒
衍自齊往,劇辛自趙往,士爭趨燕。」〔註242〕 按:儲子名在文,字禮執,又字理
質。

玉帶生歌並序楊維楨《七客者志》:「硯本石,而有玉帶文,且出文山,名之曰文山
石帶玉。詩曰:有客有客來文山,如金如鐵堅匪頑。文山頹,不可攀,留爾亦足消群
奸。靜以安,方以直,帶蒼玉,佩文石。文星粲然守玄〔註243〕默。」張憲《玉帶生
歌序》:「玉帶生,端人也。事文山丞相,為文墨賓,與同館謝先生翱友善。宋革,丞
相殉國死。訃聞,生與翱哭於西臺之下。復憫宋諸陵暴露,私相蓋覆,識以冬青木而
去。後翱道卒,生今歸會稽,抱遺老人與秋聲子輩為僚中七客。初,宋上皇以丞相恩,
賜生紫衣玉帶,至今不改其舊服,故作《玉帶生歌》。」先生《書拓本玉帶生銘後》:
「玉帶生,宋文丞相硯名也。石產自端州,未為絕品,其修扶寸,廣半之,厚又微殺
焉。帶腰玉而身衣紫,丞相寶惜,旁刻以銘,書用小篆,凡四十有四字。歲甲申,觀
於商丘宋節使坐上,因請以硬黃紙摹之,不敢響拓也。生之本末,略見玉笥生詩,其
銘辭亦附注於詩編。按:金華胡翰作《謝翱傳》,稱天祥轉戰閩廣,至潮陽,被執。翱
匿民間,流離久之,間行抵勾越。是信公軍敗後,硯即歸翱可知。其寓浦陽、永康,
閱祐、思諸陵,登釣壇,度必攜生偕往。懷古之君子,可以深長思矣。」〔註244〕

〔註241〕此係自注。
〔註242〕卷三十四。
〔註243〕「玄」,底本、石印本作「元」。
〔註244〕《曝書亭集》卷五十一。
　　　另,國圖藏本眉批:《硯銘》:「紫之衣兮綿綿,玉之帶兮卷卷。中之藏兮淵淵,
　　　外之澤兮日宣。嗚呼!礑爾心之堅兮,壽吾文之傳兮。廬陵文天祥造。」

玉帶生，文信國所遺硯也。《宋史·文天祥傳》：「字宋瑞，又字履善，吉之吉水人也。拜右丞相，加少保、信國公。」〔註245〕**予見之吳下，既摹其銘而裝池之，且為之歌，曰：玉帶生，吾語汝：汝產自端州，**見卷七《和程邃》。**汝來自橫浦。**見卷三《席上留別》。**幸免事降表，僉名謝道清，**《改蟲齋筆疏》：「元之平宋也，降表僉謝後名。汪元量詩『侍臣已寫歸降表，臣妾僉名謝道清』是也。」**亦不識大都承旨趙孟頫。**《元史·地理志》：「大都路，唐幽州范陽郡。遼改燕京。金遷都，為大興府。元世祖至元元年，中書省臣言：『開平府闕庭所生〔註246〕，加號上都，燕京分立省部，亦乞正名。』遂改中都，其大興府仍舊。四年，始於中都之東北置今城而遷都焉。九年，改大都。二十一年，置大都路總管府。」又，《趙孟頫傳》：「孟頫，字子昂，宋太祖子秦王德芳之後。湖州人。年十四，用父蔭補官，試中吏部銓法曹，調真州司戶參軍。至元二十三年，行臺侍御史程鉅夫奉詔搜訪遺逸於江南，得孟頫，以之入見。二十四年六月，授兵部郎中。二十七年，遷集賢直學士。延祐三年，拜翰林學士承旨、榮祿大夫。」〔註247〕**能令信公喜，**《世說》：「髯參軍，短主簿，能令公喜，能令公怒。」〔註248〕**闊汝置幕府。**見卷二《篷軒》。**當年文墨賓，代汝一一數。參軍誰？謝皋羽。**宋濂《謝翱傳》：「字皋羽，福之長溪人。文天祥開府延平，長揖軍門，署諮事參軍。」**僚佐誰？鄧中甫。**〔註249〕《宋遺民廣錄》：「鄧中甫，諱剡，字光薦，廬陵人。少舉進士，負奇節。為文丞相贊畫。臨安破，入粵。妻子十二口為賊焚死。隻身隨駕，至厓山。端宗即位，拜禮部侍郎。厓山潰，赴海，不沉。張元帥勸之降，不從。同文丞相至建康，以病留，詔釋為道士還鄉。丞相嘗以誌銘屬之，謂汝能知我心者。後為丞相作《督府忠義傳》。」**弟子誰？王炎午。**《續弘〔註250〕簡錄》：「王炎午，字鼎翁，安福人。宋末為上舍生。少年負氣節。母歿，廬墓左，終身不歸。文天祥被執，過青原，炎午作生祭文遺之。及張千載持丞相齒髮歸，炎午大慟，復為文祭之。著《吾汶稿》、《梅邊集》。」王炎午《生祭文》：「炎

〔註245〕 卷四百十八。

〔註246〕 「生」，石印本同，《元史》卷五十八《地理志》作「在」。

〔註247〕 卷一百七十二。

〔註248〕 《寵禮第二十二》。

〔註249〕 國圖藏本浮簽：《廬陵縣志·高節傳》：「鄧光薦，字中甫，廬陵人。既第進士，屏居山中，累薦不起。後贊文丞相勤王。軍興後，隨駕厓山，除禮部侍郎。厓山潰，赴海，元兵出之，不得死。與丞相俱至建康，變服為黃冠歸鄉。」補《曝書亭·玉帶生歌》注。

〔註250〕 「弘」，底本、石印本作「宏」。

午，丞相鄉之晚進士也，前成均之弟子員也。」**獨汝形軀短小，風貌樸古，步不能趨，口不能語。既無鸜之鵒之活眼睛**，見卷七《和程邃》。《左傳》：「鸜之鵒之，公出辱之。」〔註251〕**兼少犀紋彪紋好眉嫵。**《歙硯譜》：「眉子色青或紫，短者簇者如臥蠶而犀紋立理，長者闊者如虎紋而松紋縱理。」**賴有忠信存，波濤孰敢侮。**《家語》：「始吾之入也，先以忠信。及吾之出也，又從以忠信。忠信措吾軀於波流，而吾不敢以用私，所以能入而復出也。」〔註252〕**是時丞相氣尚豪，可憐一舟之外無尺土。**《弘〔註253〕簡錄》：「祥興二年春正月壬戌，張洪範兵至厓山。庚午，李恒兵亦來會。世傑以舟師碇海中，結巨艦千餘艘，中艫外舳，貫以大索，四周起樓棚如城堞，居昺其中〔註254〕。」〔註255〕**共汝草檄飛書意良苦，四十四字銘厥背，愛汝心堅剛不吐。**文天祥《玉帶生銘》：「紫之衣兮綿綿，玉之帶兮卷卷。中之藏兮困困，外之澤兮日宣。於乎！磨爾心之堅兮，壽吾文之傳兮。」《詩》：「剛亦不吐。」〔註256〕**自從轉戰屢喪師，**《綱目集覽》：「轉戰，轉相鬥戰也。」**天之所壞不可支。**《國語》：「周詩有之：『天之所支，不可壞也。其所壞，亦不可支也。』」**驚心柴市日，**《續通鑑綱目》：「元至元十九年十二月，詔殺文天祥於都城之柴市。」《春明夢餘錄》：「郡學西乃元之柴市，文信國授命所。」**慷慨且誦臨終詩，疾風蓬勃揚沙時。**趙弼《文信公傳》：「公至柴市，觀者萬人。公問市人曰：『孰南面？』或有指之者。公即向南再拜，索紙筆，書二詩云：『昔年單舸走維揚，萬死逃生輔宋皇。天地不容興社稷，邦家無主失忠良。神歸嵩嶽風雷變，氣吐煙雲草樹荒。南望九原何處是，塵沙黯淡路茫茫。』是日大風揚沙，天地晝晦。」〔註257〕**傳有十義士，表以石塔藏公尸，**《帝京景物略》：「江南十義士舁公槀葬都城小南門外五里道傍。大德二年，繼子陞至都順城門內，見石橋織綾戶婦，公舊婢綠荷也。為陞語劉牢

〔註251〕昭公二十五年。
〔註252〕《致思第八》。
〔註253〕「弘」，底本、石印本作「宏」。
〔註254〕「其中」，石印本作「於其中焉」。
〔註255〕《宋史》卷四十七《瀛國公本紀》：「十六年正月壬戌，張弘範兵至厓山。庚午，李恒兵亦來會。世傑以舟師碇海中，棋結巨艦千餘艘，中艫外舳，貫以大索，四周起樓棚如城堞，居昺其中。」
〔註256〕《大雅·烝民》。
〔註257〕《欽定日下舊聞考》卷四十五、《欽定古今圖書集成·明倫彙編·官常典卷七百二十九》。另，二書原錄第二詩，曰：「衣冠七載混旃裘，憔悴形容似楚囚。龍馭兩宮崖嶺月，貔貅萬灶海門秋。天荒地老英雄喪，國破家亡事業休。惟有一靈忠烈氣，碧空長共暮雲愁。」

子,乃引到葬處。大小二僧塔,其大塔小石碑刻信公二字,遂以歸葬廬陵。」生也亡命何所之。《漢書·張敞傳》:「便從闕下亡命。」〔註258〕或云西臺上,晞發一叟涕漣洏。手擊竹如意,見卷四《七里灘》。生時亦相隨。冬青成陰陵骨朽,見卷二《雨坐文昌閣》。百年蹤跡人莫知。會稽張思廉,《明詩統》:「張憲,字思廉,山陰人。」逢生賦長句。抱遺老人閣筆看,邱悅《三國典略》:「王粲才既高,鍾繇、王朗等皆閣筆不能措手。」七客僚中敢吷怒。《七客者志》:「抱遺老人嘗得斷劍於洞庭湖,緱氏子煉為笛。又得古琴於赤城,相傳賈師相故物。得胡琴於太陵呂氏。得管於杭老官人所,云宋道君內府物。又得玉帶硯一,古陶甕一。硯為文文山之手澤,甕為秦祖龍藏中器也。既而闢一室以居六者,老人時燕居其中,曰七客者之僚。」吾今遇汝滄浪亭,見卷十六。漆匣初開紫衣露。海桑陵谷又經三百秋,以手摩抄尚如故。洗汝池上之寒泉,漂汝林端之霏霧。俾汝長留天地間,杜甫詩:「詩卷長留天地間。」〔註259〕墨花恣灑鵝毛素。白居易賦:「染松煙之墨,灑鵝谿之素。」〔註260〕

柔兆閹茂丙戌

春日讀春秋左氏傳心非胡氏夏時冠周正之說偶憶草廬吳氏讀尚書絕句原詩:「前漢今文古,後晉古文今。若論伏勝功,遺像當鑄金。」〔註261〕因用其韻

魯史王正月,《春秋》:「元年春王正月。」群疑積至今。丘明一周字,《左傳》:「元年春王周正月。」直可抵千金。鍾嶸《詩品》:「驚心動魄,幾乎一字千金。」

題徐檢討釚豐草亭六首按:徐檢討豐草亭在吳江城西,先生書額。檢討孫大業移於北門外。

青竹槍籬白竹門,西蒙不異舊時村。見卷九《為徐徵士題畫》。暮年庾信

〔註258〕卷七十六。顏師古《注》:「不還其本縣邑也。」按:《史記·張耳陳餘列傳》:「張耳嘗亡命遊外黃。」《索隱》:「晉灼曰:『命者,名也。謂脫名籍而逃。』崔浩曰:『亡,無也。命,名也。逃匿則削除名籍,故以逃為亡命。』」

〔註259〕《送孔巢父謝病歸遊江東兼呈李白》。

〔註260〕《雞距筆賦》。

〔註261〕此係自注。

文章老，只合江關賦小園。杜甫詩：「庾信文章老更成。」〔註262〕又：「暮年詩賦動江關。」〔註263〕

蓄意誅茅縛作亭，中央四角總虛櫺。見卷三《古意》。客來不用愁鰕菜，漁弟漁兄滿洞庭。

一簣平山一曲池，貓頭生筍莬抽絲。新來長得金光草，見卷九《送董孝廉》。試問主人知不知。

春泥就燥雨初晴，百草千花一夜生。為報亭中宜對酒，不成送客反留行。

暇日婆拖一杖支，養生方法講多時。不應尚戀閒釵釧，棗木流傳本事詩。檢討方鏤板行《續本事詩》。〔註264〕

登盤黃雀箭頭魚，誰道天隨子不如。見卷二《南安客舍》。近日欲傳糖蟹法，見卷六《風懷》。更來笠澤借叢書。見卷二《鴛胠湖》。

東禪寺林酒仙祠仙，長洲林氏子，幼失水，至嘉興，為比丘。祥符五年，卒於寺。僧居簡《北磵集》為作銘。龔明之《中吳紀聞》述其事。仙遺詩有「門前綠樹無啼鳥」之句。〔註265〕《鐵網珊瑚》：「酒仙名遇賢，俗姓林氏。在宋為蘇城東禪寺僧人，傳其事甚異，至號聖僧。以其嗜酒，故又號酒仙。」〔註266〕

獨破珠林戒，竇萃《酒譜》：「釋氏之教，尤以酒為戒。故《四分律》云：『飲酒有十過失。』」惟貪米汁甘。《杜詩千家注》：「蘇晉學浮屠術，嘗得胡僧慧澄繡彌勒一本，晉寶之。嘗曰：『是佛好飲米汁，正與吾合。吾願事之，他佛不愛也。』嘗與市中飲酒，食豬首，時人無識之者。」醉鄉仍此地，《唐書·王績傳》：「績著《醉鄉記》，以次劉伶《酒德頌》。」〔註267〕古佛與同龕。見前《逢廬州守》。北磵遺銘在，中吳舊事諝。門前留綠樹，過客每停驂。

憶高徵士不騫三首原稿四首。其三云：「一樹添紅植小庭，太常書畫半飄零。回頭二十三年事，續寫新詩上御屏。」太常書屋有棗樹，取蔣勝欲詞名之。

〔註262〕《戲為六絕句》其一。
〔註263〕《詠懷古蹟五首》其一。
〔註264〕此係自注。
〔註265〕此係自注。
〔註266〕卷四。
〔註267〕《新唐書》卷一百九十六《隱逸列傳》。

苦憶蓴鄉一釣師，捉將官裏去多時。《東坡志林》：「宋真宗既東封，訪天下隱者。杞人楊樸能為詩，召對，自言不能。上問：『臨行，有人作詩送卿否？』樸曰：『惟臣妻有一首，云：更休落魄耽杯酒，且莫猖狂愛詠詩。今日捉將官裏去，這回斷送老頭皮。』」〔註268〕匠門自閉潮生閣，寂寞張為主客詩。潮生閣在張孝廉大受園中。徵士至吳，長泊橋下，主客時酬倡。〔註269〕見卷十二《輓納臘侍衛》。

西華東望禁垣重，韡底霜花曉更濃。料得簪毫趨朵殿，驚心怕後丑時鐘。

薊丘風雪最夭斜，何處停車問酒家。此日聯吟遺一老，僧房獨對海紅花。見卷十九《山茶》。

謁泰伯廟四十韻《蘇州府志》：「至德廟在閶門內，祀吳泰伯。初，東漢永興二年，太守麋豹建於閶門外。晉內史虞潭改理。」

沮漆尋源合，《詩》：「緜緜瓜瓞，民之初生，自土沮漆。古公亶父。」〔註270〕《疏》：「《禹貢》雍州云：『漆沮既從。』自漆沮俱為水也。」江蠻相土弘。古公遺哲嗣，《吳越春秋》：「古公三子，長曰泰伯，次曰仲雍，少曰季歷。季歷之子昌。古公知昌聖，欲傳國以及昌，曰：『興王業者，其在昌乎！』泰伯、仲雍望風知指。古公病，二人託名採藥於衡山，遂之荊蠻。」內傳有明徵。肇跡貽謀遠，《書》：「至於太王，肇基王跡。」〔註271〕《詩》：「貽厥孫謀。」〔註272〕先幾脫屣能。左思《吳都賦》：「輕脫躧於千乘。」帝心惟季度，《詩》：「維此王季，帝度其心。」〔註273〕祖武得昌繩。《詩》：「繩其祖武。」〔註274〕句曲誅茅始，《史記·吳泰伯世家》：「太伯之奔荊蠻，自號句吳。」〔註275〕宋忠曰：「句吳，太伯始所居地名。」〔註276〕衡山採藥曾。屈伸等龍蠖，見卷五《山雪》。遊息喻鶝鵬。繁欽《建章鳳闕賦》：「鶝鵬振而不及，豈歸雁之能翔？」三讓聲何夐，群黎愛莫

〔註268〕卷六，稱「昔年過洛見李公簡，言」。
〔註269〕此係自注。其中，「倡」，石印本、《曝書亭集》作「唱」。
〔註270〕《大雅·綿》。
〔註271〕《武成》。
〔註272〕按：非出《詩》，出《尚書·五子之歌》。
〔註273〕《大雅·皇矣》。
〔註274〕《大雅·下武》。
〔註275〕卷三十一。
〔註276〕《集解》引。

懲。稻田占樂歲，_{泰伯圍田城內。}〔註 277〕瓜瓞啟新塍。洌井深堪汲，高
墉近可乘。_{見卷九《沈烈女》。}謳歌頓洋溢，獄訟省侵陵。化被仁風厚。
經傳至德稱。_{宋徐僑請更《論語》名《魯經》。}〔註 278〕玉輿初弗顧，黃屋詎
難勝。_{陸雲碑：「獄訟載歸，謳歌屢請。能捨玉輿之貴，永襲皮冠之跡。」}〔註 279〕
范蔚宗《樂遊應詔詩》：「黃屋非堯心。」自鎬宗盟重，_{《左傳》：「周之宗盟，異姓}
_{為後。」}〔註 280〕維南庶績凝。_{《書》：「庶績其凝。」}〔註 281〕命圭還作伯，_{《史}
_{記索隱》：「《國語》曰：『黃池之會，晉定公使謂吳王夫差曰：夫命圭有命，固曰吳伯，}
_{不曰吳王』，是吳本伯爵也。」}端委豈無朋。_{《左傳》：「太伯端委以治。」}〔註 282〕
_{《周禮》：「仲雍嗣之，斷髮文身。」}節孰千秋並，名將萬代矜。_{《荀子》：「太}
_{伯將讓國，語其傅曰：『王欲吾嗣一國之事，吾其羞之。吾聞至人不貴一代，而萬世}
_{以之貴。』」}〔註 283〕世家倫序定，_{《史記·吳太伯世家第一》。}人表上中應。
_{《漢書·古今人表》，泰伯、仲雍均居第二等。}〔註 284〕地紀吳甄冑，_{見陸廣微《吳}
_{地記》。}〔註 285〕祠沿漢永興。到門帆葉卸，_{陸龜蒙詩：「讓王門外開帆葉。」}
〔註 286〕倚郭殿簷層。行潦蘋長薦，_{《左傳》：「蘋蘩蘊藻之菜，筐筥錡釜之器，}
_{潢污行潦之水，可薦於鬼神。」}〔註 287〕平墟墓未崩。_{《皇覽》：「太伯冢在吳縣北}
_{梅里聚，去城十里。」《輿地志》：「吳築城梅里平墟。」}友於同一廟，_{皮日休詩：}
_{「一廟爭祠兩讓君。」}〔註 288〕棲止必雙憑。熟食均籩豆，_{《索隱》：「《世本》}
_{曰：『吳熟哉居蕃離。』宋忠曰：『熟哉，仲雍字。』解者雲雍是熟食，故曰雍字熟}
_{哉也。」}文身判股肱。〔註 289〕_{《史記》：「於是太伯、仲雍二人乃奔荊蠻，文身}

〔註 277〕此係自注。
〔註 278〕此係自注。
〔註 279〕《泰伯碑》。
〔註 280〕隱公十一年。
〔註 281〕《堯典》。
〔註 282〕《左傳·昭公元年》：「吾與子弁冕端委，以治民臨諸侯。」杜預《注》：「端委，禮衣。」孔穎達《疏》：「服虔曰：『禮衣端正無殺，故曰端；文德之衣尚褒長，故曰委。』」
〔註 283〕此係自注。
〔註 284〕此係自注。
〔註 285〕此係自注。
〔註 286〕此係自注。詩題作《送羊振文先輩往桂陽歸覲》。
〔註 287〕隱公三年。
〔註 288〕此係自注。詩題作《泰伯廟》。
〔註 289〕國圖藏本眉批：按：石林葉氏曰：「以《春秋傳》考之，斷髮文身蓋仲雍，太伯無與焉。」此詩本葉氏，從說《左傳》，不從《史記》也。「文身判股肱」

斷髮，示不可用。」〔註290〕**獨存冠黼冔，**《詩》：「常服黼冔。」〔註291〕**不散髮
鬅鬙。**攷文身被髮，止雍一人。〔註292〕《韻會》：「鬅鬙，髮亂也。」陸游詩：「倚
屏吟嘯發鬅鬙。」〔註293〕**遜位翻追王，浮家乃誕登。**《詩》：「誕先登于岸。」
〔註294〕**典儀咸秩久，**《書》：「咸秩無文。」〔註295〕**齋宿有司恆。**《淮南子》：「乃
令祝史太卜齋宿三日，之太廟。」〔註296〕**芭舞經春演，**《後漢書》：「夷歌芭舞、殊
音異節之伎，列倡於外門。」〔註297〕**靈旗練日升。**《漢書·禮樂志》：『郊祀歌：『練
時日，侯有望。』」〔註298〕**官橋行坦坦，**近廟有至德橋。〔註299〕**社鼓奏鼕鼕。
霸業諸孫歇，**《史記·吳世家》：「吳王北會諸侯於黃池，欲霸中國，以全周室。」
豐碑異代增。斗牛含氣象，《晉書·天文志》：「州郡躔次，斗、牽牛、須女：吳、
越、揚州。」〔註300〕又，《張華傳》：「斗牛之間，常有紫氣。」〔註301〕**烏兔信環
緪。**見卷八《櫂歌》。韓愈詩：「日月屢環緪。」〔註302〕**議禮邦人懈，彌文俗吏
憎。漸疏胞與翟，**《禮》：「夫祭有畀，煇、炮、翟、閽者，惠下之道也。」〔註303〕
下遣簿兼丞。畫繪添奇鬼，潘凱記：「祠兩廡下，土妖木魅，詭形罔象。緼氓匄
福，膜拜乞靈。」〔註304〕**牲醪減舊秤。但令巫史祝，**陸長源《辨疑志》：「閶
〔註305〕門外有太伯廟，舟船永賽者常溢語隅。廟東有一宅，中有塑，云是太伯三郎。

句，正謂兩讓君之儀容各異耳。注仍引《史記》，則與下一聯不貫，且句中判
字亦無著落矣。

〔註290〕卷三十一《吳太伯世家》。

〔註291〕《大雅·文王》。

〔註292〕此係自注。然《曝書亭集》此注前另多「《史記索隱》引《世本》文：『雍是
熟食，故字熟哉』」。

〔註293〕《戊午元日讀書至夜分有感二首》其二。

〔註294〕《大雅·皇矣》。

〔註295〕《洛誥》。

〔註296〕《兵略訓》。

〔註297〕卷一百十六《南蠻西南夷傳》，「芭」作「巴」。按：《九歌·禮魂》：「傳芭兮
代舞。」《補注》：「芭，巫所持香草名也。代，更也。言祠祀作樂，而歌巫持
芭而舞，訖以復傳與他人更用之。芭，一作巴。」

〔註298〕卷二十二。

〔註299〕此係自注。

〔註300〕卷十一。

〔註301〕卷三十六。

〔註302〕《送侯參謀赴河中幕》。

〔註303〕《禮記·祭統》。

〔註304〕此係自注。

〔註305〕「閶」，石印本作「聞」。

長臭時，巫祝云若得復請太伯，買造華蓋。」罕覯蕙肴蒸。《楚辭》：「蕙肴蒸兮蘭藉。」〔註306〕斷礎方花濕，空廊蔓草芳。青蟲晴掛樹，蒼鼠暗窺燈。邇者鳴鑾至，〔註307〕恭惟嘉惠承。為章倬雲漢，題扁照枒〔註308〕棱。《蘇州府志》：「康熙四十四年，聖祖仁皇帝南巡，御書『至德無名』四字額。」過客爭趨謁，其誰免戰兢。杏梁浮震澤，栗主配延陵。《吳地記》：「唐泰伯廟內有延陵季子陪祀，號東殿三郎。」潘凱記：「像仲雍、季札侑享。」墜典勤分掌，同時范文正、程明道、宗忠簡諸祠降御書扁額。〔註309〕恩言盡服膺。法施民矢報，《禮》：「夫聖王之制祭祀也，法施於民則祀之。」〔註310〕終古潔鉶甒。《宋史・職官志》：「光祿寺。凡祭祀，五齊三酒，牲牢鬱鬯，及尊彝、籩豆、簠簋、鼎俎、鉶登之實，前期飭有司辦具。」〔註311〕楊億詩：「掃地鉶甒潔。」〔註312〕

山塘紀事二首《蘇州府志》：「虎丘山向在平田中游者，由阡陌以登。唐郡守白居易鑿渠築路，以通南北，今之山塘是也。」

寒食山塘路，《虎丘志》：「山塘路稱白公堤。」遊人隊隊偕。桁楊充皂隸，《莊子》：「桁楊者相推也。」《注》：「司馬彪曰：『腳長械。』崔譔曰：『夾頸及脛者，皆曰桁楊。』」簫鼓導神牌。紅粉齊當壚，銀花有墮釵。見卷一《白紵歌》。殷勤短主簿，見前《玉帶生歌》。王鏊《姑蘇志》：「東山廟在虎丘東麓，祀晉王珣，又稱短簿祠。」端笏立阼《類篇》叢租切。〔註313〕階。吳俗，迎城隍神至虎丘，道士以王珣地主，袍笏立阼階，延至屬壇。〔註314〕

神來官道擁，祝祭屬壇仍。活脫青袍引，見卷十三《白雲觀》。縱橫繡幰乘。巫風書具訓，《書》〔註315〕：「敢有恆舞於宮，酣歌於室，時謂巫風。」又：「具訓於蒙士。」奢俗禮宜懲。《禮》：「國奢則示之以儉。」〔註316〕手版紛紛集，吾憐張季鷹。吳俗，土谷神城內外各十，多以手版迎城隍。張翰祠，葑門

〔註306〕《九歌・東皇太一》。

〔註307〕國圖藏本浮簽：「邇者鳴鑾至」，別本「鳴鑾」二字下行另起。

〔註308〕「枒」，四庫本《曝書亭集》作「觚」。

〔註309〕此係自注。

〔註310〕《禮記・祭法》。

〔註311〕《御定佩文韻府》卷二十五之四。按：原見《宋史》卷一百六十四。

〔註312〕《奉和聖製南郊禮畢五言六韻詩》。

〔註313〕此係自注。

〔註314〕此係自注。

〔註315〕《伊訓》。

〔註316〕《禮記・檀弓下》。

外，亦與焉。〔註317〕

夏日雜興二首

五月新苗綠上衣，農人占雨候荊扉。墨雲合處斜光露，無賴蜻蜓千百飛。

桐陰細細白花攢，吾愛吾廬暑亦寒。陶潛詩：「吾亦愛吾廬。」〔註318〕縱少圍棋消永日，也應騎馬勝麄官。見卷十七《長慶寺》。

題裝潢顧生勤卷二首

梅邊亭子竹邊風，添種梁園一撚紅。歐陽修《洛陽牡丹記》有一撚紅。不獨裝池稱絕藝，畫圖兼似虎頭工。見卷三《贈高儼》。

過眼雲煙記未曾，香廚爭借理簽縢。《唐書·馬懷素傳》：「明皇詔與褚無量同為侍讀詔勾校秘書。是時，文籍盈漫，皆戔朽蟫斷，簽縢紛舛。懷素建白：『願下紫微、黃門，召宿學巨儒，就校繆缺。』」〔註319〕殘山剩水成完幅，想像張龍樹不能。《歷代名畫記》：「貞觀中，褚河南等監掌裝背，並有當時鑒識人押署跋尾官爵姓名，貞觀十一年月日。將仕郎直弘〔註320〕文館臣張龍樹裝。」〔註321〕

得三十五弟彝爵杭州書字苧臣。例供，官杭州府學訓導。

司訓吾家弟，封書忽見招。紅荷花十里，開到定香橋。見卷十九。

寄訊龔御史翔麟

江橋卜築意麄安，聞道田居十畝寬。不使車塵喧戶外，盡容山色到簷端。燈前綠酒雙魚洗，《廣川畫跋》：「政和元年，饒州得素洗二、雙魚洗六、列錢洗一。其四銘曰『永元元年』，其二曰『元和二年』。元和，漢章帝之八年所改。永元，蓋和帝即位之元也。而洗飾以魚，蓋古之制如此。」〔註322〕雪後紅衣一釣竿。見卷十三《題畫》。料得時巡春有信，種花應許上樓看。近年每逢車駕

〔註317〕此係自注。
〔註318〕《讀山海經十三首》其一。
〔註319〕《新唐書》卷一百九十九《儒學列傳中》。
〔註320〕「弘」，底本、石印本作「宏」。
〔註321〕卷三。
〔註322〕卷五《素洗雙魚洗列錢洗》。

巡幸，一至杭州。〔註 323〕

送高佑釲之江寧二首原稿四首。其二云：「杏花村北小樓居，每出聯吟禿尾驢。且喜王家兄弟在，謂安節忒艸司直。枕中鴻寶互鈔書。」其三云：「年少譚郎再佩銅，能於盤錯見才雄。西堂到日應勾隊，一曲桃花小扇風。時譚十一兄子兩宰江寧，白下方盛演《桃花扇》劇。」

塵衫破帽獨支筇，重向金陵寄客蹤。試上風香層閣望，至今猶剩幾株松。

青衿文字國門編，暇話姚翁結客年。翁字北若，念祖友壻。〔註 324〕《靜志居詩話》：「北若英年樂於取友，盡收質庫所有私錢，載酒徵歌，大會復社同人於秦淮河上，幾二千人，聚其文為《國門廣業》。時阮集之填《燕子箋》傳奇，盛行於白門。是日，勾隊未有演此者。」快意黃金隨手盡，秦淮一道擁燈船。《板橋雜記》：「嘉興姚北若用十二樓船，於秦淮招集四方應試知名之士百有〔註 325〕餘人，每船邀名妓四人侑酒，梨園一部，燈火笙歌，為一時之盛事。」

汪侍郎霦攜仲子〔註 326〕**夜過二首**

解纜童兒塔，侍郎從海寧至。〔註 327〕《臨安志》：「淨居院在鹽官縣西三里。隆興二年移額，建有童兒塔。」〔註 328〕抽帆長水村。劇談無夜禁，密坐覺冬溫。雀鮓披縣重，魚頭漉酒渾。回思燕市飲，凋謝幾人存。

十載疏芳訊，崇朝去考堂。見卷九《壽劉編修》。楚歌休懭悢，《楚辭》：「懭悢懭悢兮，去故而就新。」〔註 329〕吳語自清狂。杜甫詩：「賀公雅吳語，在位常清狂。」〔註 330〕舊雨西窗在，空林朔吹長。阿戎飛動意，見卷五《高博士》。離席倒詩囊。

曝書亭集詩注卷二十　　　　　　　　　　　　　　　　　男　蟠　挍

〔註 323〕此係自注。

〔註 324〕此係自注。

〔註 325〕「有」，石印本無。

〔註 326〕四庫本《曝書亭集》空兩格，注「闕」。康熙本《曝書亭集》作「日祺」。

〔註 327〕此係自注。

〔註 328〕《咸淳臨安志》卷八十五。

〔註 329〕《九辯》。另，洪興祖《補注》：「懭悢，不得志。」

〔註 330〕《遣興五首》其四。